Max Frisch
Jetzt ist Sehenszeit

Briefe, Notate, Dokumente
1943 - 1963

Herausgegeben und mit einem Nachwort
versehen von Julian Schütt

Im Auftrag der Max Frisch-Stiftung

Suhrkamp Verlag

Der Veranstalter der Ausstellung
»Jetzt ist Sehenszeit«: Max Frisch-Archiv Zürich.

Buch und Ausstellung
sind von folgenden Institutionen mit finanziellen Beiträgen
unterstützt worden:

Schweizer Kulturstiftung Pro Helvetia
Stadt Zürich, Präsidialdepartement
Kanton Zürich, Fonds für gemeinnützige Zwecke
Zuger Kulturstiftung Landis & Gyr
Migros Kulturprozent
Max Frisch-Stiftung Zürich

Zweite Auflage 1998

Umschlagfoto: Ruth Berlau
Druck: Wagner GmbH, Nördlingen
Printed in Germany

Inhalt

Erstes Kapitel:

Wir leben in einem Wust von angenehmen Selbsttäuschungen

An Werner Coninx

Werner Coninx um 1943, Sohn einer Verlegerfamilie (Tages-Anzeiger, Zürich), wurde nach abgebrochenem Medizinstudium Maler, dann Kunstsammler. MF hat in »Montauk« die Freundschaft mit Werner Coninx beschrieben.

Zürich, am 25. Juli 43

Mein lieber Werner!

Dein verzweifelter Brief hat mich tief bestürzt. Daß ich Dir lange nicht antwortete, vielleicht war der Dienst auch daran schuld, der uns ja kaum einmal allein läßt, oder es ist einfach die Ohnmacht, daß ich Dir wenig zu sagen habe. Auch da, wo ich manchmal herzlich gerne raten möchte, habe ich den Verdacht, am Ende rate ich mir selber, nicht den andern, und ich rate aus einer Verwechslung unsrer beiden Lager, indem ich mich an die paar Dinge klammere, die meinem Verständnis ähnlich scheinen. Es sind noch keine zwei Jahre, wo es mir gelegentlich ein eigentlicher Trost war, zu denken, daß ich keinen Nachkommen habe; ich war mir in allem so verdächtig, und alle, die Kinder hatten, habe ich beneidet um ihr fragloses, gesundes Selbstvertrauen, womit sie sich in die Welt hinaus fortzeugten. Nun schreibst Du mir, Du könntest nicht einmal mit Wünschen an unsrer Freude teilnehmen, da Dir der Gedanke an das Kind, an die Nachkommenschaft selber so lastend sei. Das letztere daran hat mich nicht überrascht, wenn ich mich an dieses oder jenes Gespräch erinnere. Für uns ist es eine wirkliche Freude, und wenn ich nicht annehmen müßte, daß ich Dich an eine Last erinnere, würde ich am liebsten davon erzählen! Trudy geht es immer gut, der Kleinen auch, und ich könnte sie, obschon sie noch wenig und nur ganz bescheiden in meinen Alltag eingreift, nicht mehr vermissen, und obschon ich ja eine ziemliche Angst hatte, ich könnte ehrlicherweise mit dem Kleinkind überhaupt nichts anfangen, freut es mich nun jedesmal auf eine selbstverständliche Weise, wenn es in Erscheinung tritt; es liegt meistens im Garten, seine liebe Gegenwart ist meistens noch Schlaf, und was überhaupt unser Leben zu dritt betrifft, habe ich das frohe Gefühl, es löse mich vielleicht von einer unfruchtbaren Egozentrik, es mache mich offener auch für das Leben der anderen Menschen. Das machte auch für meine Arbeit manches möglich, was mir bisher verschlossen geblieben ist, trotz beharrlichem Anklopfen!

Zu denen, die Dich in einem Paradies wähnen, habe ich nicht

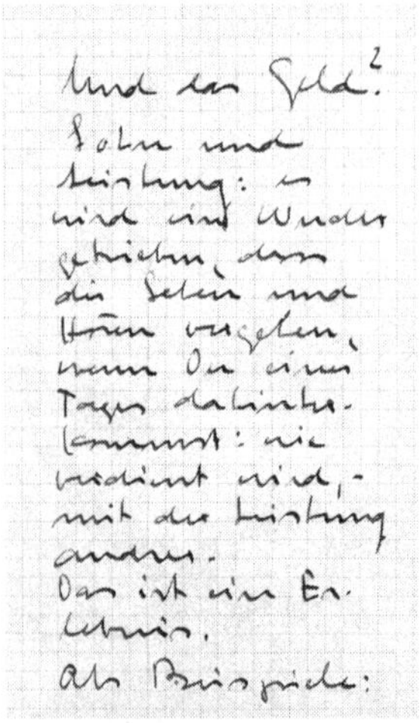

Faksimile einer Seite aus den Notizheften 1943/44

»Und das Geld? Lohn und Leistung: es wird ein Wucher getrieben, daß dir Sehen und Hören vergehen, wenn du eines Tages dahinterkommst: wie verdient wird, – mit der Leistung andrer. Das ist ein Erlebnis.«

gehört; in der Sklaverei, die unser sogenannter Beruf tatsächlich darstellt, denke ich oft an Dich, lieber Werner, und trotz allem nicht mit Neid, ich weiß zu genau, daß ich mich vor dem Tausche fürchten würde, und das heißt allerhand, wenn man Tag für Tag seine besten Stunden verkauft, um abends heimzukommen, ein wenig müde, ein wenig verbraucht und keineswegs erfüllt, immer mit einer trügerischen Hoffnung auf den nächsten Feierabend, auf das nächste Wochenende, das dann, unter diesem gehäuften Anspruch, so kurz ist, daß es fast wieder eine Qual bedeutet. Es ist eine Form von Dasein, die nichts mit Leben zu tun hat; man fristet sich durch, es ist ein Dasein, das innerlich nicht rentiert. Es erinnert mich an die Schneeschaufler im Winter; man schiebt einen immer wachsenden, immer größeren und zäheren Haufen von ungelebter Sehnsucht vor sich her, macht sich müde und alt, und das Ergebnis besteht darin, daß man dagewesen ist, ja, gelegentlich empfindest du es wie einen gespensterhaften Irrsinn, der sich da unter einem geheimnisvollen Zwange vollzieht. Dabei bin ich mir, was die eigne Person betrifft, darüber klar, daß ich zu den Begünstigten gehöre. Vor kurzem war ich mit dem Chef in einer großen Uhrenfabrik, die wir erweitern sollen; nachher war ich wie erschlagen, einer Depression ausgeliefert wie schon ziemlich lange nicht mehr, einer Depression, die mir jeden Genuß einer persönlichen Melancholie versagte, nachdem ich all die Leute an ihren Werkplätzen gesehen habe, Burschen und Männer, alte Weiblein, jüngere Mädchen, die hier, aufgereiht wie auf einer Galeere, für einen ausgeklügelten Stundenlohn ihre guten Jahre verschachern. Was bleibt ihnen schon anderes übrig? Man sagt sich: Nicht alle wüßten sehr viel mit ihrer Zeit anzufangen, und das glaube ich auch. Dennoch stimmt etwas nicht. Zugleich sehe ich aus peinlicher Nähe, wie andere verdienen; noch wenn Du die bloß gehorsame Arbeit und die schöpferische, die Arbeit aus eignem Antrieb äußerst verschieden ansetzest, so reißt Dir jeder Faden eines vertretbaren Vergleiches einfach ab. Das ganze ist ein Erlebnis, und ich habe in letzter Zeit mehr und mehr Mühe, meinem Chef mit Freundlichkeit zu begegnen; im Grunde ist er ein Gauner, einer von sehr vielen. Für eine Arbeit, die er mich in einem Monat machen läßt und ich muß es sagen, daß auch die Idee gänzlich von mir kommt, zahlt er mir die vereinbarten fünfhundert Franken; er bekommt dann noch sechstausend – für höchstens drei Tage eigner Arbeit: dafür muß ich ein volles Jahr arbeiten. Dann komme ich um die Frage, ob er ein soviel kostbarerer Mensch ist als ich, nicht mehr herum.

Davon wollte ich eigentlich nicht reden, nur eben, es beschäftigt mich zurzeit und es wird das immer noch mehr, man kommt nicht darum herum –

Du befindest Dich, wie mir unter anderem scheinen will, am

MF um 1943: »Unweigerlich erreicht uns die Ernüchterung, die wirkliche, die schöne. Sie kommt, wie die Flüchtlinge kommen.«

entgegengesetzten Ende der Verzweiflung. Wir haben auch schon davon gesprochen, lieber Werner, und Du wirst denken, wozu ich das denn sage, wenn ich nicht einmal einen machbaren, einen bestimmten Vorschlag geben kann; immer wieder kann ich mir schwerlich denken, daß Du zu Deiner Arbeit findest, wenn der Anspruch all Deiner Zeit darauf liegt. Du sagst: wir sind nicht mehr so jung, wir müssen alle Kraft dafür einsetzen, wollen wir ein Ziel noch erreichen. Ich glaube nicht, daß es mir am Gefühl dafür fehlt; aber ich dächte mit Schrecken daran, in Deiner Lage zu sein: Wie soll es zu Dir kommen, denke ich, wenn es Dich nicht an einem anderen, einem anspruchsloseren Tun überraschen kann. Der Anspruch, der auf jedem neuen Morgen liegt, auf jedem Beginn einer Arbeit, Du bist diesem Anspruch in einer Weise ausgesetzt, die zu stetig, zu unmenschlich und erschlagend ist, nicht anspornend, wie er es in Seltenheit wohl sein kann. Wärest Du, was Du nicht bist, ein fideler und unbekümmerter Bohemien, dann ja; dann würdest Du baden, zeichnen, saufen, mit Leuten plaudern und es Dir wohl sein lassen, promenieren, arbeiten, wenn Dir die Lust kommt, und die Lust ist noch nicht das Gelingen, aber sie ist Wind aus jener Gegend. So in die Tage hineinzuleben, dazu bist Du ja nicht der Mensch. Leider! denke ich manchmal. Du kämest auf all diesen Umwegen einer anspruchslosen Tagdieberei vielleicht schneller zu dem, was in Dir fruchtbar ist. Das äußere Dasein, das Du zurzeit hast: ein Dasein ganz für die Kunst, für das eigene Schaffen – um daran nicht zu verzweifeln, glaube ich, müßte man ein munteres Huhn sein oder in seiner Fruchtbarkeit unendlich gesichert. Ich meine nach wie vor, daß es Dir an einer erträglichen Dosis von alltäglichem Beruf fehlt, nur daran; Du verzweifelst an Dir selber, und das Unmögliche, gegen das Du anrennst, liegt nicht so sehr in Dir, als in der Topografie Deines äußeren Lebens. Nun haben wir all das schon oft gestreift, und ich sage Dir nichts Neues, nicht einmal etwas Brauchbares, wenn ich es so allgemein sage, so ohne genaue Handhabe. Ich glaube aber, es sei einer von den Umständen, welche Dich zu einer Verzweiflung bringen, die dann alles und jedes erfaßt und alles lähmt, so, daß Du Dir schaffensunfähig und lebensunfähig vorkommst, und, so ernst ich Deine restlose Verzweiflung glaube, es stimmt nicht.

Ich weiß nicht, wann und wo wir uns das nächste Mal sehen; gerne käme ich einmal in die welschen Gegenden, aber ich sehe die Zeit nicht; wieder im schönen Oktober muß ich in den Dienst!

Vielleicht sehen wir uns wieder einmal auf einem Bummel, wenn Du nach Zürich kommst und wenn Du dann nicht ungesehen sein willst.

Die Gedichte, die ich Dir zum Geburtstag beilege, habe ich Dir möglicherweise schon einmal erwähnt; dieses oder jenes könnte auch Dir gefallen. Meine Wünsche zu Deinem Geburtstag sind wohl enthalten in dem, was ich vorher zu sagen versuchte, – nur eines noch besonders: ich hoffe, von Dir zu hören, und wenn es meistens auch nur wenige Zeilen wären. Für diesmal mit vielen herzlichen Grüßen

Dein Max

Ärgere Dich nicht über die Maschine; die Füllfeder spukt, und ob ich morgen Abend dazukomme, wer weiß es!

An den Verleger Martin Hürlimann

Zürich, am 13. 12. 43

Verehrter Herr Dr. Hürlimann!

Ich danke Ihnen heute, nachdem ich ihn auch gelesen habe, für den Almanach, der sehr ansprechend ausgefallen ist; besonders interessiert haben mich natürlich die Glossen des Verlegers – sie sind zwar so sachlich und offen, aber bewölkter ausgefallen, als ich vermutet hätte. Was Sie dann über die Verhältnisse des kleinen Landes sagen, hat den Nagel auf den Kopf getroffen, daß es eine Wohltat ist; unser literarisches Leben wird ja wirklich von einem ganz kleinen Klüngel durchaus nicht verächtlicher Leute gemacht, aber einer kennt den andern, es hat alles so etwas Peinlich-Familiäres – ich verstehe insofern, daß gewisse Leute viel lieber einen Amerikaner rezensieren – aus dem Rücksichtsfreien, wie Sie es nennen, kommt nicht nur die bessere, nämlich die weniger hinterhältige Ablehnung, sondern auch die Möglichkeit, sich von einer Stimme begeistern zu lassen – man kennt sie nicht von vornherein in Pantoffeln und Schlafmütze. Anderseits gibt es Lebensalter, wo man ein jähes Verlangen hätte nach Leuten, nach Wahlverwandten; nach dem Gespräch – wo sich die Gebärde des Einsiedlers verbietet – nur ist auf einem zu engen Raum, wie Sie es andeuten, ein wirkliches Gespräch kaum möglich, denn man redet nicht über Erscheinungen, sondern immer über halbwegs Bekannte, das aber heißt, es wird Klatsch. Das ist eine leidige Sache; wir erleben es wöchentlich, und jeder – wir stehen ja im vierten Jahre solcher Abkapselung – hängt dem andern zum Halse heraus, denn jeder spürt auch, wie sehr die andern ihn zu kennen meinen und ihm eine Kette daraus machen!

—

Autorenabend des Atlantis-Verlages, Zürich (mit Dependance in Berlin): Unter dem Motto »Lob der deutschen Sprache« wurde noch am 6. März 1941 für Konsens im deutschsprachigen Kulturleben geworben. Unter den Gästen im Zunfthaus »Zur Meise« befand sich der deutsche Konsul. Auch MF besuchte den Anlaß, trat aber nicht als Redner in Erscheinung. Im Atlantis-Verlag erschienen seine frühen Prosawerke »Blätter aus dem Brotsack« (1940), »J'adore ce qui me brûle oder Die Schwierigen« (1943/44), »Bin oder Die Reise nach Peking« (1945) sowie »Tagebuch mit Marion« (1947). Von links nach rechts Schriftsteller Albin Zollinger, Essayist Fritz Ernst, Verleger Martin Hürlimann, Lektor Erwin Jaeckle

Daß wir für unsere Beiträge sogar ein Honorar bekommen, höre ich mit Freude und Überraschung; natürlich nehme ich es in Büchern – gerne! Meine Bücherrechnung, die ich bereits bei Ihnen habe, mag es vertragen, wenn sie um dreißig Franken kürzer wird!

–

Was unsere »Schwierigen« betrifft, so schmerzt es mich wenig, sie nicht auf der großen weihnachtlichen Bücherschwemme zu sehen; anderseits wäre man froh, eine Arbeit wirklich loszusein – irgendwie hängt sie mir immer noch an, frißt Zeit, die man nach vorwärts verwenden sollte. Ich hoffe nun bloß, daß Sie nicht durch das Malheur zu Schaden kommen und ich Ihre Bitterkeiten vermehre! Die paar ersten Autor-Exemplare, wäre es möglich, daß ich diese noch auf Weihnachten bekäme? Das wäre mir natürlich sehr lieb.

Nun wünsche ich Ihnen ein gutes Jahresende und Ihnen und Ihrer Frau, deren freundlich-kritischer Mitarbeit ich mich dankbar erinnere, gute Weihnachten.

Ihr Max Frisch

An die Mutter Lina Frisch und den Bruder Franz Frisch

Zürich, am 25. 2. 44

Meine Lieben,

ich weiß, Ihr wartet auf meine Antwort, und ich will nun schreiben, obschon ich wenig zum Erzählen aufgelegt bin; seit ich meine Hetze mit der Arbeit ein wenig loshabe, habe ich wie viele Leute zurzeit ein wenig Fieber, sitze im Bett, nicht schlimm, nur auch nicht gerade froh und schwungvoll.

Franz hat mir geschrieben wegen einer Übersiedlung von Mama nach Zürich. Ich habe dazu nur zwei Dinge zu sagen, erstens betreffend das Geld. Ich will dazu beitragen, wie es sich gehört, und so schlage ich vor, daß wir uns, Franz und ich, teilen. So würde ich also im Monat einhundert Franken beitragen. Nach Mamas eigener Rechnung dürfte das durchschnittlich ausreichen, abgesehen von besonderen Ausgaben wie Krankheit und dergleichen. Ferner fragt mich Franz, von welchem Termin an ich meinen Teil übernehmen würde. Da ich zurzeit, trotz zehnstündiger Tagesarbeit seit Wochen, keine eignen hundert Franken mehr habe und erst das Honorar von der Stadt haben muß, könnte ich frühestens am ersten April anfangen. Und das zweite: Ich möchte dringend vorschlagen, daß Mama nicht sofort mit allen Möbeln und Sachen nach Witikon reist, sondern zuerst einmal mit Koffer wie bisher, denn Witikon scheint mir nicht so ideal, daß ich mich gerade dort so umständlich niederlassen würde. Es wäre zu hoffen und zu versuchen, ob sich nicht etwas anderes findet; es ist ein Unterschied, ob man an einem Ort nur für wenige Wochen ist oder für das ganze Jahr, und Zügelkosten wollen wir nach Möglichkeit sparen. Ich möchte Euch eine solche Übergangslösung dringend vorschlagen.

Und sonst? Trudy und dem Urseli geht es gut, auch mir sonst. Ich werde nun eben das generelle Projekt für den Letzigraben abgeben, eine ziemliche Arbeit, wenn man alles allein macht. Die errechneten Kosten kommen erschreckend hoch, so daß ich Sorge habe, wie es mit dem Vorhaben weitergeht; sollte es liegen bleiben, so stünde ich natürlich ganz im Leeren. Wir wollen nicht hoffen. Jetzt geht das Arbeiten im gleichen Galopp weiter, nämlich der Wettbewerb für das Kunsthaus, auch das sehr umfänglich, wenn man es allein macht; noch habe ich aber die Mittel nicht, um jemanden anzustellen, vor allem nicht für einen Wettbewerb, der eventuell überhaupt nichts einbringt. Die Aufgabe ist interessant, schwierig, aber reizvoll. Noch ein Monat Zeit; dabei hetzt mich stets die Befürchtung,

Die Mutter Lina Frisch-Wildermuth, 30er Jahre
»Ich muß noch Folgendes beifügen: seit dem Tod meines Vaters lebe ich zusammen mit meiner Mutter, die ich mitunterstützen muß, und ich tat es wennmöglich immer gern, da wir sehr innig zusammen gehören; meine Mutter ist nun sechzig Jahre alt, sie besorgt unsern kleinen Haushalt in der Dachwohnung, und ich schulde ihr viel, da sie doch mit großer Liebe all die harten Opfer mitbüßt, die mein Dichten kostet. Bisher war es so, daß meine Mutter den Mietzins bezahlte, ich alles übrige – aber nun: von diesem Frühjahr an hat meine Mutter kein Geld mehr, so daß ich für alles aufkommen soll ...«

Rechts: MF um 1943
»Wir haben, auch wenn wir daran leiden und kränkeln, doch keine wache Vorstellung von unserer Abkapselung.«

daß die Invasion kommt, Aufgebote, die alles unter den Tisch wischen, was bereits getan ist. Ich forciere die Zeit nach Möglichkeit.

Ihr fragt immer wieder nach dem Buch! Ihr müßt nicht in die Läden gucken; wenn es herauskommt, habt ihr es jedenfalls vorher. Wie ich schon meldete, ist es auf Ostern vorgesehen; mir selber hängt es schon zum Hals heraus, immer werde ich gefragt, als warte man auf ein Evangelium, und ein Jahr, nachdem es fertig geschrieben worden ist, weiß auch der Verfasser, daß es kein gutes Buch ist, kein erfreuliches Buch; es wird auch Euch wenig freuen. Für mich selber liegt es in einer Zeit zurück, wo für mich etliches anders aussah; so ist es heute wie eine alte Haut, es war nötig, sie abzustoßen, aber es ist mir widerlich, sie anzusehen.

Auch sonst habe ich diesmal wenig zu berichten; es sei denn, daß uns vor der Nase ein Baugerüst steht, die liebe Wiese wird uns in diesem Frühling verbaut, das ist sehr deprimierend, aber nicht zu ändern, und es ist fraglich, wo man einen schöneren Unterschlupf findet.

Ja, und dann habe ich Franz ganz vergessen zu danken für den Kirsch, der, wie Du leicht sehen könntest, wohl schmeckt und dementsprechend sinkt! Das heißt eben, ich glaube schon nicht mehr, daß Du ihn sehen wirst –

Noch weiß ich nicht, wann ich in den Dienst muß. Er hängt aber in der Luft. Wenn es doch Frieden würde: daß man getrost arbeiten kann, es gäbe soviel Schönes zu arbeiten. Je länger der Krieg geht, umso schlimmer wird der Friede; heute schon sieht er düster aus, Versailles aufersteht, und alles wird umsonst gewesen sein, die Atlantik-Charta verblaßt, auch die Sieger werden nie klüger oder, besser gesagt, nicht weiser. Je länger es geht, umso weniger bringe ich es zustande, eine Partei zu ergreifen. Ich weiß, wir unterscheiden uns darin. Es gibt keine Siege und Niederlagen mehr, die mich freuen, und es bleibt schwer zu sagen, was widerlicher ist, die Rhetorik eines Goebbels oder die arithmetischen Bombenmeldungen der Alliierten. Allein was Italien erleidet, das italienische Volk, das Land, oder was mit Finnland geschieht, dessen Heldenmut uns einmal so begeisterte und ermutigte, ist so trostlos, daß man neutral wird. Vor kurzem verbrachten wir einen vollen Nachmittag (auf der Schipf) mit einem Engländer, einem Pathologen, der die Belagerung von Tobruk mitgemacht hat und später in Tobruk gefangen worden ist, dann aber aus Italien entfliehen konnte, ein bestechend-feiner Kerl; die Hände in den Hosentaschen, die Pfeife im Mund, erzählte er dann und wann, Medizinisches, auch viel anderes. Er redete deutsch. Nur einmal sagt er: War is horrible, war is nothing good. Wir kamen auf den Film: *»In Which We Serve«*. Er lachte, wie wir über unsere Soldatenfilme lachen, wenig erfreut: weil alles nicht wahr ist, sagt er, einzig die Stukas seien gut gewesen, sonst sei es Theater für die Heimatpropaganda. Es tut uns gut, solches zu hören, und anderes mehr. Wir sprachen über die Russen und Europa; was bis zum Kanal geschehe, meinte er mit englisch-ehrlichem Lächeln, darum könne sich England wenig kümmern. Es war die wertvollste Begegnung, die ich seit langem hatte; alles viel nüchterner gesehen, illusionsloser, wir leben in einem Wust von angenehmen Selbsttäuschungen –

Ja, davon wollte ich eigentlich nicht reden. Ich grüße Euch herzlich, hoffe Euch gesund und erwarte weiteren Bericht.

Max

Mit dem Bruder Franz Frisch auf einer Wanderung, 30er Jahre

»Ich bin seit langem wieder einmal in den Bergen; ich denke mit inniger Freude an unsere paar brüderlichen Jahre (sie waren nicht so zahlreich, weil acht Jahre ein großer Altersunterschied sind für zwei Buben), vor allem an unsere Wanderungen im Wallis, ich sehe Dich da als einen lieben Bruder-Kameraden ich glaube, schöner und selbstverständlicher habe ich ›Familie‹ nie erlebt als mit Dir.«

Über die Grenze

Tag für Tag, von Morgen bis Abend, sehen wir sie durch unser Scherenfernrohr ... Man kennt das runde Bild: die Matten darin, die Bäche mit dem lautlosen Gischt, die Brücke, die Straße in den Felsen, die Ziegen am Hang, das alles ist nun Österreich. Menschen kommen auf der Straße; es sind wieder die fremden Zwangsarbeiter. Alles erscheint wie verschimmelt, Morgen, Regen, Nebel. An einer Straßenböschung muß es Beeren geben, denn sie bücken sich mehrmals. Mit den Händen in den Hosentaschen pilgern sie weiter, langsam, als wäre jede verzögerte Minute ein Gewinn, der den unerträglichen Verlust von Jahren vermindert. Eine Bäuerin mit Gespann geht an ihnen vorbei. Auf der Baustelle, später, nehmen sie Pickel und Schaufel aus dem Schopf; einer schleift seine Schaufel hinter sich her, um sie nicht zu tragen. Der Soldat, der sie bewacht, ich erkenne ihn an seiner Schirmmütze, an seinem umgehängten Gewehr, er wandelt auf der nassen Wiese hin und her, lemurenhaft wie die andern. Langsam nebelt es ein ...

Der Blick durch das Scherenfernrohr, er hört nicht auf, sonderbar zu sein; das stumme Pickeln, die Gebärden eines Gespräches, das Räuchlein aus einer Pfeife, immer dieser Widerspruch von augenscheinlicher Nähe und lautloser Ferne – ab und zu bleibt es kein Bild hinter Glas; eines frühen Morgens kamen zwei gänzlich nackte Männer aus der Schlucht, Holländer, ein andermal waren es Tschechen, junge Russen, sie sprechen Deutsch, der Landser rühmt sie als besonders anständig, ordentlich, was bei uns nun einmal am meisten gilt, und klug, worüber er verwundert scheint. Sie alle sind Zwangsarbeiter. Zwei junge Gefangene, Amerikaner, wurden von der Wache entdeckt; es gab eine Schießerei, ein Deutscher wurde verwundet, der andere getötet, ebenso ein Amerikaner, der wahrscheinlich noch immer in der Schlucht liegt; der andere kam herüber, Beinschuß und Wangenschuß ... Dann wieder Stille, der Wind in den Lärchen, die Sonne, die Bläue über den mittäglichen Felsen und über dem weißen Firn, das Rauschen des Baches, das Bimmeln der Ziegen.

Seit gestern Abend weiß ich ungefähr, wie sie denken, die ich immer wieder in meinem Fernrohr habe; es sind schon ältere Leute, Väter auch. Ich weiß um ihren Heimatort, um die Anzahl ihrer Kinder und anderes mehr; sie bangen um Kunde, nunmehr auch sie. Seinem liebenswerten Gesicht möchte man es wohl gönnen, daß der Krieg zu Ende käme, bevor auch sein »Häusle« zerstört ist. »Wenn man nur in die alten Bücher guckt«, meint er, »alleweil haben wir Deutschen den Krieg.« Seine wassergrauen Augen sind rührend und erschreckend in ihrer Ahnungslosigkeit. Für die Ziga-

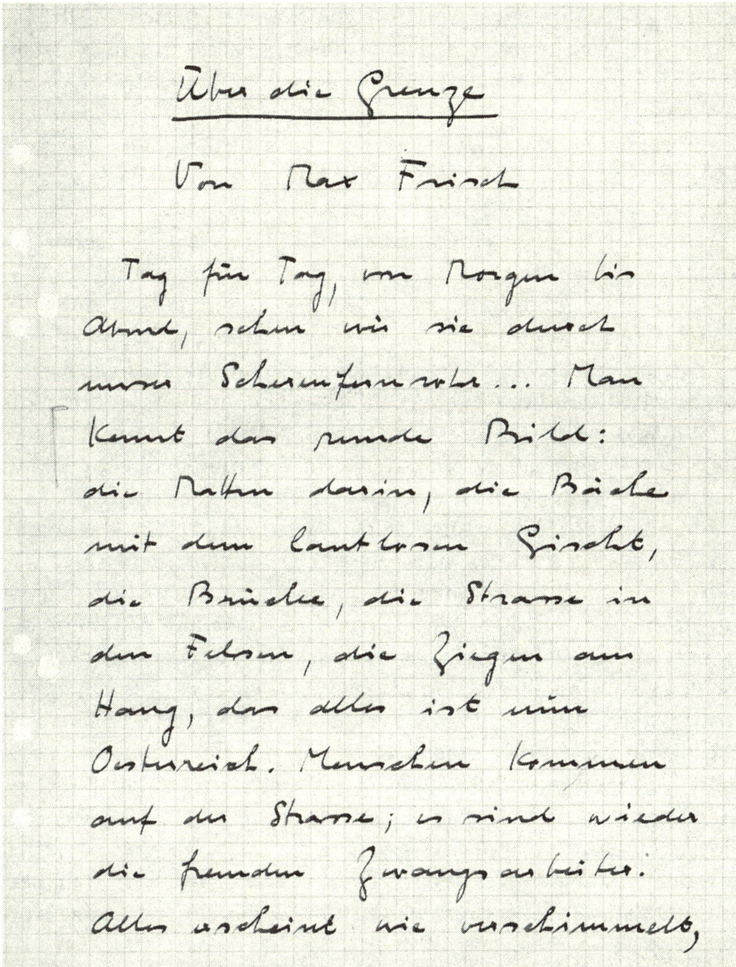
Über die Grenze

Von Max Frisch

Tag für Tag, von Morgen bis Abend, sehen wir sie durch unsere Scherenfernrohre ... Man kennt das runde Bild: die Matten darin, die Bäche mit dem lautlosen Gischt, die Brücke, die Strasse in den Felsen, die Ziegen am Hang, das alles ist nun Oesterreich. Menschen kommen auf der Strasse; es sind wieder die fremden Zwangsarbeiter. Alles erscheint wie verschimmelt,

Faksimile der Titelseite des Manuskriptes »Über die Grenze«, 21. April 1945

retten, die er in seine Manteltasche versenkt, dankt er wie ein Kind. Soviel Gemüt! denke ich oft, während wir auf dem Grenzstein sitzen und in die Dämmerung rauchen; immerhin erzähle ich von den verhungerten Kindern in Griechenland, von den Überschwemmungen in Holland, von Warschau, das als erste Stadt in Schutt und Asche fiel. Mir selber, da ich es sage wie aus Pflicht eines Gewissens, das sein Wissen nicht verhehlen darf, mir selber scheint es so ferne von hier, so ferne von diesem gemütlichen Hock; wir reden über das Wetter, das für uns beide ebenso wichtig ist. Am Morgen haben sie die Sonne zuerst, wir haben sie dafür am Abend. Ich habe ihm von den Blütenbäumen im Unterland erzählt, von den Wiesen, die fast schon sommerlich sind, bunt und hoch, auch von den eigenen Kindern, die nun ihr Wännlein an der Sonne haben und im Freien planschen, und erst später, als ich langsam wieder zurückging, fällt es mir auf, daß wir einander duzten ... Lidice, Oradour, Auschwitz, ich dachte daran, als ich in sein Gesicht blickte. Werde ich ein andermal davon reden? In der Nacht, da ich wieder auf Horchposten stehe, habe ich Zeit, mich seines väterlich-kindlichen Gesichtes zu erinnern, seines behaglichen Tonfalles; übrigens hat jeder von uns in seiner Mundart gesprochen, Schriftdeutsch wäre wie aus einer preußischen Ferne gekommen. Was als Bedrückung zurückbleibt, je länger man über schale Begegnungen nachdenkt, das ist immer das gleiche: das deutsche Gefühl der Unschuld, das Gemüthafte, das in solcher Unverbindlichkeit nicht mehr anzunehmen ist ...

Am andern Morgen ist es wieder schön, aber kalt, solange man im Schatten steht; das Tal liegt in der Sonne, drüben sieht man die weiße Wäsche flattern, und in fernen Schleifen glitzert der Bach, die Berge stehen wie Zuckerstöcke in der morgendlichen Bläue. Endlich ist auch der Postsack gekommen; ich habe mich geschabt und umgezogen, der Erfolg ist unerwartet: zum ersten Mal wieder das Verlangen, zu lesen oder ein wenig zu schreiben. Natürlich wird nichts daraus; erst muß unsere Bude geputzt sein ... Wieder am Fernrohr, nachher, sehe ich das aufsteigende Flimmern der warmen Luft, die deutschen Wachen stehen wie hinter einem Schleier von flüssigem Glas, einer raucht, vielleicht die Zigaretten von gestern. Wir werden uns wiedersehen, wie versprochen; aber ich werde keine Fragen mehr stellen, als ob ich ihr Erzieher wäre, und die Hand voll Tabak, die sie so sehnlich erhoffen, sollen sie nicht mit Antworten bezahlen, aber es drängt mich, ihn wiederzusehen, ihn oder die andern. Ich visiere die Stelle, wo wir uns treffen werden, eine Kehre des Weges, die nun ebenfalls in der Sonne erzittert, und der Abend erscheint mir wie ein Ziel, wie eine Notwendigkeit – wenigstens für uns.

Mittags, wie immer, kommt die Ablösung durch den Wald herauf; drunten zeigt es sich, daß ich diesmal zum Essen nicht der Letzte bin, auch unsere Patrouille ist noch nicht zurück – als ich eine neue Zigarettenschachtel aufmache, kommen sie gerade den Weg herunter mit zwei sehr jungen Menschen, die kaum noch gehen können, erschöpft wie sie sind. Es sind Flüchtlinge; ein Zwanzigjähriger, ein Achtzehnjähriger, beide sind bleich, fast grau. Ihre Miene, obschon sie sich am Ziele wissen, bleibt völlig stumpf. Nach dem Verhör durch die Grenzer bekommen sie unsere restliche Suppe, Brot dazu. Junge Franzosen sind es. Einer spricht Deutsch, und da ich ihm die neue, die eben eröffnete Schachtel mit den Zigaretten gebe, entschuldigt er sich, daß er nicht bezahlen könne, denn er habe nur deutsches Geld. Ihre Schuhe sind zerfetzt, da sie, wie er sagt, immer am schrägen Hang gehen mußten in Wald, in Geröll, in Schnee. Beide stammen aus Belfort; eines gewöhnlichen

Tages wurden sie vom Felde, von der Werkstatt, von der Straße geholt, so wie sie gerade waren, alle Männer zwischen sechzehn und vierzig, noch in der gleichen Stunde wurden sie verschickt und mußten in Stuttgart arbeiten –

Nun stünden die Franzosen vor Stuttgart, sage ich, bald sei der Krieg zu Ende. Sie nehmen keinerlei Notiz davon. Nun könnten sie wieder nach Hause gehen, füge ich unsicher hinzu; man sagt es so, um nicht zu schweigen, um nicht zu fragen …

»Das Haus, la fabrique, alles kaputt –.«

Der Ältere erklärt für seinen Begleiter, der einen knabenhaften Bartflaum an seinen grauen Wangen hat, er hätte seit elf Monaten keinerlei Nachricht mehr bekommen. Dabei lacht er wieder sein sonderbar scherbliges Lachen:

»Er weiß nicht, vielleicht auch seine Mutter kaputt, – er weiß nicht.«

Am besten lassen wir sie allein. Ich kaufe mir nochmals Zigaretten, zum dritten Mal seit gestern, und gehe in die Wiese hinüber, solange ich noch frei bin – immer noch mit dem Grand Meaulnes in der Tasche – nach einer Stunde gehen sie offenbar weiter; da sie auf den Grenzer warten müssen, sehe ich ihre Gesichter noch einmal durch den Feldstecher: sehr nahe, sehr deutlich, sehr unvergeßbar. Ein wenig schauen sie sich in der Gegend um, so, als erwachten sie langsam, aber von Freude kein Schimmer. Dem anderen Grenzer, der zurückbleibt, geben sie die Hand, höflich, aber ohne Lächeln. Dann versuchen sie noch einmal auf ihren Füßen zu gehen, westwärts, sie sind gerettet. Aber ihr Anblick, wenn man ihn zum ersten Male sieht, ist zum Heulen. Langsam verschwinden sie um den Felsen –

—

Am Abend, als es dämmert, schlendere ich doch wieder an die Grenze hinunter; unterwegs lese ich die Zeitung, die eben gekommen ist – ich lese die neuen Berichte von Buchenwald, und ich weiß nicht, wovon ich da unten beim Grenzstein reden könnte, wenn nicht davon. So bleibe ich auf dem halben Wege doch sitzen. Ich sehe meinen Freund von gestern, wie er drüben am Wegrand auf und nieder wandert, wartend, wie er Fuß vor Fuß setzt, bis er wieder einmal wendet. Die Nacht findet mich noch immer mit den Händen in den Hosentaschen. Buchenwald bei Weimar, ich sehe nicht ein, wie unsereiner, wenn es uns nicht einfach an Vorstellung fehlt, mit diesen Nachrichten fertig werden soll. Immer endet es in der einzigen, aber hilflosen Gewißheit, daß uns kein Denken, das um diese Dinge herumgeht, wirklich weiterführen kann. Es steht wie ein nächtlicher Fels vor uns, wir können nicht mehr näher an seinem Fuße sein, wir können nicht mehr bezweifeln, er ist da, er ist mitten auf unserem Wege da.

21. 4. 1945

An Trudy Frisch

Im Dienst, am 4. 5. 45

Mein lieber Zottel!

Trudy Frisch-von Meyenburg, 40er Jahre

»Ja, ich habe nie das Gefühl, daß Du allein seist, ich sehe Dich so sehr mit unsern Kindern zusammen; gerade heute, droben im Wald, dachte ich plötzlich einmal, Kinder gehören zu dem wenigen, wo die Erfüllung mehr ist als die Hoffnung, als die Erwartung …«

Heute kam wieder ein Brief von Dir, und ich bin jedesmal froh, zu hören, daß es Dir und unsern Kindern gut geht. Hier schneit es schon wieder, nachdem es gestern einmal schön und sonnig war.

Die Deutschen, die ich Dir im letzten Brief gerade noch erwähnte, kamen dann wirklich hierher, ich hatte sie zu bewachen. Es gibt wirklich vielerlei Deutsche; zu vielen ist eine Sympathie nicht möglich. Da kommen sie dann mit Säcken voll Büchsen, Butter, Wurst, alles zusammengeplündert, sie essen uns vor, daß uns das Wasser im Munde zusammenläuft, und sind empört über die Gauner von Partisanen, die ihnen ihre Lire und ihre Uhren abgenommen haben; einer weint fast, weil die Uhr ein Andenken an seine Mutter war. So komisch fast ist dieses deutsche Selbstmitleid. Das andere ist die freche Schnauze, noch wenn sie hundemüde und deprimiert sind. Das dritte: sobald sie auf neutralem Gebiet sind, wird der Zwiespalt offenbar, sie lassen sich nicht mehr befehlen, benennen sich Hunde und Schurken – nicht wissend, daß wir sie drunten bei Martinsbruck wieder hinüber stellen werden. Was dann? Man erzählt mir: Einige sagen, sie wollten lieber erschossen werden, als wieder hinaus, und eine Gruppe mußte mit MG-Feuer hinübergetrieben werden. Kaum drüben, so erzählt man mir, haben sie ihren SS-Mann von Hand abgewürgt, und so weiter. Dann sind Tausende von Leuten in Schuls, solche aus den Gefangenenlagern und aus den Vernichtungslagern; meine Kameraden haben sie nun gesehen, selber war ich nicht dabei. Noch jetzt, Tag für Tag, sterben sie haufenweise; Tee, den man ihnen einflößt, läuft ihnen unten sofort heraus, Oberschenkel, die man fast mit einer Hand umfassen kann; dann die schwarzen Rücken und Hintern von den Stockschlägen, sie berichten, wie sie in den Lagern sich auf eigene Genossen warfen und ihre Leber aßen. Die Russen, von denen ich auch schon Löbliches hörte, sollen nach fünf Jahren der Gefangenschaft vertiert sein, daß der Umgang mit ihnen ein Problem ist, sie lassen die Hosen herunter und scheißen auf den Perron oder auf die Straße, wo es eben ist. Das Unterengadin ist ein ganzes Lazarett, eine stinkende Anklage gegen den Krieg, vor allem gegen den deutschen Krieg. Da schämt man sich fast wieder seines behaglichen Mitleides, das man Tags zuvor mit einem Deutschen hatte, der desertiert ist und als Zivilist in dünnen Schuhen zu uns kam, in unsrer Hütte sich wärmte, nachher wieder an die Grenze gestellt wurde. Keiner will ein Nazi sein; daß man in Rußland sämtliche Juden einfach erschoß, das gibt er zu, als eine Selbstverständlichkeit, aber an Buchenwald und diese Dinge kann er nicht glauben: Schließlich sind es Deutsche, sagt er, und schließlich sind wir doch keine Unmenschen, sondern Menschen so gut wie andere Europäer! – Dann wieder die Fremdarbeiter, die singen, Franzosen mit dem eitlen Anspruch der Eleganz noch in ihrer Verlotterung, Holländer, die eine Mundharmonika hervornehmen und wie eine Schulreise weiterziehen, auch junge Frauen in Hosen sind darunter. Jubel, Apathie, Elend, Eleganz mit großem Wagen, Gestank, Armut, Sterben, Wohlgenährte mit dem Anspruch auf Mitleid, deutsche Klage über die Grausamkeit des Krieges, deutsche Ausrede, zweihundert große SS-Leute standen in Schuls, als wir dort umstiegen, internierte Polen schauen sich die Herren an, und so weiter –!

So, spürbar und sichtbar, löst ein langer Krieg sich auf, das Wort vom Frieden fällt dir nicht ein, es sei denn als Hohn auf eigene Hoffnungen von einst; er löst sich auf in Zerrüttung, in müde Entspannung, in hoffnungsarme Gleichmut; das Bewußtsein verhunzter Leben, die Unwahrscheinlichkeit, sich des Friedens freuen zu können, die ewige Enttäuschung, wenn eine lange, lange Sehnsucht sich erfüllt – jeder will nur heim, um zu sehen, was ihm noch verblieben ist – daß das Ende eines Unglücks noch nicht das Glück und das Ende einer Sinnlosigkeit noch nicht den Sinn bringt, man hätte es im voraus wissen können! Bald werden die Glocken läuten.

—

Eigentlich wollte ich Dir nur ein ganz kurzes Brieflein schreiben, Dich wissen lassen, daß ich Deinen Rat befolgt habe: hoch angeben – habe es getan und erreicht, daß ich trotz allgemeiner Urlaubssperre am kommenden Montag zum Nachtessen beim Rapunzel sein werde; am Donnerstag morgen muß ich wieder weg.

Bis dahin auf Wiedersehen!

Dein Max

Zweites Kapitel:

Kultur – Ich laufe einem Gedanken nach, den ich nie ganz aussagen kann, obschon er mich überall stellt

Death is so permanent

Notizen einer kleinen deutschen Reise

»Death is so permanent.«

In großen Lettern steht es über die Straßen geschrieben, ein Memento, das die Amerikaner an ihre eigenen Fahrer richten; lyrisch im Anruf, praktisch im Zusatz:

»Drive carefully.«

*

Kein Tag vergeht, ohne daß ich urteile, bald so, bald anders; es reißt einen hin und her, und was noch mühsamer ist, es bleibt eine Art von schlechtem Gewissen, das sich selber nicht klar wird, Unbehagen der Verschonten, das uns seit Jahren begleitet und oft so wunderliche Blüten treibt: Man macht sich Vorwürfe, daß man überhaupt urteilt.

Warum?

Jedes Urteil, das wir abgeben, enthält auch schon immer das Urteil über uns selber, und davor die Angst: man möchte kein Pharisäer sein. Um nichts in der Welt. Vielleicht ist man aber wirklich einer, vielleicht nicht immer, jedenfalls aber dann, wenn ich besorgt bin um den guten Anschein der eigenen Person, nicht um das Elend, das man vor Augen hat, nicht um die Erkenntnis seiner Gründe.

Ausflucht ins Verzeihen?

Auch das Verzeihen setzt immer schon ein Verurteilen voraus; es ist kein Unterschied im Hochmut, es kommt nur noch die Angst hinzu, daß man sich eines Hochmutes schuldig mache. Man ist dazu noch feige. Man greift nicht zum Messer, weil man sich nicht ins eigene Fleisch schneiden will, indem man urteilt. Man schweigt. Nur daß der Verzicht, sich in das Wagnis eines Urteils einzulassen, noch keine Gerechtigkeit ist, nicht einmal Milde und Güte, sondern einfach unverbindlich und weiter nichts; nun ist aber gerade

Reisepaßfoto

»Heimweh nach einem Deutschland, das man hätte lieben können, nicht müssen; Liebe nicht aus Erbarmen, sondern aus Freude. Was unsrer Generation nicht mehr vergönnt war; ich erinnere mich, wie erstickend es war, schon Jahre vor dem Krieg, und wenn ich nur einen Augenblick an die Aufschriften von damals denke, die Plakate, die schwarzen Stiefel, die Lieder, die Trachten, die Gespräche, noch aus der Erinnerung ist es ein Damm gegen blindes Erbarmen, und es fällt erschreckend leicht, sich alles wieder vorzustellen, ja, man steht vor der gräßlichen Frage, ob es ohne Ruinen gegangen wäre, ohne diese täglichen u. bleibenden Denkmäler der Niederlage. Man kann daran zweifeln.«

die Unverbindlichkeit, wie wir wissen, die weitaus allgemeinste Art von Mitschuld.

*

München muß eine herrliche Stadt gewesen sein; man spürt es noch: die grünen Inseln überall, Alleen und Parke; man denkt an gläserne Herbste darin, heiter und weit, an Dämmerungen nach einem sommerlichen Gewitter, wenn es nach Erde riecht und nassen Blättern. Ein großer Zug ist überall in dieser Stadt, eine Lebensfreude, die aus dem Süden heraufklingt; eine fast italienische Helle muß ihre Architektur umspielt haben, ihre Pracht, die beglückend bleibt, locker und froh, menschlich – wenn auch manches wie eine

Gebärde von Übermut erscheint, heute, ein versteinertes Frohlocken aus fürstlichen Tagen, sonderbar anzusehen: ein Eroberer zu Pferd, der immer noch in die Leere eines vergangenen Raumes reitet, aufrecht auf einem Sockel von Elend, umgeben von Stätten des Brandes, Fassaden, deren Fenster schwarz und hohl sind wie die Augenlöcher eines Totenschädels. Auch er begreift noch nicht. Aus einem Tor, das unter grünenden Bäumen steht, kommt eine erstarrte Kaskade von Schutt; ein Tor von bezauberndem Barock; es ist wie ein Mund, der erbricht, der mitten aus dem blauen Himmel heraus erbricht, mitten auf die Straße hinaus erbricht, das Innere eines Palastes erbricht. Und die bröckelnden Schwingen eines Engels darüber, einsam wie alles Schöne, fratzenhaft wie alles Erhaltene; es hat das Lächeln eines Irren, unwahrscheinlicher als die Trümmer ringsum, das Schweigen ringsum, das Erstorbene, wenn es von der mittäglichen Sonne beschienen wird, das erschreckend Endgültige.

»Death is so permanent.«

Man spürt ihn auf Händen und Haar, Staub, man schmeckt ihn auf der Zunge, spröde und fade, Durst, das stete Bedürfnis, die Hände zu waschen, man spürt ihn auf entzündeten Augenlidern, noch wenn man ins Grüne der knospenden Bäume schaut; Moder, Tröckne einer steinernen Vergängnis, Verwitterung von abendländischen Jahrhunderten, die verwehen, inbegriffen das unsere: man sieht es noch einmal am eigenen Waschlappen, abends …

*

Seit vorgestern wohne ich bei einer deutschen Familie, die ich noch vor sieben Tagen nicht einmal dem Namen nach kannte; ein junges Paar, Ausgebombte, die eben ihren dritten Unterschlupf gefunden haben. Ihre Gastfreundschaft, so ohne Gewicht, erinnert an glückliche Reisen von früher. Nur beim Essen habe ich Hemmungen, da ich keine Karten besitze; unwillkürlich versichere ich jedesmal, daß ich nächste Woche nach Berlin fahre, sobald die Papiere kommen, und habe sie mit solchen Reden schon ernstlich gekränkt. Sie sind froh um jeden Fremden, scheint es, um jede Kunde aus der Welt, die ihnen verschlossen bleibt. Übrigens fällt es auf, daß die Leute alles, was sie gelegentlich bekommen, sofort verbrauchen; wer weiß, was morgen ist. Noch so, ganz nebenher, spürt man die Bombenjahre; man gibt der Zukunft keinerlei Kredit, nicht einmal über Nacht.

Heute wieder in der Stadt.

Oft geht man zu keinem anderen Zweck: man versucht, die Gewöhnung loszuwerden. Das eigentliche Erschreckende sind nicht mehr die Ruinen, sondern unsere Gewöhnung daran. –

*

Nachmittag in einem Park, wo es nur wenige Bombentrichter gibt; später komme ich ins Gespräch mit einer jungen Frau, die mit der Wehrmacht seinerzeit in Frankreich war, eine werdende Mutter: ihre bitteren Worte über die Besatzung …

Nach zwei Wochen:

Die anfängliche Angst, daß man einfach in Mitleid untergehe, und zwar in einer Art von Mitleid, das alles Denken über Bord wirft und nichts verändert, Mitleid, das Millionen von anderen Opfern vergißt und verrät und preisgibt, Mitleid als Ausflucht und Verzicht auf ein gesamthaftes Gewissen: diese Angst erweist sich als überflüssig. Es bestünde die Gefahr, wenn die Leute, deren Elend man in jeder Stunde sieht, nicht sprechen würden. Eine andere Angst, die uns ja schon lange begleitet hat, besteht in der Vermutung, daß der Krieg, der uns erspart blieb, eine menschliche Reife über die leidenden Völker gebracht haben müsse, die uns für immer unerreichbar ist. Auch diese Angst scheint eher übertrieben. Daß es Elend ohne sittlichen Ertrag gibt, Elend, das sich auch im Geist und in der Seele nicht lohnt, eben darin besteht ja das eigentliche Elend, das uferlos ist, hoffnungslos, tierisch und nichts als dies, und jede Verbeugung davor wirkt schamlos, eine Weihung der Bomben, eine Ehrfurcht atavistischer Art, die immer noch auf eine Vergötzung des Krieges hinausläuft; also das Gegenteil unserer Aufgabe, die darin besteht, daß wir das Elend bekämpfen; bekämpfen mit Brot, mit Milch, mit Obst, mit Wolle und nicht zuletzt eben damit, daß wir das Elend nicht als solches bewundern. Und zwar auch dann nicht, wenn der Leidende selber diesen Anspruch an uns stellt. Man kann sich, so schauerlich es ist, auch mit dem Elend brüsten. Schon das spricht gegen den Wert des Elendes. Daß es den Durchschnitt der Menschen verwandle, wenn sie auf Schutt und Asche stehen, das bleibt eine Hoffnung, der neun von zehn widersprechen, und das ist das letztlich Grauenvolle an den Ruinen: wenn sie wirklich die einzige Verwandlung blieben …

*

Mein Gastgeber:

»Die Trümmerhaufen waren schon vor einem Jahr, viel schlimmer als heute; heute haben wir Straßen, Licht, Wasser, sogar Straßenbahn, ja – aber damals jubelten wir, daß es endlich zu Ende war, daß man es überlebt hatte, daß man sprechen dürfte. Aber es ist niemand da, der spricht, fast niemand. Es sind zu wenige, die es überlebt haben … Schon meine nächsten Bekannten, sehen Sie, man dachte all die Jahre lang, vielleicht schweigen sie nur unter dem Druck der Gefahr; aber auch heute, wenn man offen mit ihnen spricht, schweigen sie. Und sie merken sich nur, was man ihnen sagt, und wenn die Amerikaner abzögen, wären wir in einem Tage erledigt. Was sollen wir tun? Wir stehen auf verlorenem Posten, hier wie draußen in der Welt, wo man uns als Deutsche behandelt. Mit Recht. Und hier, als Nachbarn eines Parteimannes, hier, wo man nur mit Ausländern vernünftig reden kann, sagen Sie mir, was Sie tun würden? Ich meine nicht die Hindernisse, die Sie selber schon kennen, das Anstehen jeden Tag, der zertrümmerte Verkehr, die Ernährung, den Umstand, daß dieses Kind in seinem ganzen Leben noch keinen Apfel bekommen hat, keine Frucht, nicht den Umstand, daß wir schon dreimal unsere Wohnung haben aufgeben müssen, während andere haben bleiben können, weil sie einen großen Posten in der Wirtschaft bekleiden, solche, die eben durch die Partei auf diesen Posten kamen – das alles, sehen Sie, es macht müde, stumpf, gleichgültig; aber was das Entscheidende ist: wir stehen noch immer vor den gleichen Gesichtern, die uns im Felde draußen zwiebelten, und wie sie uns zwiebelten! Heute weiß ich es: Vor einem Jahr, als wir die Waffen noch in der Hand hatten, da hätten wir schießen sollen, hängen sollen, so viele Laternen es in Deutschland gibt, nur waren wir müde, nur hatten wir das Grauen satt; aber heute fehlt sie uns auf Schritt und Tritt, die Säuberung aus eigner Kraft, die Revolution, die uns allein hätte retten können. Es war die letzte große Möglichkeit; wir warteten, bis die Amerikaner uns gefangen nahmen. Es war eben nicht, wie wir uns einbildeten, o nein, es war nicht die Mehrzahl, die gegen Hitler stand, nicht einmal die Hälfte, nicht ein Drittel, nichts, was uns als Volk freispricht. Das ist es, was zum Verzweifeln ist. Verstehen Sie? Es hat sich nicht gelohnt, daß man das alles überlebt hat ...«

*

Gestern in einer Buchhandlung.

»Durchgang auf eigene Gefahr.«

Man tritt in eine Katakombe voll Dämmerung, Lärm von einem Bagger, Lampenschein, Wolken von Staub. An den Wänden hängen ein paar Drucke von der Sixtinischen Kapelle. Auch hier, wie meistens, sind die Fenster mit Brettern verschlagen, kein Glas. Auf einem langen staubigen Tisch liegen zwei Zeitschriften, eine davon unverkäuflich. Was weiter? Ein paar gewöhnliche Kalender. Und Buchzeichen, das ist ungefähr das einzige, was man kaufen kann; Löffel und Gabel für die Hungernden. Ferner eine kleine Leihbücherei; ich greife heraus: Kipling, eine Gartenlaubennovelle, eine Kantate zum Jubiläum der Zürcher Universität, Jahrzahl 1914. Das einzige neue Buch, das ich bisher erblickte, sind die Gedichte von Werner Bergengruen, beidemal unverkäuflich. Man denkt daran, wie in unserem Lande gedruckt, verlegt, gestapelt wird: fünf Stunden von hier, wenn man mit dem Wagen fährt. Um nicht als Gaffer umherzustehen, spiele ich mit, frage nach einer bestimmten Zeitschrift, man schaut mich an, als hätte ich den Regenbogen vom Himmel verlangt. Nach und nach fragt man sich wirklich, was die Leute an diesem Ort eigentlich wollen; Frauen mit Rucksack, Herren, Mädchen, Landser mit Schirmmütze, sie erinnern mich an die Gestalten bei Thornton Wilder, die Milch schöpfen ohne Kessel, ohne Milch, ohne alles, einfach als Pantomime...

Draußen an der Isar:

Neger mit einem deutschen Mädchen. Sie liegen in der Wiese einer öffentlichen Anlage. Der Neger blickt gelassen vor sich hin, rückwärts auf seine beiden Ellbogen gestützt, pflanzenhaft, während die kleine Blonde sich über ihn beugt, trunken, als wären vier Wände um sie.

*

Heute morgen, als ich in die Stadt will, stehe ich plötzlich vor einem Stacheldraht, der rings um das ganze Quartier verläuft, etliche Kilometer lang, ein Geschenk der Nacht; deutsche Kriegsgefangene, die unter Aufsicht arbeiten, verknüpfen gerade noch die letzten Rollen. Wachen mit Gewehr. Es heißt, die Amerikaner werden das ganze Quartier beschlagnahmen; andere vertrösten sich, es werde nur um einzelne Häuser gehen. Allerlei Gerüchte, die während des ganzen Tages nicht aufhören, Erregung, Erbitterung, Schweigen, Panzerwagen an den Ausgängen, Maschinengewehre mit blanken Gurten.

*

Einmal mehr erzählt man mir vom Vandalismus der amerikanischen Soldaten. Ein schöner alter Sessel, der ihnen im Wege stehe, ratsch mit dem Fuß, und entzwei ist er, den Rest brechen sie übers Knie und feuern damit, während es Frühling ist. Und derlei mehr. Zigaretten auf dem Teppich, sie schneiden sich Halstücher von dem einzigen erretteten Stoff einer Hausdame ...

Gesehen habe ich das nicht.

Immerhin kann ich es mir vorstellen, nachdem sich an der Grenze, als der amerikanische Jeep uns abholte, das Folgende abspielte: Unser Fahrer sollte sieben Kanister aufladen, leere, die offenbar ein anderer Amerikaner beim schweizerischen Zoll hinterlassen hatte. Es waren noch sehr schöne Kanister, und man bedenke, daß diese Dinger für die Armee sozusagen ein Hausgerät sind, das sie braucht wie Löffel und Teller. Sieben Kanister, das elende Geschepper bis München, dazu konnte sich unser Boy nicht entschließen; er nahm die Kanister immerhin zur Hand, da die Schweizer darauf beharrten, er türmte sie gelassen auf den Kühler, und als wir ihn fragten, ob dieser Turm sich halten werde, lächelte er, kauend. Der biedere Ernst unseres eidgenössischen Wachtmeisters galt bis zum Schlagbaum, und so weit hielt auch dieser blecherne Turm – dann aber, wie zu erwarten war, kollerte ein Kanister nach dem andern über das nächtliche Straßenbord, endlich auch der letzte, so daß unseren Boy nichts mehr hinderte, mit Vollgas und heiterem Gewissen loszufahren.

Okay!

Die Leute haben keinen Begriff, daß ein Land oder sogar ein Erdteil sparen muß. Was kaputt ist, kostet Geld; aber herstellen kann man es immer wieder, es fehlt nicht an Rohstoff und nicht an Fabriken – drüben – und daß sie keine Barocksessel herstellen können, daran denken sie offenbar nicht immer, und das ist allerdings ärgerlich, für die Betroffenen sogar zum Verzweifeln, aber noch lange kein Anzeichen von Rache, glaube ich; denn daß die früheren Sieger oft Ähnliches machten, daß sie Teppiche und Kühlschränke nach Hause schickten, Pelze, Bilder, ganze Büchereien, nicht einmal so weit denken sie, gerade die Überseer nicht ...

*

Ein junger Amerikaner:

»Sie sind immer enttäuscht, wenn wir ihnen mit Zwang begegnen. ›Wenn das nun die Demokratie ist‹, sagen sie, ›dann müssen wir nichts lernen; dann hatten wir sie schon eh.‹ Sie haben uns als Befreier begrüßt; wo bleibt nun die Belohnung? Wir bringen Benzin, aber keine Demokratie. Viele leben ganz offenbar in der Ansicht, Deutschland habe allein durch den Umstand, daß es den Krieg verlor, die Freiheit verdient, die es selber nicht zustande brachte. Sie sehen sich betrogen. Sie betrachten uns nicht als Sieger, denn dazu müßten sie ihre Niederlage zugeben, sondern als Heilsarmee, die versagt.«

Ein anderes Mal:

»Die Deutschen fragen immer nur dann nach Demokratie, wenn sie im Dreck sind, und dann soll sie ein Zaubermittel sein. Wenn es ihnen ordentlich geht, so haben sie es im Ernst noch niemals versucht. Ich weiß nicht, was sie von uns alles erwarten. Schon ihre Erwartungen sind so unmenschlich; sie sind enttäuscht, wenn wir Fehler machen. Im Grunde ist es immer noch ein Wettrennen mit Hitler, ob er es für sie nicht besser machen würde als wir, und wenn wir nach ihrer Meinung manchmal verlieren, so nehmen sie es uns übel, daß wir ihn dennoch geschlagen haben: als wäre es unsere Aufgabe, ihnen das Leben einzurichten, als wären wir ihr Diener oder ihr Vormund. Ich habe Deutsche gesprochen, die es uns als Verbrechen anrechnen, daß wir nicht eher gekommen sind und unsere Soldaten opferten, um ihnen die Freiheit sicherzustellen. Es ist ein Witz. Daß sich eine Armee nicht aus dem Lande ernährt, das sie besetzt, scheint ihnen nichts als selbstverständlich; aber erst seit einem Jahr. Wenn wir ihnen helfen, so sind sie vernünftig genug, es als Geschäft anzusehen, und wenn die Einrichtung unserer Hilfe mangelhaft ist, so betrachten sie es nicht als ein versäumtes Geschäft, also zu unserem Schaden, sondern als eine versäumte Menschenpflicht, also zu ihrem Schaden. Alles und jedes, was wir Rechtes und was wir Falsches machen, beziehen sie auf sich. Ich denke aber nicht daran, mein Leben lang hierzubleiben, damit wir ihnen das bißchen Demokratie bewachen, die hierzulande nicht selber stehen kann. Demokratie ist kein Heilmittel, sondern eine Umgangsform zwischen Gesunden; das beweisen die letzten Jahre, wo der Krieg auch unsere Völker zwang, die Demokratie einzuschränken. Ob Demokratie sich aus dem Elend gründen läßt, man kann grundsätzlich daran zweifeln.«

Ich fragte ihn, was denn geschehen soll.

»Das weiß ich nicht.«

Er zuckte die Achseln, kauend, lächelnd:

»Wenn mir einer an die Gurgel springt und ich schlage ihn zu Boden, so tue ich das nicht, weil ich mich als seinen Lehrmeister betrachte, weil ich mir einbilde, daß ich ihn ändern könne, oder weil ich ihm beweisen will, daß ich selber keine Fehler habe – sondern ich tue es, damit er mich nicht erwürgt.«

*

Ein Mann, der mir eine Nachricht mitgeben möchte, die zu seinem Bruder nach Santiago soll, suchte mich in der amerikanischen Messe auf: sein stilles Gesicht mit allen Zeichen des langen Hungers, während ich selber Gast bin, so daß ich ihm nicht einmal anbieten kann, und während ich selber von der Tafel der Sieger esse ...

»Das ist ja klar«, sagt er, »daß Sie mir an diesem Ort nichts anbieten können, ich bin ja auch nur wegen dieses Briefes gekommen, ich werde schon noch etwas finden.«

Sein Bruder ist in Dachau gewesen. Seine Frau ist nach einem Luftangriff gestorben, Herzschwäche. Sein Sohn ist von Polen überfallen und im Wald erschlagen worden. Er selber ist krank; mit fünfzig Jahren an die Karpaten, Winter, jeder zweite Mann in ihrer Kompanie sollte erschossen werden wegen feigen Verhaltens vor dem Feind, im letzten Augenblick konnten sie beweisen, daß sie ihre Gewehre nicht weggeworfen hatten, denn die Kompanie, als sie ausrückte, hatte wirklich nur zehn Gewehre, und man hatte ihnen befohlen, sie müßten warten, bis die Vorderen gefallen sind.

»Ich wußte von Dachau, weil mein Bruder dort war, von Oranienburg, weil ich das Buch von den Moorsoldaten gelesen habe, aber von allen anderen nichts – ja, man kann es selber nicht mehr glauben, wozu man fähig war; ich gebe es zu, man wurde einfach zu müde, jahrelang zu denken, daß alles gelogen sein könnte. Wir hörten immer den Schwarzsender, bis er einmal von München redete, Dinge, die wir nachprüfen konnten, und wir wußten, daß sie in keiner Weise stimmten – das war ein Schlag, verstehen sie, es hatte keinen Sinn, daß man weiterhin seinen Kopf wagte, um ebenfalls nur Lügen anzuhören...«

Der erste bisher, der sich nicht beklagt, sondern klagt über das Ungeheure, was geschehen ist, nicht über das Jetzt; der entsetzt ist, wie unsicher er hatte werden können. Ich begleite ihn noch ein Stück. Er ist ein Arbeiter. Er erzählt mir seine Liebhaberei von früher.

*

Immer wieder, obschon sich die Scham natürlicherweise wehrt, immer wieder gibt es Ruinen von einem makabren Zauber, schön, vor allem farblich: das blasse Terrakotta von Backsteinen, die ganze Halden bilden, Bläue darüber, manchmal eine ganze Wand mit verblaßten Tapeten, vier oder fünf Stockwerke übereinander, alle mit anderen Farben, dazu die schwarzen Ornamente von Brand, Zungen von Ruß, Fenster voll Ferne und ziehendem Gewölk, Frühling; oft blickt man von einer Straße in die andere hinüber, plötzlich, wenn auch durch ein Netz von rotem Rost, es sind Reste einer niederhängenden Decke, Eisenträger, wie Schlangen geschlungen, plötzlich sieht man die Liebfrauenkirche, auch sie ein offener Raum voll mittäglicher Sonne, Stille mit schwirrenden Vögeln darin, wie ein Gast steht ein einzelner Pfeiler in der Mitte, wie ein Heimkehrer, der sich umschaut, Ansätze eines Gewölbes, Fetzen einer Malerei, die plötzlich an die Sonne kommt, das Dach ist ausgebrannt, teilweise noch als Gerippe vorhanden, klar, sauber und kahl wie das Skelett eines lange ausgestorbenen Sauriers. Und auch hier sieht man wieder auf der anderen Seite hinaus: Kamine, die stehen geblieben sind, eine Badwanne ganz oben, Fenster voll Bläue und ziehendem Gewölk, und immer so weiter, es ist eine Transparenz, der kaum ein Haus widersteht, obschon man geht und geht. Nur wenn man eine Straße entlang schaut, gibt sie noch einmal den Anschein, wie es war, und man meint, man habe nun eine erhaltene Straße gefunden; aber auch hier, wenn man hineingeht, klafft es auf beiden Seiten, man sieht durch die Fassaden hindurch, es ist ein Traum bei hellichtem Tage, ein Spuk, der uns äfft mit seinen Verkürzungen, an Ort und Stelle ist es immer das gleiche Bild, fast immer, eine Stadt, aber geräumig und schütter wie ein Herbstwald. Wäre es ein Erdbeben gewesen, ein Werk der blinden Natur, man könnte es begreifen; man könnte es hinnehmen ...

Odeonsplatz:

Ein Krüppel bietet die ersten Spielsachen feil, Affen aus Stoff, die man über die menschliche Hand stülpen kann.

Morgen ist Ostern.

*

Eine Angst, die man schon zu Hause hatte und die sich hierzulande immer wieder ins Unüberwindliche erhöht: die Angst vor jeder Aussage. Denn jede Aussage, auch wenn man sich aller sprachlichen Vorsicht bediente, hat schon als solche immer das Gefälle zu einer Verallgemeinerung, die man nicht verantworten kann. Das Gefühl, es gebe in diesem Lande nichts, was nicht möglich ist, und nichts, wovon man nicht auch das Gegenteil, wenn man Geduld hat, mit eigenen Augen sehen kann. Eben daran verrät sich ja das Chaos, das wir feststellen können, aber nicht auszuhalten vermögen; der unwiderstehliche Drang, dennoch einen Nenner herauszufinden und wenn er noch so zufällig ist, noch so nebensächlich, eine persönliche Erfahrung hinzustellen als Gesetz; aber im Grunde ist alles, was man in diesen Tagen denkt oder aufschreibt, nichts als eine verzweifelte Notwehr, die immerfort auf Kosten der Wahrhaftigkeit geht, unweigerlich; denn wer im letzten Grunde wahrhaftig bliebe, käme nicht mehr zurück, wenn er das Chaos betritt – oder er müßte es verwandelt haben.

Dazwischen gibt es nur das Unwahrhaftige.

*

Vor Frankfurt:

Wagen eines ausgebrannten Zuges, den die Flieger erwischt haben, liegen neben dem Damm; der rote Rost unter blühenden Kirschbäumen: Zauber der Farben, er ist wie ein Unkraut, das überall wuchert und keine Stätte verschont; Schönheit kümmert sich um nichts, sie eignet sich alles an, auch das tödliche Gerippe im Löwenzahn …

*

Wenn man zerstörte Dome sieht und ganze Brücken: Ob das wirklich der einzige und der nächste Weg zum Siege war? – Es sind Engländer gewesen, die schon während des Krieges, wie ich mich erinnere, sich selber diese Frage stellten. Sicher war es nicht der nächste Weg zum Frieden.

*

Man hält uns zum Narren, hin und her, siebenmal zeige ich die amerikanische Order, die mich nach Berlin schickt. Was will man mehr? Nur eine russische Übersetzung muß ich noch haben, damit mich die Wachen, wenn wir in die russische Zone kommen, nicht aus dem Zug holen. Es ist zwar ein interalliierter Zug, völkerrechtlich einer Gesandtschaft gleich; aber man empfiehlt mir Vorsicht. Suche nach dem russischen Verbindungsoffizier. Er spreche nur Russisch. Das glaube ich nicht, ich zeige meine amerikanische Order, entfalte sie, lege sie auf den Tisch und warte auf den Bescheid. Es bleibt dabei: er empfange nur Russen.

Zurück zu den Amerikanern.

Achselzucken, Bedauern ...

In der gleichen Woche, so erfahre ich später, versuchte es eine deutsche Frau, die überhaupt keine Papiere hatte; man warnte sie unter Hinweis darauf, daß sie eine Frau sei. Sie ging an den Schlagbaum, sagte, daß ihr Vater in Weimar lebe und daß sie ihn besuchen wolle. Man schickte sie ins nächste Dorf, wo sie nach dem russischen Kommandanten fragen solle. Sie ging, mutterseelenallein, fand den Kommandanten draußen auf einem Feld, wo er mit dem Pflug arbeitete. Sie sagte, daß ihr Vater in Weimar lebe und daß sie ihn für eine Woche besuchen möchte, Papiere hätte sie keine. »Was hast du in deinem Koffer?« fragte der Russe. Sie sagte es. Sehen wollte er es nicht, trat an seine Pferde und ließ sie gehen, und nach einer Woche kehrte sie in die amerikanische Zone zurück.

So viel zum »eisernen Vorhang«.

*

Wenn man in Frankfurt steht, zumal in der alten Innenstadt, und wenn man an München zurückdenkt: Frankfurt ist zerstört, München ist nur verletzt. Ich habe beide Städte nicht gekannt. München kann man sich vorstellen, Frankfurt nicht mehr. Eine Tafel zeigt uns, wo das Goethehaus stand: Historical Monument. Es erinnert mich an die Berge; schmale Ziegenwege führen über die Hügel von Geröll, und was noch steht, das sind die bizarren Gendarmen eines verwitterten Grates, einmal eine Abortröhre, die in den Himmel steht, drei Anschlüsse zeigen, wo Stockwerke waren. Hier war der berühmte Roßmarkt. Daß man nicht mehr auf dem alten Straßenboden geht, entscheidet den Eindruck: Die Ruinen stehen nicht, sondern versinken in ihrem eigenen Schutt. Und alles vergrast. Vom alten Römer steht noch eine Attrappe. So stapft man umher, die Hände in den Hosentaschen, weiß eigentlich nicht, wohin man schauen soll, einmal ragt ein steinerner Bogen, Kämpferhöhe gleich Schutthöhe, Renaissance, und es fällt auf, daß alle Profile vollkommen verweicht und verschwommen sind; das komme von der Hitze, sagt man mir. Im übrigen ist es, wie man es von Bildern kennt; aber es ist. Und allein darin besteht das Erlebnis, das aufs äußerste ernüchtert. Es bleibt dabei. So wie ein Todesfall. Da ich immer noch unschlüssig stehe, fragt mein Begleiter, ob ich Mannheim schon gesehen habe, Nürnberg, Pforzheim, Würzburg ...

Während eines Flugs, 1946.

»Solange ich all dies vor Augen habe, wozu soll ich es beschreiben? Jetzt ist Sehenszeit.«

Am Abend zurück nach München.

Nach einem Menschenalter, wenn weitere Kriege vermieden werden, kann München wieder eine Stadt sein, die der früheren durchaus verwandt bleibt; Frankfurt ist vorbei.

*

Ende eines Traums:

Unser heimatlicher See, Meerschiffe, die, wie ich behaupte, von Frankfurt kommen, eine Art von Überschwemmung, die stieg, während ich verreist war, und immer noch steigt, aber so, daß sie die Schiffe nicht hebt, sie ragen nur noch als Maste heraus, als fahrende Wimpel, wobei ich mich frage, wie die Passagiere leben können; ich möchte nach Küsnacht wegen der Kinder, überall Schilf, das Wort: Sintflut, bewußt als Wort, ein Wirbel mit vielen Ameisen darin, kreisend, später steigen wir auf einen Berg, ein rötlicher Fels, der unter uns zerbröckelt, Steinschlag unter jedem Schritt, unvermeidbar, es sind Backsteine, Schutt, Gefühl von Zähnen, die nicht mehr halten, Schrecken, daß man sie alle herausbeißt, Auflösung auch im eigenen Kiefer …

Beim Erwachen vollkommen zerschlagen.

*

Ich ertappe mich, daß ich immer wieder, wenn sich alles in Grauen auflöst, an die Isar pilgere: das Wasser ist wie überall, unzerstörbar, es quirlt, es schäumt, es glitzert die Sonne darin, es ist das einzige, was nicht entformbar ist.

Eine alte Frau mit einem Bein.

Auf einer Wiese spielen sie Fußball, alle mit bloßem Oberkörper, andere sitzen am Ufer, reihenweise wie Möwen, sie stützen die Ellbogen auf ihre Knie und dösen vor sich hin, Herren in guten Anzügen, denen man ansieht, daß sie nicht mehr auszuwechseln sind, Rucksäcke dazu, Schuhe wie Zunder ...

Werktag.

Einmal, in einem Trichter mit Schutt und verrosteten Büchsen, sehe ich einen deutschen Helm mit Tarnanstrich; ich kann nicht umhin, ihn aufzunehmen. Was soll man schon sehen daran? Er ist leer, und die Form kennen wir von hundert Bildern, die jahrelang an unseren Kiosken hingen, jahrelang mit jungen und singenden Gesichtern darunter. –

*

Bankett in der amerikanischen Messe.

Ein deutscher Kommissar:

»Der Film zeigt uns das Elend der Flüchtlinge, eine Tragödie, die erst heute in ihrer ganzen Tragweite beginnt ...«

Und was in all den dreizehn Jahren geschah?

Sie lesen es, aber sie wissen es noch nicht, und vielleicht ist es einem Menschen überhaupt nicht möglich, daß er zu Zeiten, da er selber im Elend steckt, sich das Elend verwirklichen kann, das anderswo stattfand und die Ursache seines eigenen ist. Es ist eine Forderung, die man bestenfalls an Einzelne stellen kann, nicht aber an die große Zahl. Wenn ich in einer Lungenentzündung liege, was bedeutet mir der Unfall im Nachbarhaus; ich höre die Nachricht, aber sie erreicht mich nicht. Es ist nicht ohne weiteres wahr, daß der Elende am besten den Elenden begreift. Leider nicht. Sonst begriffen sich heute mindestens die Völker von Europa. Viele sind ehrlich entsetzt, daß die deutsche Ehre besudelt ist, und geben es in diesem Sinne zu; aber auch das ist eine höhere Art von Selbstmitleid. Andere verweisen auf ihr eigenes Elend. Solange dieses sie beherrscht, wie sollen sie zur Erkenntnis jenes anderen Elendes kommen, das Deutsche über die Welt gebracht haben? Ohne diese Erkenntnis aber, die weit über bloße Kenntnis hinausgeht, wird sich die allgemeine Denkart nicht verwandeln, und solange sich diese Denkart nicht verwandelt, werden sie nicht ein Volk unter Völkern sein. Auch das Elend wird mancherorts als Zeichen genommen, daß man ein auserwähltes Volk ist; weswegen die Judenfrage, die wesentlich eine deutsche ist, durchaus nicht vergessen wird. Es spielen hier sonderbare Bezüge. Solange sie sich aber als auserwähltes Volk betrachten, gibt es nur zweierlei: Weltherrschaft oder Elend, und die Weltherrschaft wurde versucht, das Elend ist da, und daß es nun eben dieses Elend ist, was eine Verwandlung dieser Denkart abermals verhindert, das ist der unselige Kreislauf, ein Wirbel, der früher oder später fast jedes Gespräch verschlingt.

Eine Sudetendeutsche neben mir:

Sie erzählt mir, wie grausam sie von den Russen behandelt wurde. Da ich es nicht gesehen habe, kann ich es nicht verneinen und nicht bejahen. Und wie gemein die Tschechen sich verhalten, das verstehe sie nicht. Ich gebe zu, daß wir auch anderes erhofft haben als jene Verschickungen. Denn die Tschechen hatten es gut unter den Deutschen, sagt sie, sie konnten arbeiten, studieren, sie hatten zu essen. Und wie jammervoll, was nun der deutschen Jugend bevorsteht, die so viel Gutes in sich birgt! ... Ich sage ihr, auch wir hoffen auf die deutsche Jugend ... Nehmen wir an, die junge Frau wisse nichts von Heydrich, nichts von Lidice; es ist vieles möglich. Sie hatten zu essen, die Tschechen; aber allein der Umstand, daß sie nicht Herren im eigenen Hause waren, daß eine fremde Besatzung durch ihre Straßen ging, Deutsche, die dort nichts verloren hatten, allein das ...

Sie schaut mich an:

»Glauben Sie mir, mein Herr, was eine fremde Besatzung ist, das wissen wir!«

*

Man sollte erreichen, daß junge Deutsche ins Ausland können, jeder ein halbes Jahr. Sie wohnen in einem Kerker, wo es nicht möglich ist, daß sie zu einer Übersicht kommen, zu einer Einordnung. Wir kennen Fälle, wo solche Leute schon nach einem Vierteljahr, das sie außerhalb von Deutschland verbrachten, wesentlich anders dachten. Dann wieder zurück. Denn es ist sicher, daß der Deutsche nur von Deutschen lernen kann; auch wir gehen in die Luft, wenn uns ein Ausländer sagt, was einzusehen und auszusprechen unsere eigene Aufgabe gewesen wäre, und dabei sagen sie es uns nicht einmal als Sieger.

*

Anderseits:

Millionen von ihnen, die sich keine Übersicht machen können, sind während des ganzen Krieges im Ausland gewesen. Was hat es verändert? Andere sind schon als Kinder draußen in Norwegen und Holland gewesen; später kamen sie als Fallschirmler wieder, versehen mit Sprachkenntnis und Ortskenntnis. Glauben wir wirklich, daß sich ein Volk nach unserem Gefallen verändert? Es gab eine Jugendbewegung, Lagerfeuer, eine schwärmerische Brüderschaft aller Völker, Segelschiffe, die sie mit jugendlicher Begeisterung um die halbe Welt steuerten, Wanderburschen in Italien, Wanderburschen in Griechenland, Werkstudenten, die das ganze Amerika durchquerten; es fehlte ihnen nicht an Kenntnis der Welt. Wenn wir die Welt wieder öffnen, glauben wir wirklich, daß wir damit auch schon die Tore zum Frieden öffnen, oder glauben wir nur daran, weil man zur Verzweiflung meistens zu müde ist?

*

Gesang lockt mich in eine Kirche. –

Kühle und Dämmer, der die Zerstörung mildert; die hohen Fenster sind wieder mit Brettern verschlagen, Staub, an einem Draht hängt eine Glühbirne in den Raum, und nur die Geistlichen, die vor einem Vorhang aus braunem Sacktuch knien, leuchten in ihren unversehrten Gewändern; Murmeln und Gesang, manchmal hört man wieder den Lärm eines Baggers, Gebet der Gemeinde; der Altar ist von grünen Tannen umstellt, das Gestühl ist aus frischem Holz, Bänke wie in einer Gartenwirtschaft. Als die Gemeinde sich wieder setzt, trete ich hinter dem Pfeiler hervor, wo ich eine lange Tafel der Gefallenen las, setze mich ebenfalls, dankbar für den Platz. Die Orgel verfügt noch über drei Töne, die sie wechselweise strömen läßt, eine Mischung zwischen Litanei und Sirene. Vor mir ein Landser; ich bemerke ihn erst, als er sich erhebt, noch einmal knickst und auf Zehenspitzen hinausgeht …

Noch oft sieht man ihre graugrüne Schirmmütze, verwaschen, zerschlissen, manche tragen sie zur bürgerlichen Kleidung, weil es ihr einziger Hut ist; andere haben überhaupt keine bürgerlichen Kleider mehr, Ausgebombte, dann gehen sie in den langen und ehemals währschaften Mänteln des Heeres, allerdings ohne Gurt, ohne Winkel, ohne Wappen. Nur mit dem breiten Kragen, den sie im russischen Winter um die Ohren stellten; dazu eine Ledermappe, beispielsweise, oder ein Korb zum Einkaufen; Schemen, die umgehen, Opfer eines Spuks, Verirrte, die von einem Kriegerdenkmal heruntersteigen, weil sie Durst haben oder weil sie immer noch ihre Familie suchen, vielleicht auch Zerstörer von anderen Familien, das weiß man nicht; ich schaue ihnen nach, jedesmal, ohne klares und entschiedenes Gefühl …

*

Wenn man den Stummel seiner Zigarette wegspuckt und es bückt sich ein alter Herr danach, einer, der seit fünf Minuten neben mir ging …

Man ist jedesmal wieder betroffen.

Als ich über die Straße gehen will, gleichsam fliehend, kommen sechs Wagen mit deutschen Kriegsgefangenen, die stehen, die durch die Stadt gefahren werden, möglicherweise ihre Vaterstadt; hinten sitzt je ein Amerikaner mit Helm und Gewehr, und es hilft nichts, daß man sich auf Ursachen und Folgen besinnt: der Anblick bleibt erregend, beklemmend, beschämend, es sind Menschen, wieder umzäunt und gepfercht und verfrachtet wie Vieh ...

*

Was hilft mir die Adresse in der Hand, wenn dort, wo die gesuchte Hausnummer folgen soll, nicht einmal mehr eine Fassade steht ... Gestern schon war ich hier; als Anfänger hatte ich sofort aufgegeben, zu Unrecht; heute aber, gewappnet mit neuem Rat, frage ich im Nebenhaus, und man führt mich wirklich in einen Hof, dann durch eine Werkstatt, wo die Decke niederhängt wie ein Baldachin, und wieder ein Hof, dann ein Treppenhaus, eine Erklärung – ich bedanke mich und steige hinauf, bis ich auf einem Podest stehe, wo es keine Stiege mehr gibt; schaue hinauf, sehe noch drei solche Podeste über mir, aber durch keine Treppenläufe mehr verbunden, und darüber den Himmel, Bläue mit ziehenden Wolken, Frühling. Es riecht nach Aborten, die offenbar keinen Anschluß mehr haben an den Kanal, aber dennoch benutzt werden; die Ruine ist also bewohnt, ich gehe eine Stiege hinab, schaue mich um, endlich klopfe ich an eine Tür und warte, und später, da niemand sich meldet, drücke ich einfach auf die staubige Klinke und öffne die Türe: nun sehe ich wieder auf die Straße hinunter, eine Runse von Schutt, Balken darin, ich vermute eine Luftmine, und da ich es gesehen habe, mache ich die Türe wieder zu, versuche es bei der nächsten:

»Schön«, sagt der Herr, »daß Sie kommen.«

Briefe, Grüße ... Wir selber kennen einander nicht, ich berichte ihm von seinen Fachgenossen, er hat keine Ahnung; zeitweise ist es, als träfen wir uns im afrikanischen Busch, er hört, nickt sonderbar zwischen Neugier und Ferne, zwischen brennendem Verlangen, zu hören, und Angst, daß man aus allem nur die eignen Versäumnisse hören werde. Das Zimmer, wo wir uns eine Stunde lang unterhalten, ist vollkommen bewahrt, Zimmer eines Gelehrten; das Fenster steht offen, ein köstlicher Tag über den einsam erhaltenen Kaminen ...

Noch habe ich zwei Zigarren.

»Ach ja, die Schweiz, die freie Schweiz!«

Plötzlich fühle ich mich müde, und das Gespräch, als er nach meinen Eindrücken fragt, wird auch nicht erfrischend. Lechzen wir nach Zerknirschung der andern, damit wir uns selber unschuldig vorkommen? Allerdings lechzen wir nach einem Bekenntnis, das uns zu neuem Vertrauen und zur Liebe befreit; die bloße Rechtfertigung, die man aus hundert Mündern hört, vermag es nicht: sie setzt uns zum Richter, der freisprechen soll, und wenn wir uns nicht entschließen können, machen sie uns den Vorwurf, daß wir richterlich sind. –

»Ja«, sagt er, »auch ich habe mich gerechtfertigt.«

Beide betroffen, und dann:

»Sagen Sie mir noch eins ...«

Wir stehen bereits auf der Schwelle, geben uns die Hand, als er, ein Herr mit grauen Haaren, einen unbekannten Ausländer fragt:

»Warum sind wir Deutsche so ein gräßliches Volk? Sagen Sie es mir. Warum eigentlich?«

*

Selbstekel. –

Ein andermal war es eine junge Frau:

»Sagen Sie mir einen Ort in der Welt, wo man unsereinen aufnimmt. Chile? Australien? Mexiko? Ich kann hier nicht leben, sehen Sie, nicht unter Deutschen. Ich werde kein Kind auf die Welt bringen, wenn es in diesem Land aufwachsen muß, es hat keinen Sinn, das deutsche Volk wird sich nicht ändern, nie; schauen Sie es doch an: heute in seinem Elend und Jammer, nicht einer ist Mann genug, daß er dazu steht, keiner ist schuld, keiner gibt auch nur zu, daß er auf die falsche Karte gesetzt hat, daß er mit Begeisterung daran glaubte; wir sind ein Volk von Kriechern, treulos bis in die Knochen – ich selber bin Deutsche, allein der Gedanke daran ekelt mich.«

*

Oft hat man die Empfindung, daß die einzige Zukunft, die unserem Erdteil noch möglich ist, wirklich bei den Verzweifelten liegt, nicht nur hierzulande; aber es fragt sich, wieweit der Selbstekel, der zum Anhören ebenso erschütternd wie peinlich ist, fruchtbar werden kann, das heißt, wieweit er ein Vorbote wirklicher Erkenntnis ist, die wir als Verzweifelte eigentlich schon haben, aber noch nicht annehmen. Wir übertreiben sie ins Maßlose: damit sie uns selber unglaubhaft wird. Das aber wäre wieder die Ausflucht in einen Überschwang, der uns niemals verändert.

*

Gesellschaft am Abend.

Wir bekommen Brandy von einem jungen Amerikaner, der Geburtstag hat; es gibt Musik, Tanz, Umarmungen, Küsse, es sind lauter Menschen mit den Manieren einer guten Gesellschaft, spürbar noch jetzt, da wir verzichten darauf ... aber der Brandy reicht nicht. – Plötzlich entsteht ein Gespräch, laut und leidenschaftlich, zwischen einem Amerikaner und seiner deutschen Freundin: wieder die Schuldfrage, wieder die ganze Kette von unsicheren Begriffen, die jedesmal in eine heillose Verwirrung führen. Es hilft nichts, daß jemand aufsteht:

»Jetzt hört schon endlich einmal auf!«

Das möchten eigentlich alle. Aber das Gefälle ist da, noch wenn sie schweigen, und es rettet auch den Abend nicht, als der amerikanische Gefreite es mit einem Spaß versucht, es mischen sich andere ein, es spalten sich Gruppen, alles redet übers Kreuz, man hat Mühe, daß man seinen Partner hört, und auch das Schweigen verschafft keinen Rückzug, im Gegenteil, gerade als Schweigender wird man von jedem angefordert, der an seinem bisherigen Partner verzweifelt.

Ein babylonisches Gespräch. Drei und vier Stunden lang. Und nur der junge Amerikaner mit dem Geburtstag, ein knabenhafter Leutnant, der nichts als Englisch versteht, er allein bleibt außerhalb; denn er schläft auf den Knien eines Mädchens, zufrieden und mit offenem Mund, während das Mädchen aufrecht in einem langen und melancholisch verbrauchten Abendkleid sitzt und mir erzählt, wie sie damals bei der Gestapo empfangen wurde, als sie nach ihrem Vater fragte. Es ist immer, als hätte man alles schon gehört, aber noch nie ganz begriffen. Und mit dem anderen Ohr höre ich immerfort den Amerikaner, der offenbar entschlossen ist, für diesmal über jede persönliche Zuneigung hinwegzugehen:

»Wenn Du nicht schuldig bist, wie du sagst ...«

»Ich bin nicht schuldig!«

»Warum ereiferst du dich denn?«

»Weil es Quatsch ist, was du redest! Es ist einfach nicht wahr! Ihr alle, ich weiß, ihr könnt es einfach nicht verstehen, keiner von euch, auch du nicht ... Wenn wir alle daran schuldig wären, wie sollte man noch eine Stunde leben können!«

»Indem man es einsieht...«

»Erhängen, ja, erhängen kann ich mich, und heute noch!«

Später erscheint auch noch der alte Herr, der natürlich hinter der Schiebetüre nicht schlafen kann. Der kleine liebe Schwips, der ihn vor vier Stunden hat tanzen lassen, ist auch ihm verflogen; in Hose und Rock, die er über das Pyjama gezogen, sitzt er nun ebenfalls hier. Sein nackter Hals. Bei der Machtübernahme kam er sofort ins Lager, Dachau, später in andere; aber nicht davon erzählt er, sondern von der Zeit davor, von persönlichen Begegnungen, er selber war Kommunist.

»Was Sie vorher sagten, Jack, ich glaube nicht, daß es stimmt. Schuldig sind unsere Jahrgänge. Darüber waren wir uns auch im Lager eigentlich einig. Nicht unsere Söhne, und wenn sie siebenmal dabei waren.«

Jack:

»Was meinen Sie, soll nun geschehen?«

»Das weiß ich nicht, offen gestanden, ich sehe es nicht. Aber das liegt wahrscheinlich daran, daß es für mich selber zu Ende ist. Wir sind nicht mehr die Kräfte dazu.«

Um drei Uhr ins Bett.

*

Das immer wiederkehrende Bewußtsein, daß alles, was man denkt, nicht stimmt. Mindestens nicht so, wie man es sagt oder aufschreibt. Es stimmt nicht einmal für mich selber. Warum nicht? Unvermögen des Ausdrucks, Verzerrungen aus zufällig-ungleicher Dichte des Gelingens, und dann läßt man es dennoch stehen, allem Unbehagen zum Trotz, weil man sich erinnert, daß es einmal stimmte. Einsichten sind wie Findelkinder, sie sind da, aber man kennt nicht die genauen Umstände ihrer Geburt – sie stimmen fast immer für den Augenblick und für den Denkort, wo sie sich erzeugen, und falsch ist fast immer unsere Anwendung der vorhandenen Einsichten, das Maß, das wir ihrer Gültigkeit beilegen.

*

Ich wollte nach Heidelberg, wohin ich eingeladen war. Zwei Kassen, vor jeder steht eine Schlange, deren Schwanz man am anderen Ende der eingestürzten Halle findet. Ich zähle je zweihundert Leute, das heißt: zwei bis drei Stunden. Dennoch stehe ich an. Es regnet, und ein Dach gibt es hier nicht, so wenig wie in Pompeji; vor mir eine Dame mit Rucksack, Pelz, Kind auf dem Arm; hinter mir ein alter Landser, eine Kartonschachtel auf dem Rücken, zwischen den Stiefeln eine zweite, die er jedesmal nachschiebt, so daß ich sie an meiner Ferse spüre. Später gewahre ich, daß man vorher noch an einen andern Schalter muß: Reisebewilligungen. Das heißt: zusammen fünf oder sechs Stunden, bis man die Karte hat. Und dann der Platz? In Frankfurt kamen wir einmal eine Stunde vor Abfahrt, und die Leute hielten sich bereits auf dem Trittbrett, andere kämpften um den Platz auf den Puffern, alle späteren mußten aufs Dach, und bei Würzburg, es war Mitternacht und ich hörte es aus einem Halbschlaf heraus, mußten sie alle wieder herunter; jemand redete von Drähten und Strom, wenn ich nicht irre.

Heidelberg gebe ich auf.

Vielleicht sollte man sich schämen; denn ich bin der einzige, der austritt. Vielleicht genügt es, daran zu denken, sooft wir davon sprechen, was wir von den Deutschen alles erwarten.

Dann die Flüchtlinge auf der Treppe...

Man hat den Eindruck, sie würden nicht aufschauen, all diese Flüchtlinge auf ihren Bündeln, wenn mitten auf dem Platz ein Wunder geschähe; so zweifellos wissen sie, daß keines geschieht, und der Regen ist überall gleich, Sonne, Tage und Nächte; man könnte ihnen sagen, hinter dem Kaukasus gebe es ein Land, das sie aufnehmen und ernähren werde, und sie sammelten ihre Schachteln, ohne daß sie daran glaubten; ihr Leben ist scheinbar, Warten ohne Erwartung, sie hängen nicht mehr daran, nur das Leben hängt noch an ihnen, gespensterhaft, zäh wie ein Tier, es schleppt sie durch zerschossene Bahnhöfe, Regen, Ruinen ohne Ende; es atmet aus schlafenden Kindern, die auf dem Schutte liegen, ihren Kopf zwischen den kleinen Armen, vornübergekrümmt wie die Frucht im Mutterleib, so, als wollten sie dahin zurück. –

*

Ein amerikanischer Offizier:

»Ich weiß«, sagt er, »letzte Woche hatten wir wieder einen Zug mit Ostdeutschen; als man einen Waggon aufmachte, waren zweihundertvierzig Tote darin.«

»Und was geschieht?«

»Unterdessen halten wir Gericht in Nürnberg ... Es ist eine Tragödie im Gange, die dadurch nicht geringer wird, daß sie sich aus der früheren erklären läßt, und die man ebensowenig verschweigen dürfte wie Auschwitz und diese Dinge.«

»Warum wird sie verschwiegen?«

Ein deutsches Tippfräulein unterbrach.

»Was mich selber betrifft«, sagt er später unter vier Augen, »ich habe ein Gesuch um Entlassung gestellt.«

»Sie wollen nach Amerika zurück?«

»Ich habe zwei Jahre in der Armee gekämpft. Das alles war einfach und klar. Seit einem Jahr sitze ich hier – ich kann das nicht – hier bin ich Soldat; drüben bin ich ein Bürger, der tun und schreiben kann, was ihm selber als Recht erscheint.«

*

Stille des Abends, Sonne, sie leuchtet durch eine Wiese von wässernem Grün, die schmalen Schatten jedes einzelnen Grases, die länger und länger werden, ein blühender Goldregen, ein Wald von Kiefern: wie wahrscheinlich ist alles das, das Zwitschern der Vögel, und wie unwahrscheinlich noch immer, daß eine zertrümmerte und vergangene Stadt dahinter liegt. Manchmal ist man erstaunt, daß es ein weiteres Erwachen nicht gibt. Es bleibt dabei: das Gras, das in den offenen Kirchen wächst, der Löwenzahn auf dem Schutt, und man kann sich vorstellen, wie es einmal weiterwächst, wie sich ein Urwald über unsere Städte zieht, langsam und unaufhaltsam, ein menschenloses Gedeihen, ein Schweigen aus Disteln und Moos, eine geschichtslose Erde, dazu das Zwitschern der Vögel, Frühling, Sommer und Herbst, Atem der Jahre, die niemand mehr zählt ...

Später der Mond.

Nicht als Scheibe, sondern als Kugel aus dünnem Silber; wie sie es sichtbar macht, das Andere, was außer ihr ist, den Raum um sich, das Violette, das Nichts zwischen ihr und uns, und das Licht, das vor diesem Nichts hängt, wie dünn es ist – wie immer nach einem Schlaf an der Sonne: man erwacht mit schmerzenden Adern, mindestens mit einer Empfindung, daß man Blut und Adern hat, mit einem Bewußtsein von verlorener Zeit. Man sollte nicht schlafen an der Sonne. Man erwacht vor Nähe des Todes, und der Tag, der uns noch einmal aufnimmt mit blühendem Goldregen und rötlichen Kiefern, die vor der violetten Dämmerung stehen, er ist so erschreckend wie herrlich, jedesmal, so vollkommen durchsichtig.

*

Kinder: ihre Kleidchen, ihre Armut, aber immer noch sauber; ihr Spiel, ihre dünnen Gesichter, der Gedanke daran, daß sie nichts dafür können; zuzeiten das einzige, was außer jedem Zweifel bleibt, was aus der Sintflut ragt, was Boden unter die Füße gibt, Zuversicht, Labsal, Auftrag, auch der Gedanke daran, daß sie nicht Kinder bleiben, sondern das deutsche Volk von morgen sind, daß es wesentlich auch von uns abhängt, wie es aussehen wird – über die dringende Hilfe hinaus, die sie vor dem Hunger retten muß, sie wie alle anderen Kinder: sie dürfen keine Verdammten sein, keine Ausgestoßenen, keine Verfemten, gleichviel wer ihre Väter und Mütter waren, wir schulden ihnen mehr als Erbarmen, wir dürfen sie nicht anzweifeln, nie, nicht mit einem Hauch von Zögern ...

Neger sind darin wunderbar.

*

Daß ich weiterreise, halb macht es mich zu einem König: daß ich es kann; halb macht es mich zu einem Schuft: daß ich es tue, was alle hier möchten, was ihnen so gänzlich versagt ist. Und ich muß mich hüten, daß ich keine Wunder verspreche, die ich nicht halten kann. Das junge Mädchen, das in die Kissen lehnt, das zauberhaft Zukunftslose einer Begegnung, die nichts erhoffen kann und nichts befürchten muß, ein Augenblick ohne Anspruch, schön als Augenblick, als Gruß, mag sein, es ist mehr nicht als das Geschlecht, was solchen Augenblick beglänzt; zuweilen ist es das einzige, was einem schleichenden Gefühl von Untergang widerspricht, was Leben will. Sie erzählt von Düsseldorf, ein Zufall, ein Stichwort, und auch dieser Abend, unser letzter, kommt nicht mehr davon los: zwei Stunden lang erzählt sie von den Bombennächten. Als es Mitternacht schlägt, tut es ihr leid. Immer wieder schlägt es durch, auch wenn sie untereinander sind. Sie tragen es wie ein Mal, das ihnen auf die Stirne gebrannt ist ... Sie erhob sich, um eine Platte aufzulegen, damit wir noch einmal tanzten, und als die Platte nun spielte, als wir standen, bereit zum Tanzen, erzählte sie weiter:

Von den Erhängten. –

Von dem Kinderbein, das aus dem Schutt heraushing, man faßte es, zog es hervor und warf die Kleine auf den Wagen, der die Leichen sammelte; da schreit sie, zum Glück. –

Und anderes mehr.

Von zwanzig Nachbarn im Keller: alle schauen zur Decke, unversehrt, nur verstaubt, und alle mit halboffenem Mund und alle mit zerrissener Lunge, alle aufrecht, wie ausgestopft. –

»Tanzen wir!«

Sie selber ist siebzehnjährig.

*

Schönes deutsches Land, Hügel, nichts als ein Wogen von fruchtbarer Weite, Alleen und Wolken, Kirchen, Bäume, Dörfer, die verblauenden Umrisse ferner Gebirge, dann und wann bemerkt man einen Flugplatz, ein Glitzern von Bombern, die in langen Reihen stehen, einmal einen zerschossenen Tank, der schräg im Graben liegt, einmal einen verbogenen Propeller in der Wiese ...

Landsberg:

Es rattert von Jeeps mit Maschinengewehr, ein Panzerwagen, Wachen mit Helm und Pistole; wir werden geprüft. Es riecht nach Alarm; Gurten mit glänzenden Patronen, und auf einem Platze wimmelt es von verwahrlosten Menschen, sie hocken oder liegen, warten, beraten und fuchteln mit den Händen, Flüchtlinge, Ostjuden, ich weiß nicht. Ein Band über die Straße: Wir wollen, daß die zwanzig Juden wieder freigelassen werden. Das ist das liebliche Städtlein, wo Hitler sein berühmtes und wenig bekanntes Buch schrieb. Auch am Ausgang wacht ein amerikanischer Panzerwagen, Kanone ohne Mündungskappe ... Dann wieder die Felder, die Allee, die uns seit Stunden begleitet, und wieder das schöne deutsche Land, nichts als ein Wogen von fruchtbarer Weite, Wolken und Wälder und wieder Baracken, ein Lager im gerodeten Wald, der graue und braune Boden, kahl und pflanzenlos, es erinnert mich an eine Farm mit Silberfüchsen, alles umzäunt und schnurgerade, ein Schachbrett traumhafter Verzweiflung, Menschen, Wäsche, Kinder, Stacheldraht. –

*

Lindau:

Der See, plötzlich liegt er da, flach, ein schlanker Streifen von gläserner Bläue, und davor die matte Rostfarbe eines Güterzuges, wunderschön, zwischen seinen schwarzen Rädern glitzert die Spiegelung, und zwischen den einzelnen Wagen, indem wir entlangfahren; jedesmal sieht man hinaus in die gleißenden Räume eines westlichen Himmels, Gewölke, deren Ränder in der untergehenden Sonne zerschmelzen. Es sind lauter Viehwagen, daneben stehen Soldaten mit deutscher Schirmmütze, Kriegsgefangene, bereit zum Verlad.

*

Bregenz:

Alles trieft von französischen Farben; das Übermaß an Flaggen, das nie überzeugt. Wir fahren gerade in einen Aufmarsch mit Trommeln; eine Musik von aufpeitschender Eleganz, klar und leidenschaftlich, heiter, durchsichtig, frech und unwiderstehlich. Ich verlasse unseren Jeep. Endlich kommen sie aus einer Gasse hervor, Gesichter voll Mittelmeer, die Haut wie Lehm, Samtaugen. Sie schreiten nun auf den Platz hinaus, wo die Linden stehen, linksum und rechtsum, Trommeln, sie stehen, Trommeln, sie schwingen die Clairons, und jedesmal, wenn sie es wieder machen, blinkt es in der Abendsonne wie Lismernadeln. Ihre weißen Gamaschen, ihre weißen Gürtel, ihre dunkelblauen Mützen mit Kokarde; Marseillaise am Bodensee. Und abermals Trommeln, abermals Fanfaren, abermals Lismernadeln; eine Hochzeit zwischen Operette und Kaserne, vorzüglich, aber unwahrscheinlich. Ich frage einen Zuschauer, ob solche Konzerte öfter vorkommen, einen Burschen mit Schulmappe.

»Morgen ist der Tag der Freiheit«, sagt er kurz, und ohne mich anzusehen: »Wer nicht auf die Straße geht, wird bestraft. Das ist die Demokratie.«

Traut er mir nicht?

Kurz darauf verschwindet er.

*

Zürich:

Erregend wie je blieb der Anblick der Grenze, die wir Hunderte von Tagen bewacht haben; sie ist ein Begriff, der über Leben und Tod entscheidet; in der Landschaft ist sie ein Spuk, eine bemalte Stange, welche die Sintflut aufhalten soll, ein Witz, den die Vögel überfliegen. Und im übrigen ist es wie immer, wenn man aus dem Ausland kommt: man hat das Gefühl von einem übermöblierten Zimmer, bewohnt von einem arbeitsamen und wenig ansehnlichen Menschenschlag, wozu man das Seine beiträgt.

*

Lavaux:

Abend nach einem Gewitter, Glitzern im Genfersee; wenn man am Wagenfenster steht und hinausschaut auf die braunen Hänge mit den Reben, mit den grauen Mäuerchen und mit den Schlößlein darin: die Landschaft, wo es keinen Sinn mehr hat, weiterzufahren – das Meer, die Städte im Süden, ob sie uns froher machten in dieser Stunde, ich weiß es nicht; dennoch wird man sie aufsuchen, sobald es möglich ist, und es wird sein wie hier, wenn man mit dem dröhnenden und quietschenden Zug hinunterfährt in den Abend, in die Räume voll farbigen Gewölkes: kein Jauchzen, nur ein erträgliches Wachsein, ein Wissen, daß alle Schönheit dieser Erde, die wir nicht verlassen können, zum Jauchzen nicht mehr reicht, auch das Meer nicht, das lange ersehnte, Mexiko, die Azoren, die Brandung…

Wo sollen wir hin?

Am Abend, den ich bei Freunden verbringe, zeigt es sich, wie wenig man mitzuteilen hat, eigentlich nichts, was hierzulande nicht jedermann schon wüßte, wenn er will. Unsere Ahnung wird vom wirklichen Bild nicht übertroffen, auch nicht einmal wesentlich verändert. Nur daß man die Ahnung erfüllt weiß; das heißt, wir bedürfen keiner Ahnung mehr, damit wir es wissen. Darin besteht eigentlich der einzige Unterschied, daß man die Dinge, die man mit Augen gesehen hat, auch weiß, wenn wir an anderes denken, wenn wir anderes ahnen und über anderes sprechen, was wirklich nach einer Viertelstunde bereits der Fall ist. Der Zufall will es, daß jemand dabei ist, der eben aus Frankreich kommt. –

(1946)

Der Basler Literaturprofessor Walter Muschg, 1949 (mit Friedrich Dürrenmatt)

»... zu meiner Zeit waren die Germanisten so gräßlich blasiert gegenüber allen Versuchen eines Lebenden, ausgenommen den insgeheim eignen gegenüber.«

Aus einem Brief an den Germanisten Walter Muschg vom 22. September 1946:

Ich denke nicht selten daran, Europa zu verlassen; obschon ich nicht wüßte, wo anders wir geistig zuhause sein könnten. Es wäre, wohin immer man sich wendet, ein Schritt in die Einsiedelei, ein Austreten aus der Zeitgenossenschaft. Wenn man keine Kinder hätte, glaube ich, könnte man dem ganzen Totentanz mit Ironie zuschauen, gelassen im zynischen Bewußtsein, daß nach uns die Sintflut kommt, einzig besorgt, daß man sein eignes Dasein noch zu Ende schmuggelt. Aber die Kinder sind da, damit die Verpflichtung an die Zukunft, damit die Verzweiflung, die in immer kürzeren Wellen wiederkehrt; Abende lang sitze ich da, ohne zu arbeiten, ohne auch nur lesen zu können, da ich, nachdem ich die Zeitung gelesen habe, nüchternen Sinnes nicht sehe, was meine Arbeit für einen Sinn hätte selbst dann, wenn sie gänzlich gelänge. Ich weiß, daß es vielen so geht.

Aus den Notizheften I:

Ich bin nicht sicher, ob es ein Weiter gibt

24. 10. 46

Ich bin nicht sicher, ob es ein Weiter gibt. Eine Verwirrung, der ich nichts entgegenzusetzen habe, ist jederzeit möglich, und ich bin nicht einmal sicher, daß ich (ohne anständige Katastrophe) ans Ende komme. Hinter allem, was ich tue, steht eine Menge ungetilgter Angst, die sich mir zu Zeiten, wo ich mich wohlfühle, in Rausch verwandelt. Meine Arbeiten, wo immer sie fertig sind und mir als Spiegel begegnen, erweisen sich als ein Ausweichen; es sind lauter Gebilde der Angst. Ich lebe aus keinem eignen Verlaß heraus.

—

Ich habe keine Welt; ich leide an ihr, insofern ich sie immerfort mit mir selber vermenge, und verehre den Traum, dem diese Vermengung auch eigen ist; meine Auseinandersetzung mit der Welt, wie ich diese Vermengung nenne, ist infolgedessen immer privat, monologisch, lyrisch. Das Bedürfnis, dramatisch vorzugehen, entspringt wohl einer guten Ahnung; ein mißverstandener Alarm, denn die dramatische Form, wie sich zeigt, zwingt mich nicht zum unvermengten Leben; ich habe Begabung genug, diese Form aufzulösen, bis sie mir gemäß und somit undramatisch ist, somit menschlich-unwirksam.

Das Theatralische: als Kompensation einer anti-dramatischen Anlage.

Ich glaubte, daß mich das Drama aus der autobiographischen Egozentrik erlösen helfe; das Ergebnis ist, daß ich die ganze Zeitgeschichte in diese Egozentrik, die sich im Traumhaften legitimiert fühlt, hinabsauge.

Es gibt keine Form, die als solche vermögend ist, die heilen kann, die Menschliches verändert; entweder sie bleibt entlehnt, was teilweise in meinen Arbeiten der Fall ist, oder sie wandelt sich, was ebenfalls der Fall ist, sie wandelt sich dem Menschen an und zwar im Grade seiner vorhandenen Begabung: Begabung aber ist keine Heilung, nur ein Vermögen der Spiegelung, und die Heilung kann nur aus dem Menschlichen kommen. Oder auch das nicht; sondern aus Gott. Hier aber fehlen mir alle Beziehungen. Ich verfüge, wenn ich die Bilder meines Wunsches abziehe, über keine zweifellose Gotteserfahrung. Hinter allem, was ich tue, steht eine Menge ungetilgter Angst …

Aus einem Brief an Annemarie und Peter Suhrkamp vom 2. Juni 1948:

Meine Reise ging gut, ich wohnte noch einen langen Abend bei Eppelsheimer und seiner lieben Frau Schwester, das Gespräch ging uns auch diesmal nicht aus; Eppels soll nun bald nach Zürich kommen, höre ich, und zugleich hoffe ich, daß auch Sie wieder einmal erscheinen. Ich habe, wie ich bei meiner Rückkehr vernahm, meine Landsleute sehr böse gemacht durch eine Zeile, die am Ende meiner Berlin-Notizen stand und unsere eigene Existenz als möglicherweise irrelevant zu benennen wagte. Man heißt mich hoffen! Leider in einem Ton, der mich nicht ganz davon überzeugen kann, daß wir, kraft einer erstaunlichen Ahnungslosigkeit, Europa retten. Kurzum, ich bin wieder daheim, der Bau verlangt mich jeglichen Tag, und das ist ganz schön, es entsteht etwas Sichtbares und Greifbares, Stein, Holz, Eisen, lauter ehrliche Dinge, und ich wäre nicht unzufrieden, wenn man nicht am Abend, den ich den fragwürdigeren Arbeiten einräume, einfach zu müde wäre. Ich habe einen schönen Stoff, sagte ich Ihnen, und wir wissen allesamt, daß ein Stoff nichts bedeutet, aber es ist doch schön, wenn man ihn zu haben meint; hin und wieder schwänze ich den wachen Morgen, um damit weiterzukommen, bevor meine Zuversicht verfault ist. Es soll eine Erzählung werden, berichthaft, möglichst ohne meine werten Reflexionen, die mich nach zwei Jahren regelmäßig ärgern. Ich bin oft mit Brecht zusammen, der mich einfach als Potenz fesselt, es gibt natürlich martervolle Abende, aber immer, zumal wenn wir allein zusammen sind, kommen wir zu den wirklichen Fragen und zu den Gesprächen, die nicht an der Sache vorbeigehen. Eben unterhalten wir uns ausführlich über Don Quixote. Worin liegt die Donquixoterie unsrer Zeit? Wir kommen freilich nie zusammen, aber er öffnet mir Fenster um Fenster, auch wenn wir die Landschaft dann sehr anders sehen. Ich weiß, daß ich vor seiner Denkkraft, ich meine damit nicht seine Dogmatik, schmählich verschmelze; aber ich habe doch viel davon, wobei ich mir die menschenfreundliche Frage, was er davon habe, gar nicht stelle. Er ist Gast unseres vortrefflichen Landes und soll froh sein! Zurzeit bin ich öfter mit ihm an den Proben zum HERRN PUNTILA, es ist großartig, wie sachlich man auch in der Kunst arbeiten kann, wenn einer etwas ist und sich nicht selber immerzu seine Künstlerschaft beweisen muß. Was macht wohl, fällt mir dabei ein, der Genialissimus Fehling?

Zur Sache! Ich freue mich aufrichtig über Ihren nochmals wiederholten Vorschlag, meine drei Stücke in einem Band herauszubrin-

Annemarie und Peter Suhrkamp, frühe 50er Jahre.

»... seine Gegenwart macht mich immer noch unsicher, so daß ich nicht ganz mich selber bin, und zwar unsicher gerade durch sein ungewöhnliches, liebevoll-forderndes Vertrauen, das mich gegen die eigne Resignation wie gegen die Selbstzufriedenheit stärkt.«

gen, und ich wäre glücklich, dieses Buch in Ihrem Verlag zu wissen. Ich habe sofort an Benno Schwabe geschrieben, damit er sich mit Ihnen in Verbindung setzt. Er hat mir seinerzeit versprochen, eine deutsche Lizenzausgabe bis zehntausend Exemplare zu bewilligen. Hoffentlich können Sie sich einigen! Was die Bühnenrechte betrifft, hat Reiss sie bereits an Bloch's Erben übertragen, soviel ich weiß, und wenn Sie das auch nicht zur Bedingung machen, will ich es doch nicht unterlassen, in dieser Sache nochmals mit ihm zu sprechen. Wir haben eben dieser Tage beschlossen, die Chinesische Mauer für einzelne deutsche Bühnen freizugeben, die Gewähr bieten für eine gemäße Aufführung. Im großen ganzen, weil unser Theater doch ziemlich im Argen liegt, wäre mir eine Buchausgabe viel wichtiger; dann weiß man, daß man den Zeitgenossen wenigstens unverfälscht und nur mit den eignen Mängeln erreicht, und es hat doch alles nur einen Sinn, wenn man die Aussage, die einer versucht, genau kennenlernt; von Einverständnis wollen wir noch gar nicht reden. Ich liebe das Theater, weiß auch, daß ich nie eine dramatische Begabung haben kann, höchstens eine theatralische, was nicht zu verachten wäre; aber das Theater, das wirkliche, mag hingehen, wenn man einen Verfasser schon außerdem kennt und mit Neugierde verfolgt, was das Theater in Hamburg und das Theater in Basel aus ihm macht; wenn es das einzige Instrument sein soll, womit ich ein paar deutsche Zeitgenossen erreichen kann, graut es mir aufrichtig. Wir sprachen ja schon in Zürich darüber. Der Gedanke daran, daß Sie die drei Stücke auch dem Leser zugänglich machen wollen, erfüllt mich mit großer Freude, und ich hoffe, daß einer baldigen Verwirklichung dieser willkommenen Nachricht nichts im Wege steht. Für heute, verehrter Herr Suhrkamp, danke ich Ihnen herzlich allein schon für den Plan!

Aus den Notizheften II:

Ernst Jünger

16. 9. 47

Das letzte, was ich las, war das Kriegstagebuch von Jünger – endlich, nachdem ich es 1½ Jahre ausgeborgt hatte; – glänzend auch [dieses]; ein Cicerone für empfindsame Seelen, wenn sie durch das heutige Deutschland fahren; Kristallisation eines Begriffes von Kultur, wie er immer noch ernstgenommen wird; die kennerhafte zärtliche Liebe zu Kupferstichen, ganz bewußt auf die Folie eines Feldzuges gesetzt, mehr als bewußt: die Wollust an der eignen Kälte, die irgendwo nicht einmal stimmt; sondern sie gefällt sich. Feinde, die Jünger als dämonisch empfinden; ich empfinde ihn eher als verlogen – nicht schrecklich, sondern ärgerlich; er hält es für Größe, daß ihn das Leiden nicht erschüttert oder bedrückt, sondern manchmal nur belustigt, kitzelt, anregt zum Sammeln von Kupferstichen. Irgendwo bleibt es wohl doch eine Pose, eine Koketterie. Wie sich der kleine Mann einen Heros vorstellt; hatte Gottfried Keller so ganz Unrecht, als er von Nietzsche einmal meinte, das müsse ein Erzspießer sein, der den Zarathustra geschrieben hat? Es gibt wohl, wenn wir zu Jünger zurückkehren, auch einen Sadismus der Impotenz –.

Jünger (Fortsetzung)

... Ich frage mich, ob Jünger wirklich ein Soldat ist, ob das Soldatische so wesentlich zu ihm gehört, wie er sein Leben lang tut, oder ob es mehr ein Vorwand ist, ein Ersatz, eine Ausrede für den Tagebuchschreiber; ohne Uniform, er weiß es, wäre er ein Schriftsteller ohne Werke.

—

Die Veröffentlichung eines Tagebuches, je echter es ist, hat immer doch etwas Unanständiges, ähnlich wie die Veröffentlichung der Briefe; das setzt eigentlich den Tod voraus. Und es setzt das Interesse an der Person voraus, Interesse auf Grund anderer Leistungen oder auf Grund einer unersetzlichen Augenzeugenschaft; das

Tagebuch der Brüder Goncourt ist ein unersetzliches Dokument; darin u. nicht in seiner schriftstellerischen Könnerschaft liegt jene Rechtfertigung, die uns, wenn wir es lesen, das Gefühl des Selbstverständlichen gibt; man ist den Brüdern G. dankbar, u. wenn uns ihre Person auch wenig interessiert, ist es doch angenehm, zu lesen, daß einer von ihnen einen Roman schreibt, daß er sich über den Erfolg freut; erst dadurch wird alles, was wir lesen u. lieber lesen als jenen Roman, zur beiläufigen Notiz, zum Tagebuch. Das Tagebuch als literarische Form, als Werk, sogar als Hauptwerk hat immer die Gefahr des Narzißmus; das ist mit aller stilistischen Meisterschaft nicht zu tarnen, und der Schreiber wird immer beflissen sein, den Eindruck sonstiger Geschäftigkeit zu erwecken; uns wissen zu lassen, daß er wenig Zeit hat, daß er noch einer andern Pflicht gehorcht – damit wir nicht fragen: Und was machen Sie sonst? Tagebuchschreiben ist kein Beruf –

Tagebuchschreiben ist kein Beruf. Es kann bedeutender sein als alles, was einer in seinem Beruf tut; aber erst daß er tut, gibt ihm das natürliche Recht zur Betrachtung. Geschrieben auf einem Briefumschlag, eine Zigarettenschachtel, meinetwegen in ein kleines Heftlein, das hin u. wieder in den Taschen eines Rockes ist, der zuhause im Schrank hängt, so daß man ein neues Heftlein kauft, Tagebuchblätter, das sind Erzeugnisse in den Pausen, Notizen unterwegs, Einfälle in einem Wartezimmer, im Kaffeehaus, in der Bahn oder am Feierabend, bevor man das Licht löscht; es sind, ihrer Adresse nach, immer Notizen an den Schreiber selbst, Briefe ohne Empfänger; ihr Reiz, ihr wesentlicher Reiz ist das Selbstgespräch, die Aussage ohne Stimme, der Umgang eines Geistes mit sich selbst; so, aber nur so hat jeder das gute u. natürliche Recht, seine Tage wichtig zu nehmen, denn es sind die seinen.

Aus den Notizheften III:

Das eine ist das Recht; das andere die Limousine

Portofino, 20. 9. 47

Unser Hotelier, der sich bei unserem Eintreffen verbeugte, als wären wir mit einer Limousine gekommen, hat an Höflichkeit verloren; als ich ihm sage, wir möchten die Rechnung haben, bleibt er sitzen, während er mit dem stehenden Gast spricht; ich weiß nicht, ob auch das der Schirokko macht, oder ist es der Umstand, daß wir, was er inzwischen gar wohl bemerkt haben muß, wirklich keine Limousine haben wie sonst alle rechten Schweizer.

–

Aus Portofino, September 1947 (Ansichtskartensammlung der Mutter Lina Frisch)

Daß arme Leute, wie sehr sie grollen, stets eine Hochachtung haben vor dem Reichen, den sie beneiden, gehört zu den wunderlichen Tatsachen, die der schwärmerische Umstürzler, wenn er für eine gerechtere Ordnung eintritt, meistens übersieht u. nicht in Rechnung setzt; der junge Herr in der Limousine, wenn er sich nicht auf diese Vergötzung verlassen dürfte, was hätte er für ein Bollwerk? (Sie reden von Recht u. ballen ihre Fäuste, mag sein, aber sie knien vor dem Glanz einer Limousine; wollen sie das Recht oder die Limousine?) In Genua: Die beiden Bettler, die eine Limousine betrachten, sie liegen auf den Treppenstufen einer herrlichen Kirche, einer christlichen, wo sie die Nacht verbringen werden, u. der junge Herr, der in die Limousine steigt, nachdem er eben diese Kirche betrachtet hat, u. sich die hellen Handschuhe anzieht, eine Zigarette ansteckt, bevor er mit dem Schlüsselchen den Motor anlaufen läßt, der junge Herr denkt nicht einmal daran, daß ein Stein ihn treffen könnte; er ist sicher wie ein Apoll, unverletzlich, solange die andern ihn nur beneiden. Es gibt Szenen, wo man einfach nichts mehr begreift; man spürt ein Gleichgewicht von Kräften, die nichts mit unseren sittlichen Begriffen gemeinsam haben, die wirklicher sind als diese Begriffe. Was wird hier gespielt? (Jeder christlich-sittliche Mensch ist Revolutionär; er muß es sein, oder er ist verlogen.)

Das eine ist das Recht; das andere die Limousine; das [eine] ist die Würde, das andere der Glanz.

—

Dies nebenbei –.

—

Wieso es möglich ist, daß das Christentum sich bereits das zweite Jahrtausend halten kann, ohne daß es wesentliche Züge seiner Lehre, nämlich die Nächstenliebe u. die Brüderlichkeit, ernsthaft u. wirklich in die Tat umzusetzen versucht. Außer den Erfolgen in der klösterlichen Retorte, außer den einfältig-grandiosen Versuchen der Widertäufer, was ist aus dieser Botschaft geworden? Ein Erdteil voll herrlicher Kirchen, mit Campanile und [Baptisterium]. Wie ist das möglich; wenn man gelegentlich den Urtext liest, ist es nicht zu fassen, wie ein ganzer Teil seiner Forderung einfach übergangen, verschwiegen, verharmlost u. veralmost wird; kein Christ, wenn er einer wäre, müßte sich vor dem Kommunismus fürchten. Das einzig Große, einzig Künftige am Kommunismus ist ungefähr das, was die Christen, gemäß ihrer Schrift, schon lange hätten erfüllen müssen; der K. blüht aus dem verpaßten Christentum. André Gide in seinem letzten Tagebuch: »......« (Es wird mir bewußt, das alles, was ich am K. liebe, letztlich nur das Christliche war.) Das Christliche, anti-christlich gesagt, aber ernstgenommen. –

Ich sehe nur eines, was diese Tatsache erklären mag: die christliche Vorstellung vom Jenseits; Nutznießer dieses Gedankens, der nicht umsonst überbetont wird; der junge Herr in der blauen Limousine. Wehe, wenn sie das Diesseits plötzlich ernstnähmen, wie einst die Widertäufer, die ein Gottesreich auf Erden wollten, nicht auf dem Papier, u. wie die Kommunisten –.

Die Christen, scheint mir, könnten den gefürchteten Kommunismus von heute auf morgen erledigen u. zwar ohne List, ohne Gewalt, ohne Presse, ohne Politik der Kirche u. so weiter, sondern ganz einfach dadurch, daß sie ihr Christentum ernstnehmen u. zwar in allen seinen Geboten.

(Unser Christentum, das zum guten Ton gehört –)

Aus den Notizheften IV:

Der italienische Film

Café Odeon, August 1949

Der italienische Film, den ich eben zum zweiten Mal angesehen habe, ist nicht der erste, der durch einen durchaus neuen Stil, eine Fähigkeit, Wirklichkeit unsrer Zeit aufzuzeigen, mehr als verblüfft; er beglückt – trotz der Schauerlichkeit seines Gegenstandes: der verlorene Kampf italienischer Partisanen, die von Deutschen gebunden u. ersäuft werden, eine Episode, die mich gerade dadurch, daß sie kommentarlos geschildert wird, abermals erschütterte u. zwar so, daß man sie wie eine eigne Erfahrung in sein weiteres Denken mitnimmt – er beglückt: ohne daß er ästhetisiert und ausweicht; er beglückt durch eine durchaus moderne Art von Mut, der darin besteht, Urteile abzulegen und sich zuerst einmal umzusehen, wie ein Stück unsrer Wirklichkeit aussieht; der Mut zu einer unzynischen Ehrlichkeit; was diese Filme leisten, auch jener, der die verwahrloste Jugend in Rom schildert, ist nicht mehr u. nicht weniger als Bestandsaufnahme. Schonungslos, dabei nicht unmenschlich; das Schonungslose nicht als Genuß. Was anderes verbände die fünf Episoden dieses Films, die sich absichtslos aneinander reihen und ohne dramaturgische Verkettungen, ohne jede Montage? Der gleiche Blick, nichts weiter; der Blick auf das Konkrete, die Liebe zur individuellen Existenz, das, was ich einen humanen Realismus nennen möchte – was auch mein eigenes Bestreben ist.

Warum ist ein solcher Film aus Deutschland, wo doch eine gleiche Lage besteht, nicht möglich? Mindestens ist er nicht vorhanden –

Vielleicht weil Italien doch nicht in der gleichen Lage ist: Italien hatte Partisanen. [...] Italien hat seinen Duce selber erschossen und an den Füßen aufgehängt; es hat sich gewaschen; die Arbeit seiner Partisanen, ihre Zahl, die diese Arbeit zum sichtbaren u. geschichtlichen Ausdruck brachte, hat genügt, daß man Italien nicht mit seinem Faschismus gleichsetzen kann. Sie haben eine Unwürde, sobald es ging, abgeschüttelt; was in Deutschland nicht gelang – in den Tagen, als der Zusammenbruch es erlaubt hätte, hat das deutsche Volk gewartet, bis die Sieger kamen; man sagt: wir waren des Tötens müde! Die gleichen, die ..., waren plötzlich sehr empfindsam; Gehorsam gegen den Vorgesetzten – und dann: er ist ein Deutscher. Angst vor dem Gericht? Es geht nicht, daß ein Gefreiter, u. wenn es noch soviel Grund dazu hätte, seinen General erschießt – ohne Befehl ...

Dann die Entnazifizierung, die Komödie der Zwangsreinigung.

– Italien hat sich selber gewaschen; das, glaube ich, ist entscheidend für den geschichtlichen Ort, entscheidend für die geistigen Möglichkeiten; Italien ist mit seinem faschistischen Irrtum fertig geworden; es hat das gute Gewissen, das die Frucht des Mutes ist – und die Voraussetzung des Mutes, wie es sich in solchen Filmen, in ihrem Blick auf das Konkrete, wie immer es sei, so beglückend manifestiert.

Das eine ist eine humane Haltung – so paradox das tönt – das andere ist eine nationalistische.

—

Abgesehen vom 20. Juli, einer durchaus vaterländischen Revolte, die sich wesentlich nicht gegen die Unmenschlichkeit, sondern gegen die deutsche Niederlage wandte, hat man kaum gehört von Soldaten, die etwa ihre Offiziere erledigten, von Teilen des Volkes, das seine Unterdrücker, obschon es sie so nannte, mit eigener Hand gerichtet hätte. Man war, so heißt es, des Hängens müde. Das tönt sehr human. Würden Sie, fragt man zurück, gerne einen andern hängen oder erschießen wollen? Gerne nicht. Würden Sie es können? Wenn ich gelernt hätte, Polen zu erschießen, warum sollte ich die, die mich dieses gelehrt haben, nicht ebenfalls erschießen können? Jedenfalls, man wartete ab; die Unterdrücker, was haben sie an Volkswut zu spüren bekommen? Zwei oder drei Mörder, die an der Laterne hängen, hätten vielleicht genügt, um geschichtlich zu werden. War die Angst noch zu groß? Angst ist natürlich, dagegen ist nichts zu sagen. Im Augenblick aber, wo man sie nicht mehr zu fürchten hatte, waren es keine Unterdrücker mehr, sondern Landsleute, es waren Deutsche. Und es war die Sache der Sieger, den Richter zu spielen u. daran zu versagen. Die Unterdrückten blieben Zuschauer, sittsam und abseits der Geschichte. Italien hat einige seiner Unterdrücker eigenhändig gerichtet; man sah sie nicht in erster Linie als Italiener, sondern als Feinde der Menschlichkeit ... die eine Haltung ist human; so paradox das tönt, da ihre Auswirkung doch blutig ist – die andere Haltung ist nationalistisch.

—

Jeder berief sich darauf, daß er nicht dabei war, und die meisten mit Recht; die andern, die es erwischt hatte, waren im Grunde auch nicht dabei, sie hatten nur gehorchen müssen. Jetzt mußten sie nicht mehr; die aber, die befohlen hatten, überließen sie dem lieben Gott und der alliierten Polizei; sie selber hatten nichts damit zu tun; man war froh, daß die »Politik« vorbei war. Der Blitz aus dem eignen Himmel, der einzig senkrechte, er blieb aus, und die Luft bleibt schwül –. Die Sieger machten nun den Fehler, daß in Nürnberg kein deutscher Richter saß – das Unheil, daß Deutschland sich nicht selber richtete, war geschehen; seine Folgen werden nicht ausbleiben. Die Wiederkehr derer, die von fremden Händen gehängt wurden, ist sicher.

»Als der Krieg zu Ende war«

Zürich, 18. 8. 48

Lieber Herr Horwitz!

Haben Sie vielen Dank für Ihren lieben Brief. Da ich am Montag verreise und wir einander leider in den nächsten zwei Wochen nicht sehen können, will ich Ihnen kurz einen Lagebericht geben. Meine Vorschläge, die Regisseure betreffend, wurden so aufgenommen, wie Sie erwartet haben. Leider! Ich habe mehr als einmal mit Hirschfeld gesprochen, da wir einander ja öfter sehen; über Gins läßt sich überhaupt nicht reden, so daß ich meinen Vorschlag auf Sie versteift habe, und das Ergebnis ist so eine Art kleines Moskau. Hirschfeld ist mehr und mehr für Steckel, und wenn meine Bedingung, daß ich diesmal bei den Proben zugegen sein will, von Steckel angenommen wird, ist meine Klemme ziemlich vollkommen. Obendrein äußert neuerdings auch Oskar den vagen Wunsch, das Stück zu machen, und im Stillen, wenn ich mit dem Velo durch den Zeltweg fahre und mit einer Begegnung rechnen muß, versuche ich mich schon in höflichen und sogenannt witzigleichten Wendungen, damit im Falle, daß diese Herausforderung mich betrifft, nicht ein nacktes Nein auf der Straße steht. Unterdessen hat auch Viertel die Arbeit gelesen, und ich bin gestern mit ihm zusammengekommen, zum ersten Mal. Er hat mir einen starken und beglückenden Eindruck gemacht, und ich bin ja so froh um jede Persönlichkeit, die uns daran glauben läßt, daß das Theater auch eine ernsthafte Sache sein kann, ohne Kuschelmuschel. Viertel ist ein großer Zögrer, und die sachliche Strenge seines Urteils, das den Hintergrund handwerklicher und menschlicher Erfahrung hat, ist eine Wohltat; in einem Nachmittag haben wir den ersten Akt durchgenommen. Und wir werden fortfahren. Das eine und andere, was ich höre, scheint mir durchaus anwendbar, ohne daß ich mich in Sachen verliere, die mir nicht entsprechen und schon darum bewundernswert erscheinen. Was mich freut, obschon Viertel ziemlich schürft, ist im Grunde wieder, wie bei Brecht, das Ernstgenommenwerden, das ich hier so oft vermisse, der Ernst überhaupt gegenüber einem künstlerischen Versuch, der Mut zur großen Anforderung, der grundsätzliche Zweifel am Gelingen. Wir haben uns, glaube ich, ziemlich verstanden. Die gegenwärtige Mentalität unsres Schauspielhauses, das sich jeder Aufgabe glatt gewachsen fühlt, ist ja so bedrückend provinziell, daß ich zuweilen doch an den unleidigen Fehling denken muß, der Zürich, wenn auch aus sehr trüben Motiven heraus, eine Edelschmiere nannte. Es ist natürlich nicht nett, daß ich das sage; ich habe mich

Kurt Horwitz. Er inszenierte die Frisch-Uraufführungen von »Nun singen sie wieder« (1945) und »Als der Krieg zu Ende war« (1949) am Schauspielhaus Zürich

nicht zu beklagen, und im Grunde mag ich auch den einsamen Hirschfeld von Herzen gern; aber er tut mir leid, und so richtig bitterböse bin ich eigentlich nur über unsere Presse, die alles frißt, die den Mut wohl aufbringt, einen Autor anzugiften, besonders einen Landsmann, aber einen Lear schluckt und hundert andere Sachen dieser Art. Ich glaube durchaus an eine mögliche Umstellung, wenn es so wäre, daß sich das Haus vor einer offenen Blamage fürchten müßte; ich freue mich auf den bitteren Augenblick, wo dieser oder jener Ausländer, der einen Namen hat, seine Geringschätzung veröffentlicht. Die Brock hat über den »Schatten« geschrieben: Besser kann das auch Gründgens nicht inszeniert haben. Nun habe ich die Inszenierung von Gründgens gesehen, und sie war halt unvergleichlich viel besser. Man ist einfach zu sicher, und daß das Theater deutscher Sprache, soweit wirs wissen, ziemlich auf dem Hund ist, gibt ja noch keinen Maßstab, nur diesen sonderbaren müden Größenwahn, der auch das Achtbare, was unser Schauspielhaus wirklich geleistet hat, verunmöglicht. Aber wozu sage ich das? Und wem sage ich es ...

Viertel macht nun den Shaw, und unter den genannten Umständen wäre ich sehr glücklich, wenn er die Judith in Zürich machte; er ist ein neuer Mann im Haus, eine Sensation in einer müden Luft, das Urteil über ihn unterliegt noch keiner Routine, und es umgibt ihn die Neugierde, die man keinem Eingelebtem mehr entgegenbringt, keinem Regisseur und keinem Schauspieler und keinem Autor. Ich sage Ihnen all dies, damit Sie mich verstehen mögen, warum ich zurzeit sehr auf Viertel dränge; ich glaube, er wäre seinerseits auch bereit, sich meines Stückes anzunehmen, wenn es mit den Terminen geht. Er muß im Herbst nach Wien. Ob er realisieren kann, was er im Gespräch aufzuklären vermag, weiß ich natürlich nicht. Noch ist nichts entschieden; mein Begehren ist zur Kenntnis genommen: Viertel oder Horwitz. Und wenn sich beides zerschlagen sollte, so ist es für mich eine Resignation – immerhin mit der Hoffnung, daß Sie es in Basel machen. Oder wird sich auch das in Dunst auflösen?

Wir werden uns sehen und besprechen, wenn Sie im September hier probieren, und ich freue mich sehr darauf. Bis dahin wird nichts entschieden sein. Inzwischen fahre ich weg, diesmal wieder nach Osten und zwar nach Breslau und Warschau; ich bin eingeladen, sonst könnte ich es mir nicht wohl erlauben. Es ist ein Congrès mondial des intellectuels pour la paix. Es kommen Leute aus vielen Ländern. Ich bin sehr neugierig, was ich in Polen sehen werde. Und danach werde ich das Stück nochmals überarbeiten.

Grüßen Sie Ginsberg und lassen Sie ihn wissen, wie es steht; seien Sie selber herzlich gegrüßt von Ihrem

Max Frisch

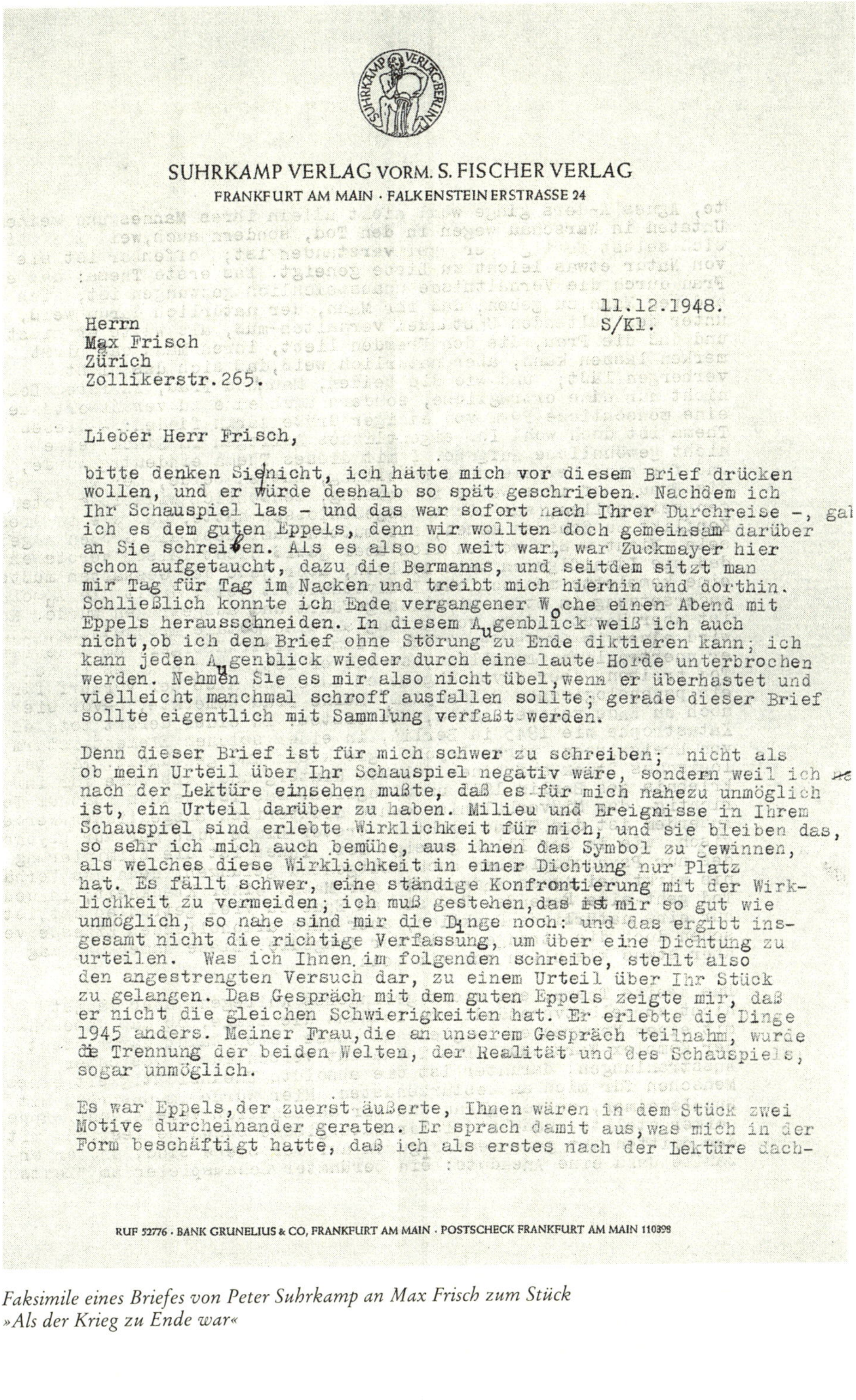

SUHRKAMP VERLAG VORM. S. FISCHER VERLAG
FRANKFURT AM MAIN · FALKENSTEINERSTRASSE 24

11.12.1948.
S/Kl.

Herrn
Max Frisch
Zürich
Zollikerstr.265.

Lieber Herr Frisch,

bitte denken Sie nicht, ich hätte mich vor diesem Brief drücken wollen, und er würde deshalb so spät geschrieben. Nachdem ich Ihr Schauspiel las - und das war sofort nach Ihrer Durchreise -, gab ich es dem guten Eppels, denn wir wollten doch gemeinsam darüber an Sie schreiben. Als es also so weit war, war Zuckmayer hier schon aufgetaucht, dazu die Bermanns, und seitdem sitzt man mir Tag für Tag im Nacken und treibt mich hierhin und dorthin. Schließlich konnte ich Ende vergangener Woche einen Abend mit Eppels herausschneiden. In diesem Augenblick weiß ich auch nicht,ob ich den Brief ohne Störung zu Ende diktieren kann; ich kann jeden Augenblick wieder durch eine laute Horde unterbrochen werden. Nehmen Sie es mir also nicht übel,wenn er überhastet und vielleicht manchmal schroff ausfallen sollte; gerade dieser Brief sollte eigentlich mit Sammlung verfaßt werden.

Denn dieser Brief ist für mich schwer zu schreiben; nicht als ob mein Urteil über Ihr Schauspiel negativ wäre, sondern weil ich nach der Lektüre einsehen mußte, daß es für mich nahezu unmöglich ist, ein Urteil darüber zu haben. Milieu und Ereignisse in Ihrem Schauspiel sind erlebte Wirklichkeit für mich, und sie bleiben das, so sehr ich mich auch bemühe, aus ihnen das Symbol zu gewinnen, als welches diese Wirklichkeit in einer Dichtung nur Platz hat. Es fällt schwer, eine ständige Konfrontierung mit der Wirklichkeit zu vermeiden; ich muß gestehen,das ist mir so gut wie unmöglich, so nahe sind mir die Dinge noch: und das ergibt insgesamt nicht die richtige Verfassung, um über eine Dichtung zu urteilen. Was ich Ihnen im folgenden schreibe, stellt also den angestrengten Versuch dar, zu einem Urteil über Ihr Stück zu gelangen. Das Gespräch mit dem guten Eppels zeigte mir, daß er nicht die gleichen Schwierigkeiten hat. Er erlebte die Dinge 1945 anders. Meiner Frau,die an unserem Gespräch teilnahm, wurde die Trennung der beiden Welten, der Realität und des Schauspiels, sogar unmöglich.

Es war Eppels,der zuerst äußerte, Ihnen wären in dem Stück zwei Motive durcheinander geraten. Er sprach damit aus,was mich in der Form beschäftigt hatte, daß ich als erstes nach der Lektüre dach-

RUF 52776 · BANK GRUNELIUS & CO, FRANKFURT AM MAIN · POSTSCHECK FRANKFURT AM MAIN 110398

Faksimile eines Briefes von Peter Suhrkamp an Max Frisch zum Stück »Als der Krieg zu Ende war«

te, Agnes Anders ginge wohl nicht allein ihres Mannes und seiner Untaten in Warschau wegen in den Tod, sondern auch, weil sie mit sich selbst fertig oder uneinverstanden ist; offenbar ist sie von Natur etwas leicht zu Liebe geneigt. Das erste Thema: daß eine Frau durch die Verhältnisse unausweichlich gezwungen ist, sich einem anderen Mann zu geben; daß ihr Mann, der natürlich darum weiß, sich unter den waltenden Umständen verhalten muß, als wüßte er nicht davon und daß die Frau, die den Fremden liebt, ihren Mann das nicht merken lassen kann, aber natürlich weiß, daß sich das nicht verbergen läßt; und wie die beiden, Mann und Frau, in ihrem Leben nicht nur eine erträgliche, sondern auch eine zu verantwortende, eine menschliche Form von einiger Größe darin finden: - dieses Thema ist doch wohl Ihr eigentliches Anliegen im Stück; eine nicht gewöhnliche Aufgabe. Damit dieses Thema eindeutig wurde, und für eine befreiende Darstellung, hätten beide, der Mann und die Frau, auf ihre Weise in Ordnung, menschlich wirkliche Potenzen sein sollen, was nicht ausgeschlossen hätte, daß sie in diesem Konflikt zu Schaden kamen; sie mußten zumindest als Größen angelegt sein. Nicht - Sie werden mich aber gewiß nicht falsch verstehen - daß sie Idealfiguren sein sollten; aber jede der Gestalten mußte eine komplette menschliche Individualität sein, damit die Auseinandersetzung im Stück wirklich geführt und ausgetragen wurde. Nun ist aber Horst Anders von Anfang an eine fatale Erscheinung, und er wird einem im Laufe des Stückes immer widerwärtiger, am Ende ist er unerträglich. Er allein, so wie er ist, könnte Agnes in den Tod treiben. Aber davon abgesehen wäre das also der Vorwurf für ein psychologisches Schauspiel. Meine Frau bemerkte, bevor sie noch zu Ende gelesen hatte, als erstes: in einer derart totalen Katastrophe wie 1945 in Berlin, in einem solchen Elementarsturm von Ereignissen, wirke Psychologie klein und geklügelt. Ein psychologisches Stück auf einem solchen Hintergrund, das wäre für ihr Erlebnis des Berlin 1945 unzulänglich. Das ist jedoch nur zum Teil richtig, das Mißverhältnis konnte dichterisch ausgeglichen werden. Außerdem ist das Thema nicht in erster Linie oder gar nur psychologisch, wie in der Ilias gezeigt ist. Ihnen ist die Eliminierung des nur Psychologischen auch weitgehend gelungen, denn das Verhängnis wirkt bei Agnes Anders mit der Macht einer Krankheit; in den Tod geht eine Rasende. Daß sie am Ende zu viel getrunken hat, ist nur eine natürliche Reaktion, aber ihre alkoholischen Exzesse verwischen doch die strenge Linie der Tragödie. Diese Anmerkung mag aber etwas kleinlich von mir sein.

Das zweite Thema, ein nicht geringeres Anliegen, aber längst nicht so selbstverständlich, ist dann die Frage, ob man unbeschadet mit einem Verbrecher im gleichen Hause leben kann; dafür steht der Komplex Warschau. Das Thema hat verschiedene Gesichter und Ausstrahlungen; darunter ist die absolute Uneinsichtigkeit eines Menschen für mich am bestürzendsten. Hier wurde im Gespräch mit Eppelsheimer, meiner Frau und mir absichtlich vereinfacht. Eppelsheimer stellte zunächst als dramaturgische Schwäche fest, daß mit dem dritten Akt ganz neue Figuren auf der Szene sind, und er erzählte dazu eine Anekdote: ein berühmter Schauspieler am "Deutschen

SUHRKAMP VERLAG VORM. S. FISCHER VERLAG
FRANKFURT AM MAIN · FALKENSTEINERSTRASSE 24

Blatt 2

Theater" zu Berlin bemerkte, als im späten Akt eines Stückes nur neue Menschen auf der Szene waren: "Schon abgesetzt". Diese Feststellung von Eppelsheimer, wenn sie auch dramaturgisch richtig ist, mag trotzdem nicht unbedingt gelten, denn jede Regel wird durch eine echte Dichtung aufgehoben werden. Diese Äußerlichkeit ist also nur deshalb von Bedeutung, weil der letzte Akt, an sich der gelungenste und stärkste, aus einer dichterischen Vision entfaltet, verrät, daß Ihnen Begegnungen und Erlebnisse während der Zeit der Niederschrift des Stückes in die ursprüngliche Konzeption geraten sind. Und Sie hatten zu diesen Begegnungen und Erlebnissen offenbar nicht genügend Abstand. Warschau öffnete Ihnen eine neue Sicht auf die Vorgänge in Berlin; das eine hat aber mit dem anderen nichts zu tun, zumindest was in Warschau geschah nichts mit dem, was die Menschen in Berlin erlebten, das kann nur in einem Gericht in Zusammenhang gebracht werden, für das Urteil. Das wäre dann ein Stück von ganz anderer Art. Noch eine andere Begegnung, die ebenfalls für eine eigne Umsetzung noch zu neu war, fiel wohl unglücklicherweise gerade in die Zeit, als Sie mit dem Stück gingen: die Begegnung mit Brecht. Das Ergebnis ist interessant.

Aber – lieber Herr Frisch – Sie haben in Ihren drei früheren Stücken Ihre eigne dichterische Form gehabt, eine durchaus originale, und Sie brauchten sich weder bei Brecht noch bei den anderen Technikern im modernen Drama umzuschauen. Das realistische Theater ist gewiß robuster und wirkungssicherer als Ihre subtilen Visionen, aber die Visionen Ihrer ersten Stücke waren ein eigner Ausdruck einer erstaunten Sicht auf die Welt; gewöhnliche Vorgänge des Lebens erschienen für den sensiblen Zuschauer zum Erstaunen neu darin. Sie hatten auch den Vorzug, daß sie Phantasie in die Bühnenwirklichkeit übersetzten, und das ist, nach dem realistischen und bürgerlichen Theater, das Anliegen der heutigen Generation für das Theater. . Ich weiß, Ihre Visionen stehen auf einem sehr schmalen Grat, und sie können durch Regie leicht verfehlt werden; diese Erfahrung haben Sie oft genug gemacht; dennoch hätten Sie wohl auf Ihrem Wege fortschreiten und Breite oder Fülle ansetzen müssen. Auch Brechts Begriffsdialektik ist von kräftigerer Wirkung auf dem Theater; in Ihren ersten Stücken ist auch Dialektik, aber von ungewöhnlicher Art: im Szenischen, zwischen den verschiedenen Ebenen der Szenen, Ihr Ausdruck ist – paradoxerweise- lyrisch. Für den banalen Geschmak ist Ihre Form undramatisch, aber warum sollten Sie nicht Grenzen des Theaters erweitern? Übrigens hat Shakespeare oft erwiesen, daß Lyrik dramatische Wirkungen haben kann. Und Shaw sowie Wilder haben die Lebensfähigkeit des Aphorismus auf dem Theater erfolgreich gezeigt. – Es ist für mich selbst nicht ohne Komik, daß ich hier für Sie eintrete, gegen Sie selbst. Gewiß ist gar nichts dagegen zu sagen, daß Sie bei Ihren Kollegen

RUF 52776 · BANK GRUNELIUS & CO, FRANKFURT AM MAIN · POSTSCHECK FRANKFURT AM MAIN 110398

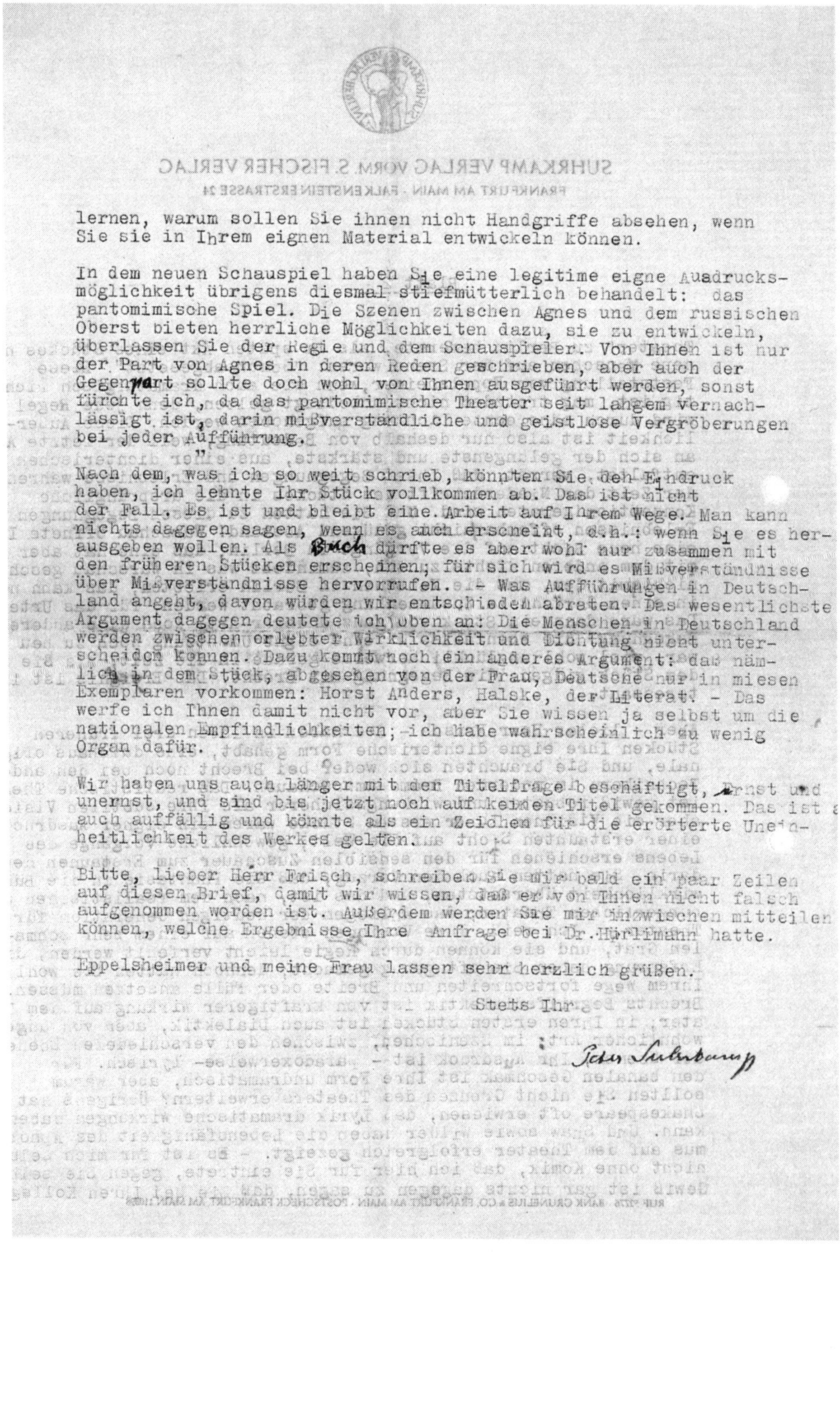

lernen, warum sollen Sie ihnen nicht Handgriffe absehen, wenn Sie sie in Ihrem eignen Material entwickeln können.

In dem neuen Schauspiel haben Sie eine legitime eigne Ausdrucksmöglichkeit übrigens diesmal stiefmütterlich behandelt: das pantomimische Spiel. Die Szenen zwischen Agnes und dem russischen Oberst bieten herrliche Möglichkeiten dazu, sie zu entwickeln, überlassen Sie der Regie und dem Schauspieler. Von Ihnen ist nur der Part von Agnes in deren Reden geschrieben, aber auch der Gegenpart sollte doch wohl von Ihnen ausgeführt werden, sonst fürchte ich, da das pantomimische Theater seit langem vernachlässigt ist, darin mißverständliche und geistlose Vergröberungen bei jeder Aufführung.

Nach dem, was ich so weit schrieb, könnten Sie den Eindruck haben, ich lehnte Ihr Stück vollkommen ab. Das ist nicht der Fall. Es ist und bleibt eine Arbeit auf Ihrem Wege. Man kann nichts dagegen sagen, wenn es auch erscheint, d.h.: wenn Sie es herausgeben wollen. Als Buch dürfte es aber wohl nur zusammen mit den früheren Stücken erscheinen; für sich wird es Mißverständnisse über Mißverständnisse hervorrufen. – Was Aufführungen in Deutschland angeht, davon würden wir entschieden abraten. Das wesentlichste Argument dagegen deutete ich oben an: Die Menschen in Deutschland werden zwischen erlebter Wirklichkeit und Dichtung nicht unterscheiden können. Dazu kommt noch ein anderes Argument: daß nämlich in dem Stück, abgesehen von der Frau, Deutsche nur in miesen Exemplaren vorkommen: Horst Anders, Halske, der Literat. – Das werfe ich Ihnen damit nicht vor, aber Sie wissen ja selbst um die nationalen Empfindlichkeiten; ich habe wahrscheinlich zu wenig Organ dafür.

Wir haben uns auch länger mit der Titelfrage beschäftigt, Ernst und unernst, und sind bis jetzt noch auf keinen Titel gekommen. Das ist auch auffällig und könnte als ein Zeichen für die erörterte Uneinheitlichkeit des Werkes gelten.

Bitte, lieber Herr Frisch, schreiben Sie mir bald ein paar Zeilen auf diesen Brief, damit wir wissen, daß er von Ihnen nicht falsch aufgenommen worden ist. Außerdem werden Sie mir inzwischen mitteilen können, welche Ergebnisse Ihre Anfrage bei Dr. Hürlimann hatte.

Eppelsheimer und meine Frau lassen sehr herzlich grüßen.

Stets Ihr

Peter Suhrkamp

Zürich, 16. 1. 1949

Verehrter Herr Suhrkamp!

Nun ist es also vorüber, das besagte Stück ist auf der Bühne und die Öffentlichkeit beschnuppert es mit einem gewissen Murren. Die Premiere hatte eine ziemlich elektrische Luft, ein Teil der Leute klatschte nach jedem Bild, ein andrer Teil verhielt sich in Schweigen. Die Aufführung war gut, teilweise sogar sehr gut; es wurde ein Triumph für Brigitte Horney, die ich noch nie so voll und ganz erlebt habe. Ihr verdanke ich viel, und die Wochen unsrer Zusammenarbeit waren schön. Walter Richter, der den Russen spielte, gab ein Meisterstück an pantomimischem Theater; ich hatte den Text, den er brauchte, deutsch verfaßt und von Tsched Verikow übersetzen lassen, und Richter sprach ihn so überzeugend, daß der eigentliche Reiz dieser Szenen, die Relativierung der Sprachen, voll zustande kam. Leider war das letzte Bild, das ich, im Gegensatz zu Ihnen, eindeutig für das schwächste halte und immer gehalten habe, auch schwächer inszeniert, so daß das Ganze etwas verbröckelte; es wird dieser letzte Akt, auch wenn ich ihn noch überarbeite, immer den Charakter eines Epiloges haben. Zufrieden bin ich mit dem zweiten und vierten Bild. Wie ich nachher hörte, haben sich die Leute sehr gestritten; im Foyer gab es Ohrfeigen und blutende Augen; als Horwitz und ich auf die Bühne gingen, gab es einen Pfiff, und ich erwartete eigentlich, daß im Augenblick, wo ich mich allein stellte, richtig und gruppenweise gepfiffen würde. Aber nichts davon. Es giftet nur unterirdisch weiter. Die Presse übergoß mich mit einem Sturzbach dramaturgischer Belehrungen, die, einzeln genommen, nicht unrichtig sind, ärgerlich nur insofern, als sie ein Auskneifen sind vor dem eigentlichen Unbehagen, was ich wollte; Humanität nicht als Idylle, sondern Humanität am glühenden Objekt, kann aber kein Behagen auslösen, und es ist klar, daß die Leute, während der Premiere zum Zerreißen gespannt und erregt, meine handwerklichen Fehler brauchen, sonst müßten sie sich über das Thema selber äußern. Der Versuch mit den Monologen hat sich gelohnt; noch sind sie nicht überall so selbstverständlich, wie sie sein müßten, und natürlich ist das Mittel nicht ausgenutzt; aber nach der ersten Erfahrung bin ich eigentlich überzeugt, daß es anwendbar und ergiebig ist. Sicher hat das Stück, wie Sie selber fanden, schwere Fehler, sogar unheilbare; aber ich bin doch froh, daß ich es gemacht habe.

Und nun zu unseren Fragen!

Uraufführung (8. Januar 1949) von »Als der Krieg zu Ende war« am Zürcher Schauspielhaus, Regie Kurt Horwitz, Bühne Caspar Neher; mit Brigitte Horney (Agnes), Robert Freitag (Horst) und Helga Roloff (Gitta)

Es fragt sich nun, ob Sie in den Band, den ich sehr ersehne, das neue Stück (in etwas überarbeiteter Form) aufnehmen wollen oder nicht. Sicher wäre es, einzeln dastehend, argen Mißverständnissen ausgesetzt, und eine Buchausgabe kommt überhaupt nur in Frage, wenn das Stück sich in Nachbarschaft der andern zeigt. Meinerseits wäre ich dafür, auch dieses Stück in den kommenden Band aufzunehmen; zwar werden wir einige Leser, die wir mit den drei ersten Arbeiten vielleicht gewinnen, mit dieser vierten wieder verlieren. Ich bin begierig, Ihre Meinung in dieser Sache hören zu dürfen. Sie kennen meinen Wunsch; anderseits ist es keine Bedingung, und wenn Sie zu große Widerstände gegen dieses Stück verspüren, bin ich Ihnen auch schon dankbar für den Band, der die ersten drei Stücke vorlegt.

Wann, glauben Sie, wird dieser Band erscheinen können?

Das zweite ist das Tagebuch. Hürlimann hörte mich an, rieb die Hände und rückte auf dem Sessel hin und her, freundlich noch in der Bedrängnis; meine Entschiedenheit torpedierte er mit der schlichten Frage, woher ich wüßte, daß sich deutsche Leser für mein Tagebuch interessierten. Also torpediert, unlustig dem schönen Plan gegenüber, der mir plötzlich dünkelhaft erschien, ließ ich mich zu folgendem Kompromiß überreden: der Atlantisverlag bringt sofort tausend Exemplare des Tagebuches, Schweizerausgabe, hinüber nach Deutschland und gibt sie in den Buchhandel, das soll gegen Ostern möglich sein, indem für die tausend Exemplare, die mit Schweizerfranken hergestellt wurden, auf eine Transferierung verzichtet wird. Dann wird man sehen, ob und wie man sich in Deutschland dafür interessiert. Damit habe ich wenigstens erreicht, daß das Tagebuch an einige deutsche Leser kommt. Die Entscheidung für das weitere bleibt offen; ob Hürlimann dann eine deutsche Ausgabe herstellt oder dafür die Lizenz gibt. Jedenfalls wird er den zweiten Teil des Tagebuches nicht erhalten, wenn er nicht die deutsche Ausgabe gesamthaft macht, so, wie Sie es mir vorgeschlagen haben.

Heute ist Zuckmayer hier, am Abend wird er ins Stück gehen, wir treffen uns nachher, und ich werde wohl auch von Ihnen hören. Wann und wo werden wir uns selber wiedersehen? Ich freue mich noch immer über die Stunden in Frankfurt; der Gedanke, nach Deutschland überzusiedeln, ist nicht begraben; eigentlich ist es schon fast ein Entschluß, nur noch eine Frage der wirtschaftlichen Existenz. Ich sollte gefälligere Stücke schreiben (schreiben können). Ihre Anfrage, die Redaktion betreffend, habe ich noch oft überlegt; leider ist es so, wie ich sofort sagte; es fehlen mir zuviele Voraussetzungen dafür.

Neulich, zusammen mit Biggy, hörte ich eine nette Geschichte von einer jungen Schauspielerin in München, Mirl genannt – wie geht es ihr?

Seien Sie beide herzlich von mir begrüßt, und lassen Sie auch Eppels grüßen

Max Frisch

Bau des Freibades Letzigraben, 1947-1949

»Unsere Architektur ist doch wohl zu 95% zum Kunstgewerbe herabgesetzt: d. h. zur geschmackvollen Lösung einer durchaus unkünstlerischen Aufgabe.«

Zürich, Anfang Juni 1949

Der Unterzeichnete würde sich sehr freuen, einigen seiner Kritiker, Helfer, Begleiter auf literarischem Gebiet – deren Gattinnen oder Gatten nicht ausgenommen – zur Abwechslung einmal eine architektonische Arbeit zeigen zu dürfen. Das städtische Volksbad LETZIGRABEN, das am achtzehnten Juni eröffnet wird, ist der erste Bau grösseren Umfanges, den der Unterzeichnende hat verwirklichen dürfen. Er selber hat Freude daran. Wer ausser ihm noch Lust und Zeit hat für eine kurze Besichtigung, ist aufs unverbindlichste willkommen; um Antwort wird nicht gebeten. Wenn das Wetter freundlich ist, postiert sich der Unterzeichnende einfach am ~~Mittwoch 15.~~ Do. 16. Juni, abends 17.30 Uhr, beim Haupteingang – das ist an der Ecke Letzigrabenstrasse / Edelweisstrasse, drei Minuten von der Station Letzigraben der Tramlinie 2 – und hofft inständig, durch diese Postierung nicht die geringste Nötigung begangen zu haben gegenüber seinen Kritikern, Helfern, Begleitern auf literarischem Gebiet. Ob das Wetter als freundlich zu betrachten sei oder nicht, erfährt man ab 16.00 Uhr durch das Baubüro: 25.80.80. Es wird nichts serviert. Der Rundgang dauert vielleicht vierzig Minuten. Es wird nicht über Literatur gesprochen.

Mit freundlichem Gruss

Max Frisch

Mit Ihnen persönliche Einzelführung nach Wunsch!

Rundbrief zu einem Rundgang durch die fertiggestellte Badeanlage

Congrès Mondial des Intellectuels pour la Paix

Aus den Notizheften V:

Votum

Wroclaw, August 1948

Schweizer; ohne Mandat. Im eigenen Namen. –

—

Friede: mit wem? Friede auch mit dem weltanschaulichen Gegner. Sonst hat das Wort überhaupt keinen Sinn, u. unser Treffen ist verloren. Wer bei Frieden nur denkt an Frieden mit der eignen Gefolgschaft, soll das Wort nicht in den Mund nehmen: Friede in diesem Sinn gab es bisher noch nie; es war immer nur die Ruhe, solange die siegreiche Gewalt alle andern unterdrücken konnte. Und es hat noch keine Gewalt gegeben, die nicht von einer andern gestürzt worden ist.

Man muß sich nun fragen: Warum glauben u. hoffen wir, daß gerade unsere Generation zustande bringen soll, was noch nie dagewesen ist? Die Antwort scheint mir einfach: weil unsere Generation u. alle Generationen nach uns in einer Situation sind wie noch keine Generation zuvor. Die wissenschaftliche Entwicklung ist heute so weit, daß der Krieg, der diese Wissenschaft ausnutzen wird, zur Vernichtung aller führt. Wir haben nicht mehr die Wahl zwischen Frieden oder Krieg; wir haben nur noch die Wahl zwischen Frieden oder Untergang. Mit andern Worten: wir sind soweit, daß jeder Krieg, wer ihn auch macht, ein Irrtum ist, ein Selbstmord. –

Es ist zweifellos, daß die Völker leben wollen, und zwar alle Völker. Es kommt alles darauf an, daß das Volk überall eine Regierung hat, die es selber kontrollieren kann; die es wählen kann und absetzen kann, wenn die Regierung zu einem Verbrechen zwingt. Es gibt keinen Krieg, der nicht als Verbrechen anzusehen ist; aber es ist nicht das einzige Verbrechen; wir zählen dazu jede Art von Massaker.

—

Der Schwindel dieses Kongresses besteht wesentlich darin, daß die Vergehen und Schwächen der westlichen Mächte ausführlich genannt werden, dagegen wird alles verschwiegen, was auf dieser Seite nicht »human« ist. Man kann ohne weiteres sagen: der Verbrecher Truman; aber niemand könnte wagen, der Sowjetunion gegenüber auch nur einen Wunsch, eine Kritik en detail auszusprechen. In diesem Fall, wo die Uranlager verschwiegen werden, ist es heikel, wenn die Vertreter der Kolonialvölker endlich einmal ihr

1

Datum	Gegenstand
27.8.48	v.Dep.Agentur: Reiste am 23.8.48 nach Polen zur Teilnahme am Weltkongress der Intellektuellen für die Sache des Friedens. [redacted]

Das ist korrekt, und wie erwartet: die Eröffnung meiner Fiche bei der Bundespolizei. ~~Laut Nachwort in meinem letzten Buch)~~ Ich ~~Frisch~~ hatte, zusammen mit weiteren Schweizern, auf Einladung der polnischen Botschaft am "Congrès mondial des Intellectuels pour la paix" in Wøroclaw, dem dem frühereb Breslau, teilgenommen. Eine Reihe international bekannter Schriftsteller, Gelehrter und Künstler war dort zusammen gekommen, unter ihnen Pablo Picasso, Le Corbusier, Madame Joliot-Curie, Georg Lukács, neben den namhaften polnischen Dichtern und Philosophen. Ernst Bieri forderte die Schweizer Teilnehmer in der NZZ auf, Rechenschaft abzulegen über ihr Verhalten in Polen. Allerdings zitiert die Zeitung dann bloss einen einzigen Satz aus ~~Frischs~~ meiner Stellungnahme: "Ich bin nicht für den amerikanischen Frieden und nicht für den russischen Frieden, sondern für den Friede," Bieris Kommentar besteht aus einem ironischen "Sapienti sat !"

25.9.48	von Pol.Insp.BS: Bericht betr. den "Weltkongress der Intellektuellen für Frieden". Nach Aussagen von [redacted] ist F. vorzeitig abgereist. [redacted]

Das ist korrekt, der Schwarze Balken nicht nötig, der Informant ist zu erraten: Botschafter Ganz in Warschau, den wir, François Bondy und ich, persönlich besuchten an dem Tag, als

Aus »Ignoranz als Staatsschutz?«, einer Auseinandersetzung mit der vierzig Jahre dauernden eigenen Bespitzelung durch die eidgenössische Bundespolizei, unveröffentlichtes Typoskript mit eingeklebten Fichenauszügen, 1990

höchst berechtigtes Anliegen vorbringen können; den Zuhörern geht es dabei kaum um die Menschen andrer Haut, sondern um die Anklage gegen den Feind und nur darum. Es folgt ein Kampfruf auf den andern; Anklage auf Anklage; stürmisch beklatscht von einem uniformen Publikum. Demonstration, aber nicht Debatte. Das heißt: es ist von vornherein klar, daß auf der eignen Seite nie eine Schuld liegt, und unter Friede versteht man: Friede mit allen, die nicht widersprechen. Das sagen natürlich auch die andern. Das Wort ist damit nicht mehr und nicht weniger als ein Kampfmittel. Die Rede eines Engländers (Taylor), der daran erinnert, daß die Engländer als Einzige den Krieg gegen den Faschismus aufgenommen haben, ohne angegriffen zu werden, wird fast mit Schweigen hingenommen; natürlich auch sein Hinweis auf die erwünschte Freiheit der Rede usw. Ferner: das Ganze wird eine internationale Sanktionierung von Polnisch-Schlesien; ohne jede Erwähnung, daß Polen ein Teil altpolnischen Gebietes entrissen wurde. Darüber wagt kein Mensch auch nur eine Erörterung: die junge Polin, die uns führt und den Westlichen einen Vorwurf daraus macht, daß sie die Schlesier nicht im Westen für immer anzusiedeln imstande sind. Warum der Westen? Alles wird ohne Widerspruch gegeneinander hingenommen. Ehrenburg, der glänzendste Redner bisher, bekämpft die Phrase, daß die Angelsachsen für eine abendländische Kultur kämpfen, mit Recht; ob das die Sowjets tun oder auch nur tun müßten? Er sagt, daß sie es tun; man könne sich eine abendländische Musik nicht denken ohne die Russen: Tschaikowsky, Mussorgski. Ihr Einfluß auf Bach, auf Mozart etc.??

Viele, die meisten Reden bleiben in der Schablone: imperialistisch-kapitalistisch-faschistisch im Westen, demokratisch-kulturell-human im Osten. Basta! Der Grundtrick: dem Gegner vor allem vorwerfen, was im eignen Lager am wundesten ist, nämlich Polizeistaat, Gefängnis, Zwang. Brecht: Bei uns hat es Papiere. Warum flieht er nicht in die Freiheit? Und solche Witze: Eine amerikanische Behörde hindert oder verzögert eine Gruppe, die Visum braucht. Demonstrativer Beifall. Wo sind die Russen, die Tschechen, die Jugoslawen, die man ungehindert reisen läßt, wenn sie zur Opposition gehören?

An die Redaktion der Neuen Zürcher Zeitung

9. 9. 1948

Sehr geehrter Herr Dr. Schwarz!

Ich möchte Sie etwas fragen. Kurz vor Kriegsende habe ich einen Versuch eines Requiems geschrieben, NUN SINGEN SIE WIEDER, das in künstlerischer Hinsicht, wie ich weiß, nur teilweise gelungen ist, wie alle meine bisherigen Arbeiten. Das Stück wurde damals in Zürich aufgeführt, und kurz darauf hat Herr Bieri in einem Leitartikel der *NZZ* (23.5.1945) mit namentlichem Bezug auf dieses Stück behauptet, daß ich den Terror beschönige und Unrecht in Recht verdrehe. Da das nicht eine Kritik der künstlerischen Arbeit war, sondern die Unterschiebung einer politischen Gesinnung, die nicht die meine ist, mußte ich wohl darauf antworten. Ich habe das getan, aber meine Erklärung wurde in dem Blatt, das mich angegriffen hatte, nicht veröffentlicht; Ihr Chefredaktor hat mir geschrieben, Herr Bieri habe meine Erklärung gelesen und ändere seine Meinung nicht, weswegen die Zeitung es nicht für nötig halte, meine Erklärung auch ihren Lesern mitzuteilen. Ich habe mir erlaubt, diesen Brief aufzubewahren. Meine Erklärung erschien dann im Juni-Heft der *Neuen Schweizer Rundschau*, also wenigstens im gleichen Lager. Inzwischen, wie wir wissen, hat sich vieles verschärft. Im vergangenen Monat habe ich eine Reise nach Polen gemacht, worüber manches zu sagen wäre, Erfreuliches und Beklemmendes. In der *NZZ*, Nummer 1809, hat nun Ihr Herr Bieri geschrieben, die schweizerische Öffentlichkeit würde gerne erfahren, wie wir uns in Breslau verhalten haben. Im gestrigen Abendblatt erschien die vollinhaltliche Erklärung von Herrn Professor Birchler, der mich, als ich seinerzeit zögerte, besonders zu dieser Reise ermuntert hat; meine eigene Erklärung dagegen wird nicht als solche veröffentlicht zuhanden der schweizerischen Leserschaft, in deren Namen Herr Bieri uns befragt hat, sondern Herr Bieri zitiert aus meinem Brief, was ihm paßt. Das eigene Wort wird mir wiederum versagt. Ich kann mich also nicht an die Leser Ihres Blattes wenden, das sich so gerne der freien Diskussion rühmt und die Achtung vor der andern Meinung preist; ich kann namentlich angegriffen werden, aber ich darf nichts dazu sagen ohne die polemischen Zwischenrufe des Herrn Bieri.

Zusammen mit zwei anderen Herren der Redaktion, die ich persönlich kenne, frage ich Sie nun an, ob Sie das als richtig betrachten und als anständig. Ohne eine Äußerung von Ihnen darf ich annehmen, daß Sie mit diesem Verfahren einverstanden sind.

6. 9. 48

An die Redaktion der Neuen Zürcher Zeitung
Herrn Dr. Bieri.

"FRIEDENSKONGRESS IN POLEN."

(NZZ. No. 1809)

Es schiene mir wenig anständig und keinesfalls im Sinne wirklichen Friedens, wenn man von einem Eisernen Vorhang redet und eine Einladung, sich jenseits dieses sogenannten Vorhanges mit eignen Augen umzusehen, ablehnen würde. Es stimmt, dass ich an dem genannten Kongress teilnahm, und Ihre Aufforderung, Bericht zu erstatten über unser Verhalten in Polen, nehme ich gerne an; ich werde versuchen, einige Eindrücke aus Polen niederzuschreiben. Ich habe den Kongress allerdings nach dem dritten Tag verlassen und bin am 28. August morgens nach Warschau geflogen, bevor das Manifest zur Verlesung und zur Abstimmung kam. Ich lege aber Wert darauf, Ihnen versichern zu dürfen, dass ich auch ein Manifest, wie Sie es verfassen möchten, kaum würde unterzeichnen können. Ich bin nicht für den amerikanischen Frieden und nicht für den russischen Frieden, sondern für den Frieden. Wenn Sie mir die Gelegenheit geben, mehr über diese Reise auszusagen, bin ich Ihnen sehr dankbar.

Max Frisch

Ich bitte Sie um Veröffentlichung dieses Briefes.
Mit vorzüglicher Hochachtung

Faksimile eines Durchschlags an NZZ-Redakteur Ernst Bieri

Es handelt sich für mich darum, genau und ohne Voreiligkeit zu wissen, wie wir fortan zueinander stehen. Aus meinen schriftstellerischen Versuchen geht ziemlich eindeutig hervor, wo ich mich befinde, insbesondere aus den beiden letzten Arbeiten DIE CHINESISCHE MAUER und TAGEBUCH MIT MARION. Ich möchte meinen Standort einen sozialistischen Humanismus nennen; außer jedem Zweifel steht die Ablehnung der Gewalt und der Diktatur. Es fragt sich nun für mich, ob Sie mich als Gegner bekämpfen wollen, und nach der schmutzigen Behandlung, die ich von Seiten Ihres Blattes jetzt erfahre, muß ich das leider annehmen. Ich werde Ihnen jedenfalls sehr dankbar sein um Ihre ausdrückliche oder schweigende Stellungnahme, die meine Stellungnahme bestimmen wird.

Mit freundlichen Grüßen
Ihr Max Frisch

Aus einem Brief an Annemarie und Peter Suhrkamp vom 8. Oktober 1948:

Unterdessen bin ich in Polen gewesen, zuerst an dem Kongreß in Breslau, der so schmählich daneben ging, daß ich den Kongreß mit dem Flugzeug verlassen habe und mich nach Warschau begab. Das war äußerst interessant, und es wäre viel darüber zu sagen. Hier wurde mir die Reise stellenweise sehr verargt, so daß ich Angst habe um die Nerven meiner Landsleute, wenn sie das nicht mehr vertragen; es ist zurzeit eine sonderbare Luft, eine eigentliche Psychose, eine Hysterie, die viel Angst und wenig Kraft verrät. Ich habe nichts über diese Reise veröffentlicht. Für mich selber war sie ein großer Gewinn. Der Wiederaufbau von Warschau ist das größte architektonische Unternehmen, das ich kenne. Insbesondere waren es menschliche Begegnungen, die vielen Dingen, die wir lesen, eine konkretere Substanz geben, also das, was ich brauche, um nicht in der genannten Psychose unterzugehen. Auf dem Heimweg besuchte ich meine Freunde in Prag; das war das Beklemmendste. Und dann finde ich ja immer, daß unsere Beschäftigung mit Deutschland, das uns am nächsten vor Augen steht, unfruchtbar wird, irreal oder sogar sentimental, wenn man nicht aus den andern Ländern, die der deutschen Eroberung zum Opfer fielen, ebenso persönliche Eindrücke hat; ich verliere sonst die Maßstäbe, und für die wenigen, die heute noch reisen können, wird es ja geradezu eine Pflicht, es zu tun. Ich meine natürlich nicht, daß ein Elend sanktioniert wird durch das andere Elend; es ist immer

MAX FRISCH, im Zivilberuf Architekt, im Sonntagsberuf Dichter, Repräsentant einer jungen Schriftstellergeneration der Schweiz, der sich aus der neutralen Geborgenheit auf die hohe See der europäischen Wirklichkeit hinauswagt, mit der geschliffenen Waffe einer hochintelligenten Formulierungskunst und dem Kindergemüt des Poeten, der die Zauberinsel seiner Phantasie stets mit sich durch die Brandung trägt. Er reist nach Deutschland, wo seine Bühnenstücke aufgeführt und diskutiert werden, dazwischen steckte er seinen Kopf auch schon ein bisschen hinter den eisernen Vorhang, nach Prag und Warschau,

... und hier erzählt er uns gerade vom «Friedenskongress» in Wroclaw, einer Stadt, die einst Breslau hiess. «Irrelevant? Gewiss habe ich dies Wort gebraucht — es fragt sich bloss, in welchem Zusammenhang!» ...

Aus der Zeitschrift »Atlantis«, hrsg. von Martin Hürlimann, Dezember 1948

wieder unfaßlich, was in Polen geschehen ist und anderswo, es ist immer wieder so, daß man über das eigene leichte Vergessen erschrickt, es ist überhaupt nicht zu vergleichen mit der deutschen Besetzung im Westen, in Frankreich oder Holland, es ist nicht ein Feldzug gewesen, den ich schon als solchen verfluchen würde, es ist der Aufbau einer Tötungsindustrie gewesen, eine Tatsache, mit der fertig zu werden das Anliegen von uns allen sein müßte, und wenn ich dann in Zürich bin, wenn ich Freund Kästner höre mit seinem Marschlied einer deutschen Frau, die uns vorklagt, daß die Polen ihre Möbel genommen haben – es ist zum Verzweifeln, auch wie sich die Zuschauer verhalten, wie sie sich flüchten in ein Mitleid ohne Frage, wie man von einem Heute redet, als stünde kein Gestern dahinter, wie sie für Güte halten, was ein Verrat ist an den andern.

Schön war eine Vorlesung, die Berthold Viertel gemacht hat. Wie so oft bei Männern Ihrer Generation spüre ich einen Glanz von kulturellem Erbe, das wir nicht einholen können, ein Erbe von Kontinuität, die es für uns Jüngere, wenn wir nicht schamlos antikisieren, kaum gibt; man hat, wenn man mit Leuten dieser Generation redet, eine Leere hinter dem eignen Rücken, ein Herkommen aus dem Vakuum, einen Mangel an erlebten Maßstäben, ein Gefühl, man habe Europa schon nicht mehr erlebt.

An Karl Barth

Zürich, 21. 4. 49

Verehrter Herr Professor Barth!

Eben habe ich Ihren Vortrag gelesen: Die Kirche zwischen Ost und West – und es drängt mich, Ihnen zu sagen, wie glücklich und befreit ich nach dieser Lektüre bin; befreit unter anderem von einem zunehmendem Mißbehagen, ja, fast einem Haß gegenüber der allgemeinen Haltung unseres Landes, das nur schon die Bemühung, den Osten mit eignen Augen und nicht allein durch unsere gründlich verlogene Presse kennenzulernen, als Verrat auszulegen anfängt. Ich bin sowenig Kommunist wie Sie; ich weigere mich aber, als Bürger und als Schriftsteller »die« Stellung zu beziehen, die man jetzt europäisch nennt; ich weigere mich, den Kapitalismus als Schutzpatron einer christlich-humanistischen Kultur anzuerkennen – in der rapid zunehmenden Vereinsamung, die sich heutzutage aus dieser Weigerung ergibt, kommt mir Ihr Vortrag wie eine Labung. Es wäre viel zu sagen; aber ich will Sie nicht aufhalten – erlauben Sie mir, Herr Professor, daß ich Sie in aufrichtiger Dankbarkeit begrüße.

Max Frisch
Zürich.

Der Basler Theologe Karl Barth, um 1949

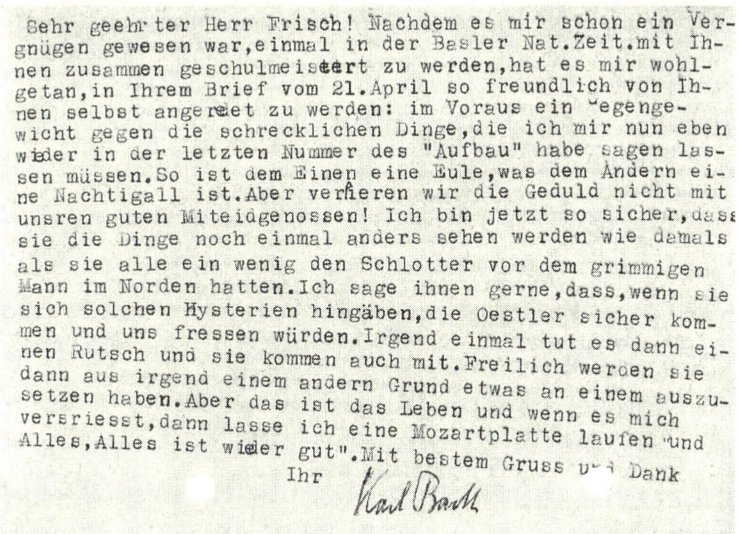

Sehr geehrter Herr Frisch! Nachdem es mir schon ein Ver-
gnügen gewesen war,einmal in der Basler Nat.Zeit.mit Ih-
nen zusammen geschulmeistert zu werden,hat es mir wohl-
getan,in Ihrem Brief vom 21.April so freundlich von Ih-
nen selbst angeredet zu werden: im Voraus ein Gegenge-
wicht gegen die schrecklichen Dinge,die ich mir nun eben
wieder in der letzten Nummer des "Aufbau" habe sagen las-
sen müssen.So ist dem Einen eine Eule,was dem Andern ei-
ne Nachtigall ist.Aber verlieren wir die Geduld nicht mit
unsren guten Miteidgenossen! Ich bin jetzt so sicher,dass
sie die Dinge noch einmal anders sehen werden wie damals
als sie alle ein wenig den Schlotter vor dem grimmigen
Mann im Norden hatten.Ich sage ihnen gerne,dass,wenn sie
sich solchen Hysterien hingäben,die Oestler sicher kom-
men und uns fressen würden.Irgend einmal tut es dann ei-
nen Rutsch und sie kommen auch mit.Freilich werden sie
dann aus irgend einem andern Grund etwas an einem auszu-
setzen haben.Aber das ist das Leben und wenn es mich
versriesst,dann lasse ich eine Mozartplatte laufen "und
Alles,Alles ist wieder gut".Mit bestem Gruss und Dank
Ihr Karl Barth

Antwortkarte von Karl Barth, 15. Mai 1949

Drittes Kapitel:

Dieses Land der Nachkriegsgewinnler

Aus den Notizheften VI:

Schauspielhaus

[Entwurf eines Briefes an das Schauspielhaus Zürich]

3. 7. 47

Es gibt Leute – auch in Ihren eignen Reihen – die sich mit der Frage plagen, ob das S[chauspielhaus] noch eine Aufgabe habe wie ehedem?

–

Spielt weiter und wieder mit einem Ensemble von Leuten, die nicht ein Ruhm, sondern ein gemeinsamer Geist vereint, u. wären es »Namenlosere«, die nicht ihren Namen geben für Butter u. Eier, wo immer es sie gerade gibt, sondern ihr Herz – für Lebenswerte, die auch heute bedroht genug sind! Macht nicht, was unsere Museen heute machen, / Parade abendländischer Schätze, – / (Genuß und Unbehagen –) / Festspielfeuerwerk einer Kultur, die in der Luft hangt; bleibt was ihr wart, Freunde, u. die Aufgabe geht euch nicht aus –.

–

bleibt tapfer und wirklich,

–

Der Ruhm, den Thomas Mann euch schriftlich bestätigt, –

Der äußere Erfolg, den die letzte Spielzeit brachte, er [ersetzt] mehr, als er stiftet – ist er erfreulich? Die Leute, die jetzt zu euch stehen u. euch gestern ein jüdisches Emigrantentheater nannten, dem sie »mehr Takt« empfahlen – heute stecken sie sich diesen Mangel an Takt ins eigne Knopfloch: als Mut in bösen Tagen – / räuchert sie aus dem Tempel; gebt ihnen nicht jede Woche [...] Stars; macht Geist, wie ihr ihn machtet, als es Mut dazu brauchte – und es braucht immer Mut dazu – und ihr werdet ihre breiten Wagen von hinten sehen!

–

Die Chance, ein Theater alter Stars auf[zu]ziehen, ist immer so groß wie der Vorrat an Butter u. Eiern; ihr werdet es nicht tun, – laßt uns, wenn wir mit gelegentlichem Ekel an unser Vaterland denken, wenigstens am Heimplatz tröstlich bleiben!

–

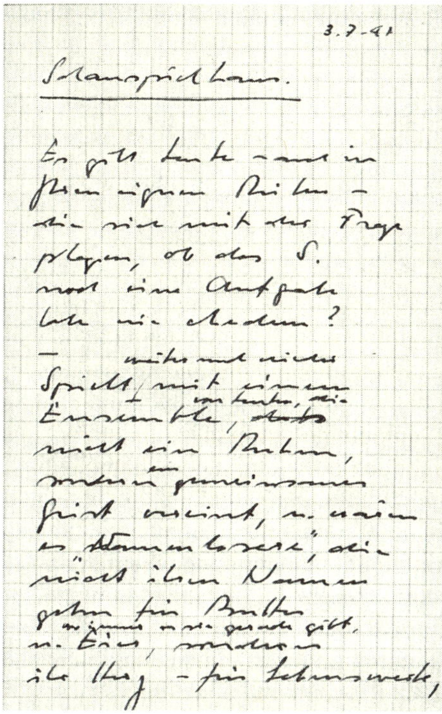

Faksimiles der ersten drei Seiten eines Briefentwurfs an das Schauspielhaus Zürich, 3. Juli 1947, Notizheft H. 89: Juli 1947

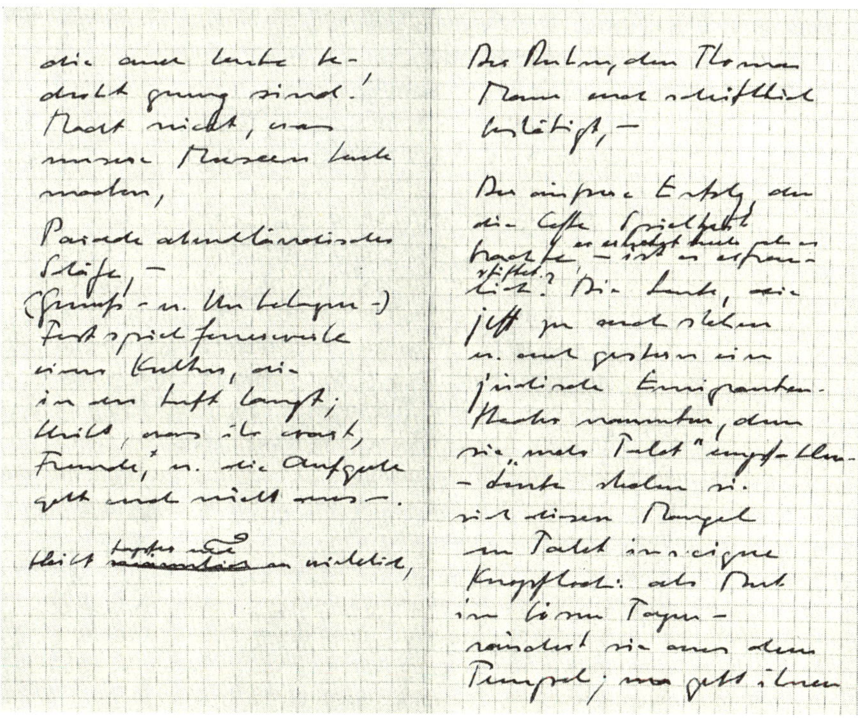

Europa lebt unter einem Schwert, das noch blutig u. zugleich schon aufs neue geschärft ist.

Als draußen die Schlachten waren u. wir unsere tägliche Arbeit verrichteten u. Bücher lasen, fehlte es nicht an Stimmen, die uns die Scham empfahl, das Malaise; ich habe mich nie geschämt, nur war man oft bedrückt. Heute? Wenn ich auf dem Rad an die Arbeit fahre u. warte, bis die endlosen Wagenkolonnen vorbei sind, die heute unsere Straßen füllen – dieser Hochglanz eines motorisierten Protzertums, dieses Land der Nachkriegsgewinnler –, wenn ich mit Vertretern u. mit Unternehmern spreche, ihre Augen sehe, die so sind, wie man sich den Blick der californischen Goldraffer denkt, dann freilich sieht es nicht bedrohlich aus, nur ekelhaft und oft fast unerträglich; also dieser ganze Zauber, der unser Land beglänzt, ist ja ein fauler; Europa ...

—

Sie haben den Ruhm, den bleibenden, dadurch errungen, daß Sie auf die verfängliche Noblesse verzichteten, die sich nicht in die Forderungen des Tages einzulassen geruht. Sie haben gekämpft. Ist das Ziel, das Ihre besten Abende adelte, irgendwo in der Welt erreicht? Geht der Kampf um einen sozialen Humanismus, den Sie führten, nicht weiter? Ein paar Uniformen haben gewechselt, gewiß, aber die Mächtigen sind wieder die Mißlichen –

Theater: eine der wenigen Stätten, wo der Geist zum öffentlichen Ereignis wird, eine der wenigen Stätten wirklicher Gesellschaft. – / Theater in der Schweiz, das immer die Wahl haben wird, europäisch oder lächerlich zu sein, hat es nicht immer noch, bezogen auf die andern Bühnen deutscher Sprache, einen Vorsprung an Freiheit? Es darf, was je[ne] nicht dürfen; das heißt: es muß vorangehen, weil es kann. Es ist mehr als ein (Refugium) Wohlfahrtsheim deutscher Künstler, was es von Fall zu Fall, wo sich dies mit seiner künstlerischen Aufgabe deckt, auch wieder sein kann; warum soll man einen Spielleiter, den man zu dieser Aufgabe braucht, einfach abweisen, nur weil er natürlicherweise gerne käme? Ich trage keinen Schild für die schnüffelnden Säuberer, aber auch keinen für irgendwelche Butterstars und Unterschlüpfer, die ihre Herablassung nur aus Schlauheit verheimlichen.

—

In herzlichem Vertrauen
Ihr M. F.

Aus einem Brief von Eduard Korrodi, Feuilletonredakteur der Neuen Zürcher Zeitung, an MF vom 10. August 1945:

»Ich bin recht betrübt u. betroffen, daß Sie mich heute morgen im Terrasse ›geschnitten‹ haben – ich konnte mich auch getäuscht haben, denn ich bin ja nichts Augenfälliges. [...]
Aus Goethes ›Tasso‹ wissen Sie, daß der Dichter Lob u Tadel ertragen lernen muß – wie übrigens der Kritiker auch. Wenn ich die Summe dessen ansehe, was ich im Lauf der Jahre freudig über Sie schreiben konnte, so bin ich beschwichtigt.«

An Eduard Korrodi

12. 3. 1948

Sehr verehrter und lieber Herr Korrodi!

Eben habe ich die Honorare bekommen für meine beiden Aufsätze über Berlin und Wien. Sie hatten damals den Einfall, mich auszufragen, wieviel ich mir als Honorar denke. Da ich weiß, daß unser liebes Vaterland, auch wenn es vor Konjunktur strotzt, intellektuelle Arbeit nicht bezahlen kann, sagte ich: 300 Franken. Ich möchte keinesfalls aus der Regel fallen. Es kommen nun ganze 260 Franken, und das ist sicher ein bloßes Versehen, worüber ich Sie nicht lange aufhalten möchte. Umso mehr, weil zwischen uns persönlich alles in Ordnung ist, lockt es mich, die Regel als solche einer platonischen Erörterung zu unterziehen. Einem Techniker, der zehn Jahre jünger ist als ich, zahle ich monatlich 800 bis 900 Franken, das ist üblich. Ein Tippfräulein bekommt zurzeit 600 bis 700 Franken. Unser städtischer Bauführer bekommt 1200 Franken. Ich frage mich oft, ob es vermessen und dünkelhaft wäre, wenn ich meine schriftstellerische Arbeit, wirtschaftlich bewertet, zwar nicht einem Bauführer gleichsetze; aber wenn ich sie vielleicht zwischen Bauführer und Tippfräulein anzusetzen wage: das wäre monatlich etwa 900 Franken. Wenn ich nun für meine Beiträge, ohne die Zeit der Reise irgendwie einzurechnen, eine Arbeit von vierzehn Tagen an-

Schweizer Banknote für Charles Ferdinand Ramuz

nehme, so betrüge das Honorar wenigstens 450 Franken. Ich weiß, das wird nie ein Schriftsteller bekommen, und nie würde ich das fordern. Es locken mich nur die Vergleiche, wobei ich nicht von den kaufmännischen Gangstern spreche, deren Wagen jetzt unsere Straßen füllen. Nehmen wir, um bei den Intellektuellen zu bleiben, etwa einen durchschnittlichen Ingenieur: wenn wir ihn auf den Neubau rufen, den die Neue Zürcher Zeitung jetzt erstellt, und ihn ein Gutachten machen lassen, d.h. wenn wir mit seiner Arbeitszeit auch den vollen Einsatz seiner Kenntnis und seiner Verantwortung beanspruchen, steht es ihm zu, für zwei Tage eben diese 260 Franken zu verlangen. Wir könnten noch ungezählte Beispiele herausgreifen. Und was wäre das Ergebnis? Was wir schon wissen und in unserem Patriotismus nie wahrhaben wollen: daß wir im Lande der Krämer leben, zufrieden, daß uns vorläufig nichts Schlimmeres beschieden ist. Ich spreche jetzt nicht von Büchern und Verlagen, die einfach, infolge der Größenverhältnisse unsrer Leserschaft, nicht existieren können, wenn auch noch der Schriftsteller existieren wollte; ich denke jetzt nur an die Zeitungen, die bei allen zierlichen Zweigen, die sie nach dem Geistigen hin haben, durchaus im Wirtschaftsleben wurzeln und von dorther nicht nur bedingt sind, sondern auch ernährt, und wenn ich eine Samstagszeitung in der Hand habe, büschelweise die Inserate blättere, deren Preise ich kenne, und wenn ich sehe, daß ein Beitrag wie der letzte, der im ganzen ungefähr eine Literarische Beilage ausmacht, mit dreihundert Franken bezahlt wird, um vier Seiten mit Inseraten zu rechtfertigen – dann merke ich immer, daß ich nichts verstehe oder nicht verstehen will, damit ich meiner Wege gehen und sagen kann: Laßt uns in Ruhe, bei uns ist es in Ordnung! Und wie würde ich es wünschen, es wäre so, wie es in unseren Leitartikeln steht, und wenn ich dann an Leute denke wie Ramuz, der in Gloriole mit Schulden starb, oder wie der junge Dürrenmatt, der das Seine leistet und nicht weiß, wovon er leben soll – und all dies in einem Land, das in Konjunktur und Reichtum erblindet – bis es untergegangen ist.

Sie werden lächeln:

»Soviel Worte für vierzig Franken!«

Ich bin manchmal, wenn ich für mich selber und unser Land nicht mehr vorwärts sehe, sehr verwirrt. Wie eben jetzt. Nehmen Sie mit Nachsicht meine herzlichen Grüße

Ihr Max Frisch

Aus den Notizheften VII:

Wir sind neutral

Wir sind neutral u. bleiben es, das ist klar. Wir verkaufen unsere Waffen, wo sie bezahlt werden, wir müssen leben, u. darum sind wir nicht ohne Gesinnung; wir hoffen, daß die Russen sich nicht schrecken lassen von den Panzergeschossen, u. daß sie die Deutschen zerschmettern, bevor sie uns überfallen. Wir verschweigen nicht, was wir denken; denn was wir denken, ist gut und recht. Wir bejahen den Krieg gegen die Russen, denn wir sind für die abendländische Kultur, wir verschweigen nicht, was wir hoffen, u. wir hoffen, daß die Amerikaner nicht feige sind, sondern ihre Söhne u. Väter u. Brüder senden, damit sie uns die Russen vom Halse halten, wir selber werden friedlich sein, denn wir sind ein kleines Land und wollen nichts Böses, wir bleiben zuhause, das ist klar, denn wir sind neutral, wir wollen nicht sterben u. wir wollen keine Ruinen, wir würden uns wehren, wenn man uns verkennt u. aus Versehen angreift, ja, das ist klar, wir liefern unsere Waffen, so gut wir können, – wenn die Welt so wäre wie wir, es gäbe keinen Krieg, das ist wahr; wenn alle Völker warteten und hofften, daß die andern für ihre Heiligtümer kämpfen, es gäbe keine Rüstung, u. wir wären die letzten, die Waffen machten, wenn Uhren oder Turbinen besser verkauft würden. Wir sind nicht dumm, nur verlogen. Wenn unsereiner nach Polen reist, um kennenzulernen, wie es auf der anderen Seite aussieht, so ist es eine Art geistiger Landesverrat; denn wir sind neutral, wir wissen, wo unser Vorteil liegt, u. Amerika, auch wenn wir für unsere eifrige u. leidenschaftliche Gesinnung nicht kämpfen werden, kann sich auf uns verlassen, auf unsere Sympathie; die Friedhöfe seiner Krieger werden unsere Achtung genießen, denn wir sind nicht stumpf u. nicht ohne Gesinnung, auch wenn wir als Staat neutral sind; wir sind für die Gerechtigkeit und die Freiheit, wir sind es unbedingt, u. es besteht kein Zweifel, daß wir mit uns zufrieden sein dürfen; wir haben Hitler mit Waffen beliefert, aber nur weil wir mußten, u. wenn ich mich verwahre, daß man mit eben diesem schamlosen Gewissen eines Bührle uns ein Theater baut, das eine Stätte der Gesinnung sein soll *[bricht hier ab]*.

(Oktober 1948)

An Direktor Huber, Maschinenfabrik Oerlikon

24. 8. 1950

An die Maschinenfabrik Oerlikon
Betrifft: Jubiläumsfestspiel.

Sehr geehrter Herr Direktor Huber.
Ich bitte um Entschuldigung, daß ich erst heute auf Ihre Anfrage antworte. Die gestellte Aufgabe erschiene mir durchaus verlokkend; die Herstellung von Waffen und der Verkauf von Waffen, den wir dann mit Pestalozzi-Dörflein wieder gutzumachen suchen, sind ein Thema, das mich schon lange beschäftigt, und in der Tat hätte ich vieles im Kopf und auf dem Herzen, was darzustellen mir ein Bedürfnis wäre; ich weiß aber, daß es das Gegenteil dessen ist, was Sie, die Auftraggeber, Ihrer versammelten Arbeiterschaft und der weiteren Öffentlichkeit vorführen wollen, und kann nicht erwarten, daß Sie eine Arbeit honorieren, die mit jedem Satz, den ich meinerseits verantworten könnte, Ihnen die Fehde ansagen würde. Die Existenz der Maschinenfabrik Oerlikon, insbesondere ihre Entwicklung in den letzten Jahrzehnten, ist in mancher Hinsicht, die jeden Schweizer angeht, zu wichtig und ernsthaft, als daß man dieses Thema – wie immer man es dann nennen mag: Krieg und Geschäft, oder: Die Unschuld der Schweiz, oder: Geld ist Geld, oder: Freie Bahn den Mächtigen – mit gebundenen Händen anfassen dürfte. Ich möchte das jedenfalls nicht tun.

Mit vorzüglicher Hochachtung:
Max Frisch

Kopie an Schweizer Schriftstellerverein.

Frisch: EINE LANZE FUER DIE FREIHEIT

Das neue Hörspiel von Max Frisch ist eine Satire nach dem klassischen Muster des Don Quixote, der seine Ritterromane las und darüber den Verstand verlor, sodass er gegen Windmühlen kämpfte; Wirte hielt er für edle Ritter. Der arme Held dieses Hörspiels, gleichfalls ein alter Rentner, hat seinen Verstand freilich nicht über Ritterromanen verloren, sondern über Tageszeitungen. Auch er, begleitet von einem Gemüsehändler, der Sancho Panza heisst, zieht eines Morgens aus, um zu streiten im Sinn der Redensarten, die er täglich gelesen hat. Er kommt mit seinem guten Willen nicht weit; die streikenden Arbeiter verprügeln ihn für sein Geschwätz, die Herren der Industrie schicken ihm die Polizei auf die Fersen, und sein Kreuzzug des guten Willens scheitert binnen vierundzwanzig Stunden an den Spesen. Was soll damit gesagt werden ? Sicher nichts gegen die Freiheit. Im Gegenteil. Aber die Lanze, die hier für die Freiheit gebrochen wird, ist eine Bohnenstange; selbstverständlich wird sie vergeblich gebrochen, und einmal mehr stirbt ein netter Mann, der nichts erreicht hat - er stritt nicht auf dem Boden der Realität; er kannte ja die
n
Realität nicht, sonder nur seine Zeitung, wie Don Quixote (zu seiner Zeit) die Ritterromane kannte, die er für die Realität hielt.

Faksimile von Frischs Ansagetext zu »Eine Lanze für die Freiheit«, August 1954. Das Hörspiel spielt verschiedentlich auf den Schweizer Waffenfabrikanten Emil G. Bührle (Oerlikon-Bührle) an, der im Zweiten Weltkrieg geschäftlich voll auf die deutsche Wehrmacht setzte, sich der kulturbeflissenen Öffentlichkeit jedoch als spendabler Förderer der schönen Künste und des Geisteslebens präsentierte. 1943 rief er den »Emil-Bührle-Fonds für das Schweizerische Schrifttum« ins Leben, im Jahr darauf die »Goethe-Stiftung für Kunst und Wissenschaft« mit einem Gesamtkapital von 2,5 Millionen Franken.

Eine Lanze für die Freiheit

Auszug aus einem Hörspiel. August 1954

In der Bar.

BAKK Herr Magister, setzen wir uns.

MAGISTER Wenn Sie heute keine Zeit haben –

BAKK Zeit habe ich nie, Herr Magister, setzen wir uns.

Sie setzen sich.

BAKK Um in medias res zu gehen: Ich habe vorgestern Ihren Vortrag gehört, Herr Magister, über Adel des Geistes und so.

MAGISTER Das freut mich, Herr Generaldirektor.

BAKK Ohne Ihre so tiefen Worte, daß der Geist nicht von dieser Welt ist, wäre ich nie auf die Idee gekommen, Geist zu finanzieren. Das können Sie mir glauben. Um in medias res zu gehen: – ich möchte eine Stiftung machen.

MAGISTER Eine Stiftung?

BAKK Großen Stils.

MAGISTER Hm.

BAKK In welchem Sinn, das brauche ich wohl nicht zu erklären. In Ihrem Sinn, Herr Magister; sonst hätte ich Sie nicht hierher kommen lassen. Was wir fördern: Adel des Geistes.

MAGISTER Sehr schön.

BAKK Und zwar mit allen Mitteln, rücksichtslos.

MAGISTER Sehr schön ...

BAKK Was wir für unser Geld verlangen, Herr Magister, ist Glaube. Nichts weiter. Glaube, daß die vorhandene Welt die beste aller möglichen ist, Glaube, sage ich, Glaube, Glaube und nochmals Glaube. Aber Sie verstehen mich: nicht zu religiös. Da weiß man nie, wieweit diese Brüder es treiben wollen mit der Frohen Botschaft; es gibt ja ganz wirre Köpfe. Widertäuferköpfe. Ich meine bloß: Nichts gegen das Christliche, wenn es poetisch bleibt.

MAGISTER Ich verstehe, Herr Generaldirektor, Sie meinen –

BAKK Etwas Kulturelles, ja, einfach etwas Kulturelles. Genau! Sie verstehen mich. Das Rein-Menschliche, oder wie man es nennt, das Rein-Geistige, kurzum, das Kulturelle.

MAGISTER Und dabei denken Sie –

BAKK An eine wirkliche Summe. Sagen wir: fünf Millionen. Fürs erste.

MAGISTER Fünf Millionen?

BAKK Die Summe wird sich leider erhöhen, denn die Steuern sind ja heutzutage so, daß man sich auch mit dem Bau von

Wohlfahrtshäusern kaum noch retten kann. Und statt Steuern, sehen Sie, statt Steuern, sage ich mir, lieber ein Opfer für die Kultur!

MAGISTER Wenn alle so dächten wie Sie –

BAKK Das können nicht alle, mein Verehrter; jemand muß auch die Steuern zahlen.

MAGISTER Ihr Name, Herr Generaldirektor –

BAKK Wird eingehen in die Kulturgeschichte unsres Vaterlandes, das wollen Sie sagen?

MAGISTER Wie früher die Könige und Fürsten –

BAKK Herr Magister, Sie mißverstehen mich. Im Gegenteil, es liegt mir alles dran, daß niemand weiß, woher das Geld kommt für unsere Kultur.

MAGISTER Sie sind zu bescheiden, scheint mir.

BAKK Von einem gewissen Einkommen an, Herr Magister, kann der Mensch nicht bescheiden genug sein. Schauen Sie meinen billigen Anzug! Lauter Konfektion. Und diese Schuhe, diese Absätze? Ich gehe ja umher wie ein kleiner Mann, wie ein Intellektueller. Ist es nicht wahr?

MAGISTER Herr Generaldirektor –

BAKK Ich habe Feinde. Hand aufs Herz: es gibt Leute, die meinen Namen nicht hören können, ohne an Munition zu denken. An Munition! Ich rege mich darüber nicht auf, Herr Magister, es ist zu kindisch. Sie als Mann vom Geist, Herr Magister, langweilen sich, wenn von Wirtschaft die Rede ist, ich weiß, aber glauben Sie einem Mann von den Goliath-Werken: auch wir wollen den Krieg nicht, Ehrenwort –

MAGISTER Wem sagen Sie das, Herr Generaldirektor!

BAKK Nervenkrieg genügt uns vollkommen, glauben Sie mir, vollkommen. Ich brauche Ihnen nicht zu sagen: ohne Nervenkrieg keine Rüstung, ohne Rüstung keine Konjunktur, ohne Konjunktur keine Stiftungen, ohne Stiftungen keine Kultur, und Kultur, Herr Magister, Kultur, das wollen wir doch, koste es, was es wolle, das ist es ja, was wir verteidigen müssen. Also bitte!

MAGISTER Ich verstehe nichts von Politik.

BAKK Hoffentlich nicht, Herr Magister. Ihre Sache ist es, Adel des Geistes zu verbreiten. Überlassen Sie die Politik nur uns! Das ist es ja, warum ich unsrer Stiftung einen Namen gebe, Herr Magister, den jeder Kulturträger versteht.

MAGISTER Nämlich?

BAKK Sie sprachen über Cervantes.

MAGISTER Ja.

BAKK Zum Beispiel: Cervantes-Stiftung.

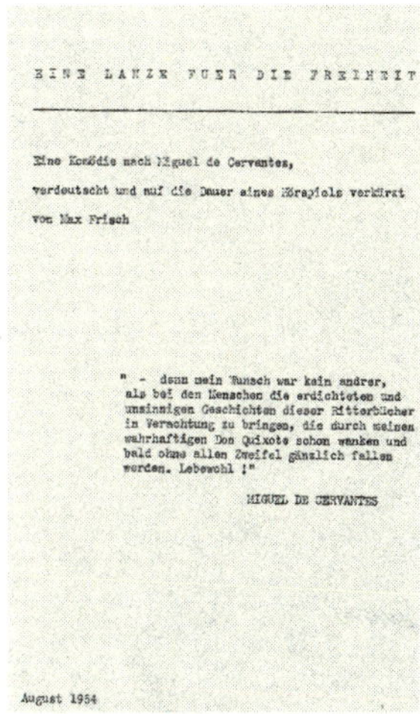

EINE LANZE FUER DIE FREIHEIT

Eine Komödie nach Miguel de Cervantes,
verdeutscht und auf die Dauer eines Hörspiels verkürzt
von Max Frisch

" – denn mein Wunsch war kein andrer, als bei den Menschen die erdichteten und unsinnigen Geschichten dieser Ritterbücher in Verachtung zu bringen, die durch meinen wahrhaftigen Don Quixote schon wanken und bald ohne allen Zweifel gänzlich fallen werden. Lebewohl !"

MIGUEL DE CERVANTES

August 1954

Das 1954 beendete Hörspiel »Eine Lanze für die Freiheit« wurde am 14. Juni 1955 im Bayerischen Rundfunk gesendet. Der Hessische Rundfunk hatte drei Monate zuvor dramaturgische Bedenken als Grund für seine Ablehnung angeführt

Viertes Kapitel:

Das »Öderländische«

Kampen, 30. 7. 49

Lieber Herr Horwitz!

Haben Sie herzlichen Dank für Ihren freundschaftlichen Brief, der Ihnen, ich kann es mir denken, nicht leicht gefallen ist, und nehmen Sie diesen meinen Dank nicht für eine löbliche Überwindung andrer Gefühle; ich danke Ihnen wirklich, einfach weil Ihr ernster Brief mir jedenfalls nützlich ist. Wie, das weiß ich noch nicht. Ich bin gestern, nachdem ich ihn gelesen, ganz draußen in den letzten Dünen gewesen, in einer Brandung, die das Äußerste verlangt an Aufmerksamkeit und Kraft, und dazu ein Wind, der mich, wie sehr ich dagegen anging, unaufhaltsam den Strand entlang schob. Das war herrlich. Man konnte sich nicht ankleiden, bevor man einigermaßen im Windschatten war; dort aber, noch kämpfend mit dem knatternden Hemd und dem Sand, der gerade nur ein Blinzeln der Augen erlaubte, mußte ich bereits wieder an Ihren Brief denken, dessen Inhalt mich noch lange beschäftigen wird. Ich bin froh darum. Übrigens ist es gut, daß er nicht vier Tage früher kam; er hätte mich in einer harten Krise getroffen, die wie meistens, wenn sie von innen her fällig ist, durch eine menschliche Begegnung ausgelöst wird und darin besteht, daß mir alles, was ich bisher getan habe und was ich in Zukunft tun kann, selber unglaubhaft wird. Das ist sehr schrecklich. Leider sind diese Einbrüche, die etwas verdammt Periodisches haben, nicht fruchtbar, da ich den Schrecken, wenn er da ist, zwar wieder erkenne als den immergleichen, aber ihn nie genau begreife; ich begreife dann nur, daß mir etwas fehlt, eine Dimension, die andere haben, und eben da sie fehlt, kann ich das Fehlende, was mich erschreckt, keineswegs begreifen; ich stehe dann einfach vor einem Loch, erschrocken und blind, komme niemals weiter, da ich ja nicht übers Wasser gehen kann, und es bleibt alles beim alten; nichts ist geschehen, da ich das Geschehene nicht wirklich begreife, und was folgt, ist keine Verwandlung, sondern bloße Ermüdung, Balsam der Apathie.

Aber ich schreibe Ihnen eigentlich nicht, um davon zu erzählen; nur daß Ihr ausführlicher Brief, das neue Stück betreffend, eben in eine solche Apathie fiel und mich besser aufzuwecken vermag als eine Zustimmung, die in solchen Tagen nicht viel mehr taugt als ein Schnaps, ein mehr oder minder guter Steinhäger.

Ihre Frage, die Sie vorsichtig als banal bezeichnen, ist doch wohl sehr erlaubt. Was ich mit dem Stück will? Daß ein Mensch wie Sie, ein musischer, zu dieser Frage gedrängt wird, ist eigentlich, wie Sie es selber empfinden, Urteil genug, und wenn ich heute versuchen will, Ihnen zu antworten, so weiß ich, daß ich damit das Stück, so wie es vorliegt, in keiner Weise rechtfertigen kann; Ihre Frage, was Graf Öderland sei, heißt, daß er nicht da ist. Ich wollte schon eine Figur versuchen, die ein Element unsrer Zeit symbolisiert. Das Element, das Öderländische, explizite zu nennen, vermag ich nicht; das Unbehagen in der Zivilisation, die alles entkonkretisiert und anstelle der Axt eine gediegene Ledermappe trägt, das Lebenswidrige einer fortgeschrittenen Zivilisation, die dem Elementaren keinen Spielraum mehr läßt und das Abenteuer sozusagen in Dosen füllt, Zivilisation, die entweder entseelt oder die Seele, wo sie stark genug ist, zum Amok treibt, der Zusammenhang zwischen zivilisatorischer Sicherung und immer wiederkehrender Katastrophe, die alles über den Haufen wirft, das alles sind mehr äußere Aspekte; es sind Erscheinungen, die als bekannt vorausgesetzt werden. Dabei geht es, wie Sie es nicht anders empfanden, keineswegs gegen Ordnung schlechthin; nicht einmal gegen eine bestimmte Ordnung, etwa die kapitalistische; sondern gegen das Seelenwidrige der immer umfassenderen Organisation, gegen den kindischen Versuch, der menschlichen Seele beikommen zu wollen durch polizeiliche und staatliche und andere Maßnahmen, die alle Ventile zumachen, bis es notwendigerweise, ungefähr alle zwanzig Jahre, den ganzen Kessel verjagt. Der Widersinn, die gefährliche Unkenntnis der menschlichen Seele, die, da man sie nicht kennt und nicht als Wirklichkeit anerkennt und also fürchtet, in hundert Grenzen einsperrt, bis sie zur Axt greift. Wie einer, der erstickt; nicht im Sinne einer Idee; sondern als bloß vitale Eruption, die als solche durchaus sinnlos ist. Graf Öderland ist kein Revolutionär, und wenn er die Revolution benutzt, so ist damit nur gesagt, daß auch wirkliche Revolutionen, die im Sinne einer Idee zerstören, mit Kräften arbeiten, die nichts zu tun haben mit ihrer oder einer andern Idee, die sinnlos sind, aber natürlich und wirklich, Kräfte, die sich auch gegen die neue Ordnung richten werden, wenn sie seelenwidrig wird. Seelenwidrig: Mietskasernen, Arbeit am laufenden Band, Uniform, Verödung des täglichen Lebens, das Dasein meines Mörders. Aber es handelt sich, um nochmals das Politische anzutippen, nicht um die Not einer Klasse; der Staatsanwalt, der Bürger, der den Mörder anzuklagen hat, spürt die Affinität, er versteht den Mörder, er kennt seine eigene Lebensöde. Wenn ich sagen müßte, welche Beziehung besteht zwischen Mörder und Graf Öderland, würde ich einen Ausdruck aus der Elektrotechnik nehmen: Interferenz, das ist die kontaktlose Übertragung von Spannungen, wenn zwei Leitungen parallel laufen. Und im weiteren ist es natürlich so, daß der Mörder die reale Figur ist, wie sie unter Unglücksfällen und Verbrechen vorkommen kann, der Graf aber sollte sein die Gestalt, die jenen in die Fabel übersetzt und verallgemeinert. Ich spreche nicht vom Stück, sondern von dem, was ich wollte. Die bloß vitale Eruption: dazu muß ich nun zweierlei sagen! Die Figur im Stück, die Gestalt des Grafen, der diese Eruption vorführen soll, leidet vorläufig an dem schweren Mangel, daß sich seine Lebenssucht ganz auf das Erotische beschränkt; das ist eigentlich nicht die Meinung; es handelt sich für ihn darum, zu tun, was ihn gelüstet, und daß einen Mann noch anderes gelüstet als die Frau, das spüre ich selber; ansonsten wäre mir nämlich sehr wohl. Vielleicht gelingt es noch, zu zeigen, was den Graf Öderland sonst noch gelüstet, so sehr gelüstet, daß er sich durch nichts davon abhalten läßt. Und damit komme ich langsam zum andern! Er will also leben; auf die Zivilisation, die ihn daran hindert, schlägt er mit der Axt und die sittlichen Begriffe, die ihn daran hindern, verwirft er. Das heißt, zuerst verliert er ja einfach das Gedächtnis, damit die Möglichkeit des Gewissens; langsam erwachend, seine Taten begreifend, erwachend mit einem Gefühl von Befreiung, die er durch seine Untat gewonnen hat, verwirft er bewußtermaßen die sittlichen Begriffe, die ihn bisher gefesselt haben, berauscht sich an dieser Verwerfung und an der Amoralität, die er sich kaum zugetraut hat, ja nach dem natürlichen Genuß, den ihm die Liebe zur ersten Hilde bringt, genießt er mehr und mehr nichts anderes als diese Entdeckung, daß es geht, daß die Amoralität ihn befreit, daß er siegt, seit das Gewissen sich nicht mehr gegen ihn richtet, und daß ihn niemand hindern kann, zu töten und zu verraten, niemand und nichts. Hier, scheint mir, wird er ein Verwandter von jenem jüngeren HERBERT, der töten wollte, bis der Geist sich zeigte, und der damals aus dem Stück hinausging, ohne daß ich als Verfasser ihm eine Antwort gab. Im Graf Öderland, wo jene Figur sozusagen in die Mitte gerückt wird, muß ich eine Antwort geben, soweit sie mir möglich ist. Das scheint mir ja die eigentliche Frage, die, wie ich hoffte, soviel Spannung erzeugte, wie ein Theaterabend ihn braucht: Graf Öderland nimmt die Axt, es gelingt, er kommt weiter und weiter, und es fragt sich nur, wer oder was ihn zum Stehen bringt? Das Gewissen, die Reue, das wäre ja denkbar, die Rückkehr in die verlassene Moralität, wobei es eine bloße Rückkehr und also eine Resignation sein könnte, oder aber, sinnvoller, eine höhere Wiederkehr, die Rückkehr eines Mannes, der begriffen hat, der über eine Schwelle gegangen ist, der sich verwandelt hat und also, wenn er sich wieder dem Gleichen unterwirft, durchaus nicht das Gleiche tut. Das wäre das eine, die Erleuchtung; dieses Stück zu schreiben steht mir nicht an. Das wäre, von mir geschrieben, nicht nur unglaubhaft, sondern verlogen. Ein zweites: die Welt bringt ihn zum Stehen, es trifft ihn eine Kugel oder er kommt, zum Wohl der Welt, in einen Kerker; die Ordnung ist stärker. Das wäre ja, praktisch gesehen, das weitaus Wahrscheinlichste, das Ende der meisten Kriminalfälle; als Lösung wertlos; eine spannende Verbrecherjagd, ein Stück, das hundert andere besser könnten, und wenn ich es auch nicht verachten würde, ein solches Stück machen zu können, so ist es doch nicht mein Anliegen. Das Dritte, was ich versucht habe, ist das folgende: die Welt läßt sich überrennen, und auch das Gewissen bleibt aus, die Reue bleibt aus. Wie sie in Millionen von Menschen ausbleibt. Es ist nichts mit einem übermenschlichen Gesetz, man kann töten, man muß nur der Stärkere sein, die Moralität funktioniert nur solange, als ich sie anerkenne, das heißt, im Grunde bin ich frei. Ich spreche für den Öderland. Ein gewisser Genuß, frei zu sein, bewährt sich mindestens im Anfang; es gibt einen anfänglichen Auftrieb. Wäre dieser Graf, was ich aus bestimmten Gründen nicht machen kann, ein Proklamator, er wäre ein Prediger des Vitalismus. Und damit, glaube ich, ein Kind unsrer Zeit, die zu großen Teilen nicht viel anders denkt; der Nationalist, zum Beispiel, ist ein Vitalist, sein letzter Maßstab ist der Lebensdrang seiner Sippe, womit er seinen persönlichen Lebensdrang vervielfacht, um ihn in der quantitativen Vergrößerung für etwas Geistiges halten zu können, er ist ein Nihilist ohne den Mut dazu. Das mehr nebenbei, es ist natürlich auch wieder vereinfacht. Aber was bringt nun diesen Öderland dennoch zum Stehen? Ich kann nur sagen: seine Freiheit ist die Leere. Er erlebt nicht die moralische Reue, aber eine andere Grenze, nämlich die Wiederholung, den Fluch der Wiederholung; er kann gar nicht mehr erleben. Sie haben, Wertung beiseite, vollkommen recht, wenn Sie an SANTA CRUZ erinnern; auch dort kann der RITTMEISTER nicht mehr erleben, als er erlebt hat; das Schloß ist sein Raum, seine Möglichkeit, seine Grenze. Hier ist es kein Schloß mehr, sondern ein Gefängnis; Graf Öderland kommt wesentlich nicht aus seinem Zimmer hinaus. Als er begreift, daß es keine Freiheit ist, die er erobern kann, sondern nichts als die Leere, geht er in die Leere. Die Öde holt ihn ein. Darum lasse ich ihn immer die gleiche Hilde umarmen. Leben! sagt er, und wenn ich seinen Ausruf auch reicher mache, farbiger und vielseitiger, im Grunde wird er schal bleiben, muß es bleiben; das Leben gibt dem Leben noch keinen Sinn. Das HERBERTISCHE, als Widerspruch befreiend, erschöpft sich selbst. Das ist alles, was ich mit dem Stück zeigen wollte: Das Diesseits ist ein Gefängnis, und wenn es keine Hoffnung anderswoher gibt, dann gibt es überhaupt keine. Oder im Detail gesagt: das Amoralische ist auch keine Befreiung; das Leben, wenn es sich selber rechtfertigen soll, ist unlebbar.

Lieber Herr Horwitz, ich sehe, wie Sie den Mund rümpfen und

Peter Suhrkamp während der Einführung zu einer Graf Öderland-Lesung in Frankfurt, 1950

Faksimile der Titelseite des Typoskripts »Graf Öderland«, Frühling 1949

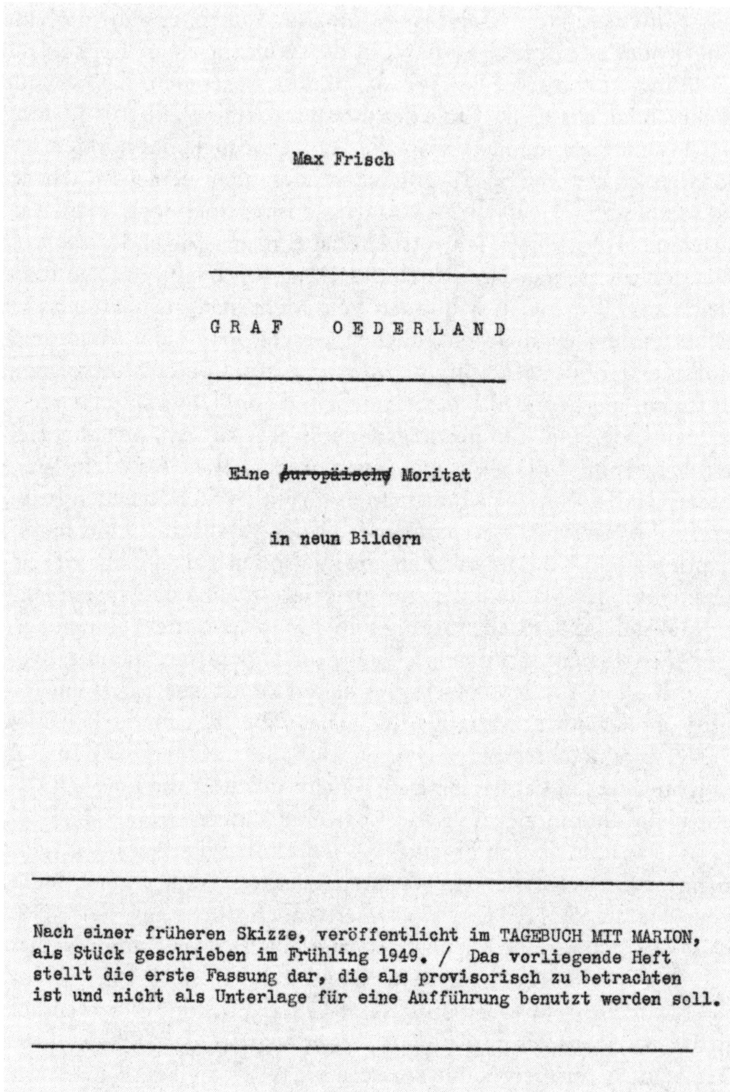

Max Frisch

GRAF OEDERLAND

Eine ~~europäische~~ Moritat

in neun Bildern

Nach einer früheren Skizze, veröffentlicht im TAGEBUCH MIT MARION, als Stück geschrieben im Frühling 1949. / Das vorliegende Heft stellt die erste Fassung dar, die als provisorisch zu betrachten ist und nicht als Unterlage für eine Aufführung benutzt werden soll.

die Lippen klemmen, das unwillkürliche Anzeichen von Bedenken, die Ihnen peinlich sind, und wie Sie mir jetzt sagen würden, davon sei im Stück nicht viel zu merken. Das mag sein. Vielleicht läßt es sich deutlicher machen, sei es, daß ich einiges Unkraut entfernen kann, das verwirrt, oder einiges, was ich hätte sagen wollen, in Handlung umsetzen kann. Ich bin entschlossen, es zu versuchen; das Stück werde ich nicht in den Ofen stecken, einfach weil es um ein Anliegen geht, das ich persönlich nicht umgehen kann, und weil ich vorläufig nichts anderes sehe als den Öderland, um überhaupt an diese Dinge heranzutreten. Unter anderem möchte ich vor allem versuchen, die drei Frauen besser auszuführen; sie dürfen nicht als Figuren schon leer sein, nur sein Erlebnis mit ihnen soll immer leerer werden. Was Sie diesbezüglich mit Kaiser und Pirandello sagen, verliert wohl nicht an Gültigkeit, auch wenn ich Ihnen gestehen muß, daß ich beide nicht kenne; drum kann ich diesen Punkt noch wenig verwerten. Mit der Axt, ja, daran habe ich auch schon mit Sorge gedacht. An die Aufführung denke ich noch wenig, die liegt noch jenseits des Berges, der zu überwinden ist, ohne daß ich schon weiß, ob und wie das gelingt.

Soviel für heute, es ist an Länge freilich genug, und inzwischen ist es auch schon Nachmittag geworden; die Brandung wartet auf mich. In Kampen ist viel Theatervolk, aber mein Bedarf war schon nach wenigen Begegnungen gedeckt. Liebeneiner und Krahl sind auch hier, die den KRIEG in Hamburg machen werden; wir haben uns erst flüchtig gesprochen. Weitere Gaukler sind Barlog, Wiemann, Wäscher. Erinnern Sie sich an die Helene Ritscher? Jetzt die Frau von Scharff, dem Bildhauer; da bin ich fast jeden Tag einmal, und neulich hat die weiße Greisin, noch immer ein wahres Temperament, von ihrer Zeit erzählt: die Proben mit Kainz, die Begegnungen mit Bahr, Schnitzler, Hofmannsthal, Wedekind, die Arbeit mit Karl Valentin, Steinrück, die Premieren von Hauptmann, Strindberg, Wedekind, Gastspiel bei Stanislavskij; es war ein wunderbarer Nachmittag, er begann mit ihrem Entsetzen über einiges Theatervolk, das am Vorabend bei ihr zu Gast war, und endete wieder damit, daß sie, hart wie nur eine Greisin sein kann und darf, gefaßt, ohne es fassen zu können, immer wieder den weißen Kopf schüttelte: So ein Pack! Nein! so ein Pack! Oder ist das nicht ein Pack? ...

Ich bleibe noch etwa drei Wochen. Ich danke Ihnen noch einmal für Ihren Brief, wünsche Ihnen gute Ferien, grüßen Sie Ihre liebe Frau und Ginsbergs, vor allem aber seien Sie selber herzlich begrüßt

von Ihrem
Max Frisch

An die Direktion des Zürcher Schauspielhauses

März 1951

Lieber Herr Direktor Wälterlin,
Lieber Kurt Hirschfeld,
Lieber Herr Oberer.

Nachdem mein Stück »Graf Öderland«, uraufgeführt am 10. 2., nach einem Monat vom Spielplan verschwunden ist, drängt es mich, Ihnen meinen herzlichen Dank auszusprechen dafür, daß Sie sich auch dieses fünften Stückes angenommen haben, das Ihnen etliche Vorwürfe eingetragen hat, und zugleich einige Fakten, die im Zusammenhang mit dieser Uraufführung und ihrem Mißerfolg stehen, schriftlich festzuhalten, da es immerhin möglich ist, daß man später, wenn die Konsequenzen aus den heutigen Erfahrungen gezogen werden, vieles in einem anderen Licht zeigt, ohne sich der Fälschung bewußt zu sein; gestatten Sie mir daher, daß ich heute ein kleines Memorandum verfasse über das, was wir heute wissen, weil wir es eben erlebt haben, und was, wie mir scheint, teilweise auch für Sie von grundsätzlicher Bedeutung ist. Ich habe nicht die Absicht, dieses kleine Memorandum zu veröffentlichen; ich stelle es Ihnen zur Verfügung, wobei ich Sie bitte, es jedenfalls dem Verwaltungsrat vorzulegen, und ich habe auch nichts dagegen, wenn Sie in Ihrem gelegentlichen Gespräch mit unseren Presse-Kritikern davon Gebrauch machen.

Mit herzlichen Grüßen

Ihr Max Frisch

Kleines Memorandum zu »Graf Öderland«

1. Regie

Es entsprach einem ausdrücklichen Wunsch des Autors, daß Leonard Steckel mit der Regie betraut worden ist. Der Autor hat einen Teil der Proben gesehen; er war im großen ganzen einverstanden, über manches begeistert. Nach der Hauptprobe waren sich der Regisseur und der Autor allerdings bewußt, daß die Inszenierung nicht fertig ist und daß für ein neues Stück, dessen besondere Schwierigkeiten und Möglichkeiten noch niemand aus Erfahrung kennt, die übliche Probenzeit im Zürcher Schauspielhaus immer unzureichend sein wird. In der Tat war es so, daß der Hauptdarsteller, Gustav Knuth, dessen schauspielerische Potenz außer Frage steht, trotz aufopfernder Arbeit nicht einmal textlich mit der Rolle des Graf Öderland fertig war, als die Premiere kam; er sah sich außerstande, seine schauspielerischen Möglichkeiten wirklich einzusetzen, und war sich dessen selber sehr schmerzlich bewußt. Die Entgegnung, daß es bisher mit dieser Probenzeit auch immer gegangen sei, scheint mir nicht stichhaltig; es ist gegangen, solange es für neue Stücke überhaupt keine andere Bühne gab, und man hatte das Recht des Notbehelfes für sich, was aber ein vergängliches Recht ist. Auch der Hinweis, daß man sich eine längere Probenzeit einfach aus wirtschaftlichen Gründen gar nicht leisten könne, ändert meines Erachtens nichts an der Tatsache, daß unter diesen Umständen zwar oft eine brauchbare oder sogar gute, aber nie die inbezug auf die vorhandenen künstlerischen Kräfte bestmögliche Aufführung zustande kommen kann. Es müßte erreicht werden, daß mindestens für Uraufführungen, die immerhin über das Schicksal eines Stückes einiges entscheiden, eine wesentlich längere Probenzeit gewährt werden kann.

2. Besetzung

Die Besetzung war die beste, die zurzeit möglich war, aber sie war, wie man im voraus wußte, teilweise schwach und sogar ungenügend. Der Autor weiß vollauf, daß das nicht aus Mangel an gutem Willen kam, sondern eine Folge ist davon, daß Zürich heute ein ständiges Ensemble von Format nicht mehr halten kann. Man muß nehmen, was zurzeit gerade da ist. Unter dem gleichen Übel einer unzureichenden Besetzung litt meines Erachtens auch DER EISMANN KOMMT. Der Zufall wollte es dann, daß die zwei nachfolgenden Inszenierungen, die neben dem Uraufführungsstück liefen, eine ausgesprochene Starbesetzung aufzuweisen hatten, gegen die kassenmäßig aufzukommen auch einem anderen modernen Stück kaum hätte gelingen dürfen.

3. Die Pressekritik

Die Kritik der zürcherischen Presse hat das Stück einhellig abgelehnt. Dabei ist zu bemerken, daß diese Ablehnung teilweise in einem durchaus flegelhaften Ton erfolgt ist (*Tages-Anzeiger, Volksrecht*). Andere begnügten sich, ihren Unwillen nur durch Herablassung auszudrücken. Die *Neue Zürcher Zeitung* erledigte die Uraufführung, die einzige der Spielzeit, in drei kleinen Spalten, Stück und Inszenierung zusammen. Von einer wirklichen Auseinandersetzung, die das Publikum zur eignen Auseinandersetzung hätte anspornen können, kann nicht die Rede sein; was die zürcherische Presse geliefert hat, war eine Demonstration ihrer Macht, wobei es durchaus möglich ist, daß sich die Damen und Herren, wenn sie ihre Impressionen niederschreiben, ihrer Macht nicht bewußt sind. Zürich ist keine große Stadt; der Teil des Publikums, der jedenfalls hingeht und selber urteilt, ist überall klein, doch in einer größeren Stadt kann er genügen, um ein Stück solange zu halten, bis das Trommelfeuer der Presse überstanden ist. Das ist in Zürich nicht der Fall. Ich erinnere an Sartre: DIE FLIEGEN, die sofort aus dem Spielplan verschwinden mußten; heute jubeln sie dafür über DIE EHRBARE DIRNE. In Zürich ist es immer möglich, daß ein neues und noch nicht glorifiziertes Stück, das den fünf Damen und Herren unsrer Presse mißfällt oder ihnen nicht im ersten Anblick verständlich wird, aus dem Rennen geworfen wird, bevor die wirkliche öffentliche Meinung, die sich in der Stadt bildet, zur Wirkung kommt. Das ist eine gefährliche Situation; einerseits ist Zürich nicht imstande, ein Stück zu machen – wer von den Damen und Herren, die hier die genannte Macht ausüben, hat einen Namen auch nur innerhalb des deutschen Sprachgebietes? – anderseits ist Zürich, wie es sich etwa beim ersten Dürrenmatt zeigte, durchaus imstande, ein Stück kaputtzumachen. Dabei fehlt es ja in unsrer Stadt nicht an Persönlichkeiten, deren Urteil, wenn das schweizerische oder ausländische Publikum es vernimmt, ins Gewicht fällt; aber diese Persönlichkeiten verfügen nur über das Gespräch, das gegen das Gedruckte nur langsam aufkommt, zu langsam, um ein Stück halten zu können, das die fünf Damen und Herren unsrer Presse verurteilt haben; zwar kann sich jemand ans Pult stellen, wie es in unserem Fall Herr Professor von Salis tat, und öffentlich sprechen, aber die Presse ist ja nicht genötigt, wirklich mitzuteilen, was gesagt worden ist. Es bleibt, faktisch genommen, bei dem flinken Gericht unsrer fünf Damen und Herren, die unter Umständen einen wirtschaftlichen Druck ausüben, dem sich das Schauspielhaus zu beugen hat. Es kommt hinzu, daß eine Uraufführung einiges entscheidet über das weitere Schicksal eines Werkes und zwar ganz äußerlich; die ausländischen Bühnen, die sich noch eben für das neue Stück interessiert haben, wissen sofort, daß Zürich es verworfen hat – auch wenn sie nicht wissen, wer Frau Brock-Sulzer, Herr Welti, Herr Boesch, Herr Zimmermann, Herr Seelig sind, deren Namen sie ja nie gehört haben: sie sind Zürich.

Sind sie Zürich?

Jedermann hat das Recht, seine Meinungen zu sagen, und es kann sich nicht darum handeln, den genannten Damen und Herren einen persönlichen Vorwurf zu machen, daß sie unsere Werke nicht loben; es geht nicht um Lob und Tadel, sondern darum, daß fünf Damen und Herren umständehalber eine Macht ausüben, die ihnen kaum bewußt ist und die ihnen nicht zukommt, zumal es nicht die Macht einer geistigen Ausstrahlung ist, sondern die Macht der Presse, die auch ihrem zufälligsten Statthalter zustatten kommt und für das geistige Leben einer Stadt, auch wenn die Damen und Herren meistens gewiß nichts Übles wollen, ein Übel ist.

(Nachzutragen wäre noch, daß die Aufführung ein allgemeines, meist uneingeschränktes Lob gefunden hat, obschon jeder Eingeweihte um etliche Versager weiß, und daß keiner unsrer Kritiker, als er sich wieder an Schiller und Goethe begeistern durfte, es unterlassen konnte, noch einmal seinen Unwillen über unser Stück auszudrücken und über die modernen Dichter überhaupt; die Gehässigkeit, die allenthalben nachzuweisen wäre, sollte meines Erachtens nicht bagatellisiert werden, da sie nicht dem Autor allein gilt und mit dem Absetzen des Stückes keineswegs erledigt ist.)

4. Publikum

Man muß, glaube ich, zwei Arten von Publikum unterscheiden. Das Publikum, das die Uraufführung füllt, besteht nun einmal großenteils aus offiziellen Leuten. Der spürbare Widerstand, den dieses Publikum zeigte, entstand nicht während des Spieles, er war von Anfang an da und zwar deutlich, das haben die Schauspieler wohl verspürt. Die Presse, das muß ihr zugebilligt werden, hat durchaus die offizielle Stimmung gespiegelt, eine Stimmung aus vorgeliefertem Mißtrauen, Konsterniertheit, Hilflosigkeit, Unbehagen aus stetem Verdacht, man könnte ein politisches Kuckucksei vor Augen haben ...

(Die *Neue Zürcher Zeitung*, die mich sonst mit Boykott behandelt, schrieb zwei Wochen zuvor unter der Redaktion von Edwin Arnet: »jener Dichter, der jetzt wieder in Zürich singt, nachdem er in Warschau gesungen hat«. Solche Aufklärungen des bürgerlichen Lesers sind nicht ohne Wirkung, zumal die Zeitung sich jeder Widerlegung verschließt.)

In den späteren Aufführungen zeigte sich mehr und mehr ein anderes Publikum, das sich offener, lebhafter und sehr viel verständniswilliger zeigte. Die Schauspieler können auch das bezeugen. Es meldete sich etwas wie eine Gegenbewegung, deren Schwäche allerdings darin besteht, daß sie keine Presse und auch sonst nicht viel besitzt. Die Zustimmung ist zu finden bei Intellektuellen, Künstlern und einfacheren Leuten; scharf und diskussionslos bleibt die Ablehnung in bürgerlichen Kreisen, die nun allerdings, wie sich zeigte, die Kasse bestimmen und damit, wie ich fürchte, den Spielplan überhaupt.

5. Theater und Autor

Nach der schlechten Presse und der schwachen Kasse ist offenbar beschlossen worden – ich weiß nicht von wem, da ich es nur einem internen Spielplan entnehmen konnte – das Stück sofort versinken zu lassen und zwar ohne Ankündigung einer letzten Vorstellung.

Dazu möchte ich folgendes sagen:

Jede Uraufführung stellt ein Risiko dar. Das Theater übernimmt dieses Risiko, weil es weiß, daß auch der Ruf, den ein Theater braucht, zur kaufmännischen Rechnung gehört. Den guten Ruf, den das Zürcher Schauspielhaus zu verteidigen oder zu verlieren hat, verdankt es wohl in erster Linie seinem Spielplan, seiner Liste von Uraufführungen und Erstaufführungen. Daß in Zürich auch Klassiker gespielt werden, ist gut und billig; das aber verschafft dem Zürcher Schauspielhaus noch keine Auszeichnung vor anderen Bühnen. Dagegen wird vom Zürcher Schauspielhaus gesprochen und zwar noch Jahre nachher, wenn es einen neuen Wilder, einen neuen Brecht, einen neuen Eliot, einen neuen Dürrenmatt, einen neuen Frisch oder sonst einen Neuen bringt. Allerdings ist es schon heute so, daß Wilder, Brecht, Eliot nicht mehr in Zürich starten, weil es wieder Städte deutscher Sprache gibt, die eine andere Resonanz zu vergeben haben. Ich sage nicht ohne weiteres: eine bessere Aufführung. Ich meine bloß: Zürich, als geistiger Ort, ist leider nicht mehr so interessant, wie es immer noch meint; gewisse Monopole sind dahin, und das Schauspielhaus, wie sehr sich seine Direktion auch bemüht, wird es immer schwerer haben, Uraufführungen zu bekommen. Nachdem das Schauspielhaus meine vier ersten Stücke gestartet hat, war es für mich selbstverständlich, daß andere Angebote nicht in Frage kamen; man hat mir von verschiedener Seite zu bedenken gegeben, ob Zürich wirklich noch der Ort für eine Uraufführung sei, und die Erfahrungen lehren in der Tat, diese Bedenken ernsthafter zu prüfen. Ob Zürich eine führende Bühne bleiben wird oder nicht, liegt ja nicht allein bei der Direktion und der Verwaltung, aber auch bei ihnen, und man muß kein Prophet sein, um zu sehen, daß das Zürcher Schauspielhaus, wenn ein gewisser schon deutlich vorhandener Geist obsiegt, in Bälde erledigt sein wird und dann aber für Jahrzehnte, da wir anderseits nicht hoffen wollen, daß der Glücksfall für Zürich, die Emigration aus Deutschland, sich allzu bald wiederholt. Der gewisse Geist, den ich meine, offenbart sich in der flinken Kapitulation, zu der man mit meinem Stück bereit war. Ich will mein Befremden nicht verschweigen. Ich verstehe dieses Verhalten umso weniger, als keines meiner bisherigen Stücke einen wirtschaftlichen Schaden gebracht hat. Ich frage mich und Sie, ob sich ein Theater, das eine Uraufführung bekommt und übernimmt, nicht zu einem ganz anderen Einsatz verpflichtet, als er hier geleistet worden ist. Man kann den Ruf, wagemutig zu sein, so billig nicht einkaufen; man kann es vielleicht vier Mal, aber nicht immer –.

6. Diskussion in der Eidgenössischen Technischen Hochschule ETH

Am 23. 2. – zu diesem Datum war bereits die letzte Vorstellung angesetzt – fand eine öffentliche Diskussion statt, veranstaltet von den Studentenschaften beider Hochschulen und vom Zürcher Theaterverein. Der Besuch war stark. Gesprochen haben: Prof. Dr. D. Brinkmann, Universität, und Prof. Dr. J. R. von Salis, ETH, beide haben das Stück begrüßt und seine Bedeutung unterstrichen. Die Damen und Herren von der Presse, die über das Stück geschrieben haben, sind zu dieser Diskussion nicht erschienen. Die Diskussion zeigte zumindest, daß ein lebhaftes Interesse vorhanden ist. Bis zur Vorstellung, die als voraussichtlich letzte angekündigt war, wurde die Diskussion von den zürcherischen Zeitungen verschwiegen. Erst nachher erschienen einige Referate; die *Neue Zürcher Zeitung* – ihr Feuilletonredaktor, Herr Dr. W. Weber, meldete in mehreren Gesprächen an, daß er über das Stück nochmals schreiben möchte; offenbar ist ihm das nicht gestattet worden – die *Neue Zürcher Zeitung* hat die Diskussion der Studentenschaften beider Hochschulen und des Zürcher Theatervereins gänzlich totgeschwiegen.

7. Kasse

Am 7. 3. findet die letzte Vorstellung statt, die Aufnahme ist lebhaft und erfreulich, aber die Kasse ist immer noch schwach – 2'900 und 2'200 Fr. – wie sie es im Laufe dieser Spielzeit schon öfter gewesen ist; nur hatte man nicht immer Schiller, Goethe, Becker, Quadflieg als ausverkauften Ausweg. Bemerken möchte ich noch, daß mit Ausnahme der Premiere, die ohnehin gefüllt war, das Stück nie an einem Samstag angesetzt gewesen ist; der Stichtag, der über das Schicksal des Stückes entschied, war ein Mittwoch bzw. ein Donnerstag, umrahmt von MARIA STUART und IPHIGENIE, die frisch im Spielplan waren.

8. Diskussion im Pestalozzianum

Am 8. 3. fand eine weitere Diskussion statt, veranstaltet vom Lehrerverein der Stadt Zürich, ungewöhnlich gut besucht; die Diskussion war lebhaft, von sehr erfreulichem Niveau und in der Haltung ausgesprochen positiv. Sie zeigte abermals, daß ein ungewöhnliches Interesse vorhanden ist: noch nicht im breiten Publikum, das noch die Presse zu verdauen hatte, aber in intellektuellen Kreisen; die Zustimmung, die den Autor persönlich erreicht, kommt aus sehr verschiedenen Gegenden: von Dr. Hans Oprecht bis Ernst Morgenthaler, aber sie ist nicht imstande, das Stück am Schauspielhaus zu halten.

9. Schlußbemerkung

Ich möchte heute wiederholen, daß ich keine Institution und keine Persönlichkeit kenne, der ich bisher soviel zu verdanken habe wie dem Zürcher Schauspielhaus. Allerdings meine ich, wenn ich in diesem Sinn vom Schauspielhaus Zürich spreche, die Direktion. Es ist ein Gefühl herzlicher Verbundenheit, was mich drängt, meine Bedenken und meine Beschwerden auszusprechen, und ich hoffe sehr, daß wir einander verstehen: es geht nicht darum, eine Ausrede zu finden für einen »Mißerfolg«, sondern zu merken, wer in Zürich über Erfolg oder Mißerfolg bestimmt, und zu verhüten, daß das

Schauspielhaus sich jenen Kreisen unterwirft, die auch in den Zeiten, die heute so glorreich erscheinen, seine menschlichen und politischen Gegner gewesen sind, wie sie es heute sind. Ich habe etliche Zeugnisse dafür, daß es in Zürich gewisse Kreise gibt, die einen Erfolg eines neuen Frisch-Stückes von vornherein nicht dulden konnten, und daran hätte auch, um auf den Anfang dieses Schreibens zurückzukommen, eine bessere Besetzung und eine längere Probenzeit nichts geändert; die Animosität, die sich bei dieser Uraufführung deutlich genug enthüllt hat, stammt aus den gleichen Gegenden der Gesellschaft und aus den gleichen Köpfen, die auch dem Schauspielhaus noch zu schaffen machen werden, und ich glaube nicht, daß diese Kreise unschädlich zu machen sind mit Prospekten. Vielleicht – und das ist nun die Frage, die ich offen lassen will – vielleicht wäre es anhand dieses Stückes möglich gewesen, die Macht gewisser Cliquen zu brechen mit einem größeren Durchhalten; das Publikum braucht Zeit, um sich vom Urteil der Cliquen zu lösen, und die Zeichen, daß eine andere Meinung sich durchsetzte, waren deutlich vorhanden. Die Presse ins Unrecht zu setzen, das wäre für das Schauspielhaus, wenn es sich dieses Durchhalten hätte leisten können, vielleicht noch wichtiger gewesen als für den Autor, der nicht an Zürich gebunden ist.

Mit herzlichen Grüßen und Wünschen
Ihr Max Frisch

PS. Vom Inhalt dieses Schreibens ist niemand unterrichtet gewesen, bevor es durch die Post in Ihre Hände gekommen ist.

An Gustaf Gründgens

Zürich, 19. 5. 52
Zollikerstraße 265

Sehr verehrter Herr Gründgens!

Hirschfeld rief mich an, forderte mich auf, Ihnen ein Buch von »Graf Öderland« nach Florenz zu schicken – was ich mit Freude tue! Das Stück, wie Sie von Hirschfeld wie von Suhrkamp gehört haben mögen, ist hier in einem Morast von Mißverständnissen stecken geblieben, die vorwiegend dumm waren, scheint mir, nicht unwesentlich von lokalen Animositäten bedingt, denen die politische Hysterie zustatten kam. Eine Demonstration, daß sich mit der Axt (die mir zuliebe in der Kriminalstatistik auch dieses Landes immer häufiger auftaucht) wesentlich kein Problem lösen und nichts verändern läßt, als kommunistisch zu bezeichnen – ist nur im Westen möglich. Meines Erachtens ist es ja schon ein Mißverständnis, das Stück als ein politisches zu betrachten; die Psychiater, sonst nicht meine nächsten Freunde, kommen der Sache wohl schon näher, wenn sie Öderland als den Prototyp des modernen Neurotikers sehen: Leere und Öde infolge Selbstentfremdung durch die Routine einer zivilisatorischen Gesellschaft; infolge Selbstentfremdung die radikale Unfähigkeit, etwas zu erleben, daher nur Wiederholungen, das begreifliche Verlangen: Es muß etwas geschehen! Aber dann das übliche Verhalten des Neurotikers: er externalisiert, er will die Lösung im Äußeren erzwingen, wild wie ein Erstickender, er kann nur destruktiv werden, die Axt als Zeichen dafür, und da auf diese Weise eine Erlösung nicht zu erzielen ist (er steht, wo er zu Anfang gestanden hat, und hat bloß im Kreis herum geschlagen), richtet sich das Destruktive gegen sich selbst, Selbstvernichtung. Was das Stück von unserer Tageswirklichkeit etwas unterscheidet, ist nur, daß es, was dort als normal bekannt ist, ad absurdum führt, um es in seiner Krankhaftigkeit und Gefährlichkeit zu zeigen. – Ich will mich aber nicht in Ausdeutung einlassen; das Stück muß sich ohne Kommentar mitteilen, wenn es ein Stück sein will; es mag sein, daß die Mißverständlichkeit teilweise auch zu meinen Lasten geht, daß Dinge zu offen bleiben, was in einer Zeit, wo man in jedem Mausloch nur das Ost-West-Problem sucht, den besten Zuschauer auf falsche Fährten führt und für das Anliegen verliert, das ihm sonst höchst begreiflich wäre. Sollte eine Chance bestehen, daß das Stück wieder aufgeführt wird – (wenn Sie sich entschließen könnten, selbst den Öderland zu spielen, es wäre für mich die Erfüllung eines bald dreijährigen, so oft besprochenen und nie begrabenen Wunsches, womit ich Sie jedoch nicht überfallen will; daher nur in Klammern!) – wäre es mir ein eigenes Bedürfnis, die Erfahrung aus der ersten Aufführung zu verarbeiten, dies nicht in dem Sinn, daß ich das Stück ändern wollte, ich wüßte nicht wie, aber daß man versuchte, deutlicher zu machen, was gemeint ist, ja, wahrscheinlich genügte es schon, ganz deutlich zu machen, was nicht gemeint ist.

Jedenfalls freue ich mich aufrichtig, Ihnen das Stück senden zu dürfen, und danke Ihnen, sehr verehrter Herr Gründgens, für Ihr Interesse.

Ihr ergebener Max Frisch

An die Direktion des Schauspielhauses Zürich

Zürich, 1. 10. 52

Liebe Freunde,

ich übergebe Ihnen heute das Manuskript meiner Komödie »Don Juan oder Die Liebe zur Geometrie«, wobei ich ordungshalber wiederholen möchte, was im Gespräch schon gesagt worden ist: das Stück wird gleichzeitig auch in Deutschland zur Uraufführung angeboten. Gesetzt den Fall, daß das Schauspielhaus sich für das Stück interessiert, wäre mir eine koordinierte deutsche und schweizerische Uraufführung natürlich das liebste. Sie kennen die Gründe, warum ich dieses Mal, obschon ich dem Zürcher Schauspielhaus dankbar bin wie keinem andern Institut, davon absehen möchte, ausschließlich in Zürich zu starten. Das Risiko, wenn ich das Stück unserer hiesigen Presse aussetze, die erfahrungsgemäß nur im negativen Fall eine Auswirkung ins Ausland hat, ist mir einfach zu groß. Hinzu kommt ja auch die Stimmung im Publikum, das meine Produktion nun zur Genüge gesehen hat, und ohne damit nach irgendeiner Seite einen Vorwurf erheben zu wollen, müssen wir wohl einsehen, daß Zürich zumindest für mich ein steriler Platz geworden ist, steril, weil die Reaktion auf das Stück, wie immer es sein mag, von vornherein im Rahmen einer familiär-wohlwollenden Indifferenz bleiben wird, und diese für alle Teile unersprießliche Indifferenz würde durch den Umstand, daß wir wie bisher in Zürich starten, nur verstärkt; daß das Schauspielhaus seinen Frisch uraufführt, hat für die Leute, insbesondere für die Kritiker, bereits so etwas Konventionell-Unvermeidliches, was wir vermeiden wollen. Ich schreibe Ihnen dies in einem Augenblick, da ich durchaus nicht eine Uraufführung in Deutschland gesichert habe; noch kein Theater kennt das Stück. Für den Fall, daß sich keine deutsche Bühne von einiger Potenz für diese Komödie inter-

Mit Leonard Steckel (zweiter von links) und Oskar Wälterlin (zweiter von rechts) während der Proben zu »Don Juan«, 1953

essiert, bin ich unter den eben erwähnten Umständen entschlossen, auch auf eine Uraufführung in Zürich zu verzichten. Ich hoffe herzlich, daß Sie diese meine Haltung verstehen und billigen können. Ich meine durchaus nicht, daß anderswo alles besser wäre – obschon ich bei dieser Gelegenheit nochmals erwähnen möchte, was ich Ihnen nach dem »Graf Öderland« geschrieben habe: das Schauspielhaus sollte sich entschließen, für Uraufführungen eine bedeutend längere Probenzeit einzusetzen; ich fürchte sehr, daß es sonst einfach aus dem Rennen fällt – was aber meine Haltung bestimmt, sind wesentlich jene anderen Dinge, die wir nicht ändern können; es handelt sich einfach um eine realistische Einschätzung der Situation und darum, die sachlichen Konsequenzen zu ziehen, auch wenn sie für mich recht unbequem sein können.

Für heute gebe ich Ihnen die eigene Manuskript-Kopie, später erhalten Sie eine Vervielfältigung vom Verlag.

Mit herzlichen Grüßen bleibe ich Ihr
Max Frisch

An den Zürcher Stadtpräsidenten Emil Landolt

Zürich, 6. 12. 52
Zollikerstraße 265

An den Stadtpräsidenten
der Stadt Zürich

Sehr geehrter Herr Stadtpräsident!

Eben bringt mir die Morgenpost Ihre freundliche und natürlich sehr erfreuliche Nachricht, daß die Stadt Zürich, auf Antrag Ihrer Literaturkommission, mir ein halbes Werkjahr zugesprochen hat, und ich will nicht säumen, Ihnen sofort meinen schönen Dank zu sagen. Es kommt mir überraschend wie etwa ein Samichlaus, wenn man aufgehört hat, an den Samichlaus zu glauben. Ich gehöre ja, wie Sie und die Kommission wissen, nicht zu den notleidenden Schriftstellern; ich habe denn auch nie einen Hehl draus gemacht, daß meine Kinder nicht verhungern, wenn mir so ehrenvolle Hilfe versagt bleibt, anderseits ist es doch so, daß ich von meiner Schreiberei tatsächlich nicht leben kann, dabei in jenes Mannesalter komme, wo man seine ohnehin beschränkten Kräfte nicht länger verzetteln möchte, und darum bin auch ich herzlich froh über die viertausend Franken, sie werden mir vermutlich einen Aufenthalt in Italien oder Griechenland ermöglichen, der sonst (da ja der Haushalt doch in Zürich bleibt) nicht zu machen, nicht zu verantworten wäre. Oder (was weiß ich) ich bleibe doch in meiner Mansarde mit dankesvollem Blick auf Zürich.

Übrigens möchte ich nicht allein für das Geld danken.

Ich weiß nämlich, daß meine Arbeiten, einmal abgesehen von den künstlerischen Mängeln, in der geistigen Haltung durchaus nicht so sind, daß zwischen uns allezeit ein trautes Einverständnis erblühen könnte; ich meine jetzt nicht jene oft kostspieligen Mißverständnisse, die sich, wo nicht Böswilligkeit dahinter steht, durchaus widerlegen lassen – um es gradaus zu sagen: ich bin so wenig Kommunist wie Faschist – ich meine nur, daß es nicht die unbedingte Aufgabe des Schriftstellers sei, einverstanden zu sein mit seiner Heimat, mit der engeren und weiteren, mit seiner Zeit überhaupt. Zu dieser aggressiven, oft zu Recht und oft zu Unrecht verletzenden Haltung, die als solche keineswegs »originell« ist, kommt man ja einfach dadurch, daß man wenigstens in seinen besseren Stunden nicht jemandem gefallen, sondern etwas Erlebtes ausdrücken will. Gegnerschaft ist unvermeidlich, ja, ihr Ausbleiben wäre bedenklich. Nun habe ich seit einigen Jahren schon das beklemmende Gefühl, daß diese natürliche Gegnerschaft zwar da ist, aber sich leider, abgesehen von vereinzelten Giftspritzen, in einem Bunker von Schweigen hält, und es wurde mir, wenn ich das sagen darf, in letzter Zeit immer schwieriger, mich in Zürich wohlzufühlen, lebendig zu fühlen. Ich war glücklich, daß mich die Rockefeller Foundation für ein Jahr in die Fremde einlud, und zugleich immer neugieriger, wie sich die Vaterstadt, nämlich ihre offizielle Literaturkommission, zu meiner zweifellos anfechtbaren Arbeit stellt; ob sie, ohne deswegen »einverstanden« sein zu müssen, an meiner Schriftstellerei interessiert ist in jenem Grade, wie sie ihn mit Recht sovielen meiner Kollegen gegenüber bekundet, oder ob ich das Schweigen, das der freundlichen Begrüßung meiner ersten Anfänge folgte, als Urteil zu betrachten habe, gleichsam als offizielle Ablehnung, was merkwürdigerweise, so skeptisch wir allem Offiziellen gegenüber sind und bleiben, nicht auf die leichte Achsel zu nehmen wäre. Kein Mensch ist ja so sicher, wie er sich das Ansehen gibt, da seine Unsicherheit tatsächlich nur sehr wenige etwas angeht.

Ich wollte Ihnen in geziemender Weise mit ein paar Zeilen danken, sehr geehrter Herr Stadtpräsident, und Sie bitten, meinen Dank auch an die Herren der Literaturkommission weiterzuleiten; nun ist es beinahe ein Brief, was ich geschrieben habe – statt zu arbeiten im Sinne eines »Werkjahres«.

Mit ausgezeichneter Hochachtung grüßt Sie

Max Frisch

Fünftes Kapitel:

Paris, Amerika

Aus den Notizheften VIII:

Paris

15. 12. 50

Plötzliche Einladung von Rockefeller-Foundation. Telegramm. Nachtfahrt; heute Zusammentreffen mit Edward D'Arms. Er kennt meine Arbeit aus Deutschland. Sein Antrag: 1 Jahr lang Stipendium zum freien Arbeiten, 330 Dollars im Monat. Meine Anfrage: ob Reise nach USA auch möglich; ½ Jahr oder 1 Jahr? fragt er. Ich soll ihm einen Brief schreiben. Er fliegt heute nach New York.

—

Parfüms:
Iris Gris.
Jacques Fath.

Stiller

Paris – die Stadt erscheint mir heute wie eine Frau, der man ansieht, daß sie zur Geliebten werden könnte. Sie ist es noch nicht. Ich gehe ihr den ganzen Tag nach; immer zu Fuß. Sie wechselt von Stunde zu Stunde. Grauer Himmel, Schneetreiben, Schleier; plötzlich ist es wieder heller, Sonne auf den reichen Fassaden, Wolkenzauber, Messinglicht, und über den schwarzen Kuppeln blaut ein Himmel, wie nur der Winter ihn hat, so blaß, so kühl und zart, aber hart, spröde, klingend und von unendlicher Höhe, Helle – dann die Dämmerung, die nahe, die für mich noch kein Gestern hat; Nachglanz der Sonne, die auch die höchsten Dächer nicht mehr erreicht, die nur noch in den Wolken ist, während in den Straßen schon überall die Lichter erwachen, aufschimmern aus einem Dämmerschleier, bunt, aber nicht grell, denn es fehlt noch die schwarze Folie der Nacht, und wieder ist alles unter einem Schleier von sinkendem Schnee, der die Straßen glänzen läßt, die Umrisse der Denkmalsäulen und Kuppeln nicht verwischt, aber alles ist jetzt wie hinter einem Gewebe von Stille. Ich genieße es unbändig. Was? Ich weiß nicht; vielleicht daß kein Mensch mich grüßen wird, keiner weiß, wo ich gehe oder sitze. – Der Abend hat etwas Vertraulich-Fremdes, etwas Frauliches; ich genieße alles an ihm, so, wie man zum ersten Mal eine frauliche Hand faßt, eine Schulter, einen Nacken; ich werbe, und die Stadt weist mich nicht ab.–

—

Abends bei Jouvet, »*Tartuffe*«.
Nicht besonders.

—

16.12.

Wintersonnentag. Ganz heiter und klar: jetzt mein Leben in die Hand nehmen. In Zürich verkomme ich durch Gewöhnung. Das hat nichts mit Trudy zu tun. Jetzt Aufbruch, der sich nicht gegen Trudy richtet. Wenn es klappt, will ich im Frühling (April) nach Amerika für mindestens ein halbes Jahr. Trudy kann mich dort abholen. Beide inzwischen frei; ohne Anklage oder Vorwurf. Für mich die Notwendigkeit, mich zu regenerieren – durch selbständiges Leben ohne Gewohnheit – und jetzt noch die Lebenskraft, es zu können. Die Resignation ist von mir wie abgefallen. Das neue Jahr wird vieles verändern. Ich freue mich; ich bin nicht »entschlossen«, aber bereit und fähig aus Vertrauen.

—

Palais der Impressionisten. –

—

Entschlüsse: – solange sie uns nicht leicht fallen, indem alle Bedingungen schon geleistet sind, bleiben sie Krampf; man schämt sich, wenn man sie dann doch unterläßt, und man hat nichts davon, wenn man sie erfüllt, wie ein Soldat seinen Befehl erfüllt. Die wirklichen Entschließungen sind jene, die sich ergeben und in Leben umsetzen. Man kann sie nur vorbereiten, nicht »wollen«; sie erscheinen uns nicht als Worte, sondern immer schon als Ausführung – die gewollten Entschlüsse, die Wort-Entschlüsse, die Befehle, die man sich glaubt geben zu müssen, sind der Wirklichkeit nur im Wege; sie hindern die Wandlungen und Entfaltungen, die sie möchten, oder verzögern sie durch Überstürzung.

—

1. Arzt, Gesamtrevision.
2. Englisch lernen.
3. Autofahren lernen.
4. Projekt Horgen.
5. Tagebuch: bisher.

—

April: New York.
Mai: New York.
Juni: Chicago.

Juli: San Francisco.
August: Kalifornien.
Sept: New York
Okt: Zürich

—

16. 12.

Ausstellung Picasso, Skulpturen und Zeichnungen (1942-43). – Ich kann fast nichts damit beginnen, betrachte dafür die Leute. Sehr voll! Viele jüngere Paare, Intellektuelle und Künstler. Ferner Damen der Gesellschaft. Die allermeisten können nichts damit anfangen; durch Ehrfurcht und Snobismus überwundene Verlegenheit u. Langeweile. Kaum einer, der attackiert wirkt. Einer erläutert; seine Zuhörer hören zu ohne Mienen-Antwort. Alles ein wenig komisch infolge Ernst, der sich selber nicht traut; das Ausweichende, man will in seiner Betrachtung nicht beobachtet sein, man will nicht durch eine Miene verraten, daß man wie der Ochse am Berge steht.

—

17. 12.

Gestern in der Comédie Française; Gide *»Les caves du Vatican«*. Aufführung nicht besonders gut, nicht besonders schlecht, ausgenommen das Bühnenbild, das unwahrscheinlich blöd ist. Das Stück, dem Roman entnommen, gehört zu jenen, die »keine Stücke« sind – nur ist dieses, etwa im Gegensatz zu Brecht, überhaupt nichts anderes. Dialoge voll Geist; Bilderbogen, die für Leser des früheren Romans den Reiz einer Illustration des Gelesenen haben mögen, nicht aber aus sich selber genügen. (Soweit ich es wegen der Sprache beurteilen kann.) Hier ganz simpel: ein Lautsprecher sagt, was der Romancier sagen würde, wenn nämlich die Figur schweigt und keinen Partner hat; dieses aber nicht als durchgehendes Mittel, nur als Hilfsmittel, wo es anders nicht geht, als Kleister. Ohne Konsequenz; ohne Stil. Man muß schon Gide heißen und 80jährig sein, um das zu dürfen. D.h. das Publikum nimmt es hin, aber das Echo ist mager. Der Name genügt für volle Häuser u. volle Ausstellungen, für große Presse, für viel Gespräch; aber ein schwaches Werk, es kann aufgezogen sein, wie es will, es bewegt nichts.

–

Allgemein fällt mir bei den Spielplänen auf, wie sehr die Franzosen sich selbst versorgen u. selbst genügen; kein Angelsachse weit u. breit, geschweige denn ein Deutscher. Einzig ein Pirandello, ferner in einem Théâtre de poche: García Lorca. – Auch das Spiel, scheint es, kümmert sich nicht um moderne Strömungen in andern Sprachräumen; nicht einmal im Konventionellen finde ich es so meisterhaft, daß es sich das leisten dürfte.

—

Sonntag. –

Frühstück im Stehen, ein Täßchen Kaffee, ein Brötchen, ich liebe das, man bleibt leer und wach.

Notre Dame

Wann war ich das letzte Mal in einer Messe? Im Frühling, San Marco, Venedig. Damals in trauriger Verwirrung. Auch heute, glücklich und nüchtern, finde ich einen Reiz daran. Zufällig daran vorbei. Schön der Gesang der Knaben. Das Alleinsein unter Menschen. Die Glasfarben der großen Rundfenster. Eine junge Frau, die kniet. Das Knien steht ihnen sehr gut. Das Geschlurf der Schuhe, das ferne Gemurmel beim Altar; dann die Macht der Orgel, ihr Jubel und Donner. Die Monotonie des Gesanges. In jeder fremden Stadt lande ich früher oder später in einer Messe, sofern ich allein bin. Ich weiß nicht, was mich bewegt, sehr Unterschiedliches. Das Knien ist eine bedeutende Erfindung; der Körper ruht, ohne ins Ruhen zu versinken; es denkt sich so besonders frei (wenn man das Knien nicht zur Gewöhnung macht) – man sieht eine Frau, die über alle Begriffe schön scheint, oder man denkt an die Musik, die man hört, oder an ferne Menschen, die man lange vergessen hat; vielleicht auch denkt man an eine Frau, die jetzt bei einem andern ist, und findet sich auf eine ruhigere, eine hohnlose und krampflose Art fähig, sich alles vorzustellen, – oder man kniet, sieht auf die Steinplatten und denkt überhaupt nichts, die Hände gefaltet, das ist wichtig, das schließt den Kreis der Ruhe. Ruhe der Bereitschaft, heiter. Ich habe dann das Gefühl, daß der liebe Gott, wenn es ihn gibt, mein Verhalten nicht beanstanden würde. Ich verstehe nichts von der Liturgie, aber ich bin in einem Zustand dankbarer Lebensbejahung. Ich muß mich hüten, mich in Stimmung aufzulösen, was keinen Sinn hat, oder mir etwas zu schwören. Das Knien lohnt sich immer; oft ist es nichts als eine Rast, oft ein Konzert, oft eine Betrachtung der Menschen, oft eine Meditation, die Wirkliches vollbringt; man spürt es nachher sehr deutlich, man ist sich selber ferner gewesen und hat weiter geschaut.

Wonne der fremden Stadt! In den ersten Tagen faste ich meistens; teils weil man noch Mühe hat mit der Sprache, mit der Landessitte, teils einfach kein Bedürfnis. Die Stadt ist Sensation genug, der Magen und der Gaumen braucht keine – in der Gewöhnung ist das Essen oft die einzige Abwechslung. Das Fasten ist ebenfalls eine vortreffliche Übung; das Speisen macht uns beschränkt; der Hunger ist bald überwunden, man hat einfach kein Verlangen, fühlt sich leicht und von der Tageszeit frei, klar, wach und gesund. Im Fasten ist es viel leichter, auch die menschlichen Verzichte zu leisten, die immer wieder fällig werden. Freier von Ehrgeiz, von Selbstsucht, von Sentimentalität gegenüber sich und andern. Man denkt in seinen eignen Sachen so, wie man sonst nur in den Sachen der andern denken und raten kann, unabhängiger, härter, geistvoller auch, so daß man lächeln kann ohne Bitternis, ohne Selbstmitleid. Fasten ist etwas vom Besten, was man tun kann, wenn die Krise langsam reif ist; besser als zu Menschen laufen! – Und dann, wenn man keinen Sport daraus macht und nicht die Fastentage zählt, sondern sich einfach mit dem Fasten gehen läßt, – dann die Wonne, wieder einen sauberen Hunger zu haben, an einem abendlichen Markt zu stehen und zu sehen, zu riechen, was es alles gibt auf dieser Erde: Fische, Fleisch, Äpfel, Eier, Käse aller Arten, Würste, Brot. Ein Brot essend, dann ein kaltes Schweinefleisch essend, dann einen Schnaps kippend, dann einen Apfel kauend, dann einen Kaffee trinkend, eine Zigarette rauchend – sehe ich zu, wie die Leute einkaufen! Es schneit. Eine fremde Frau und eine Bude, das wäre jetzt gut, eine Flasche guten Weines. – Stattdessen sitze ich im Theater: eine junge Frau neben mir; das Elektrische; ihre weißen Hände auf dem schwarzen Kleid, ich muß mich sehr zusammennehmen, diese Hände nicht einfach zu ergreifen, als kennen wir uns schon. Unsere Schultern berühren sich manchmal, unwillkürlich; ihr Parfüm erinnert mich, dermaßen, daß ich sie duzen könnte. Ich muß mich sehr nach der andern Seite lehnen; die Berührung, wenn sie sich bewegt, um besser zu sehen; und wenn ich ihre Wärme spüre, es ist nicht auszuhalten –. Paris ist groß, und doch: in der Metro sehe ich sie wieder, sie blickt mich an. Zufall. Ich beweise es ihr; in Saint-Michel steigt sie aus, ich fahre bis Odéon, obschon Saint-Michel auch meine Station ist. Sie ist es nicht, die ich liebe. Es schneit wieder; es ist schön, zu lieben und durch den Schnee zu gehen ... In einer Bar, stehend, obschon die Füße brennen, lese ich eine Zeitung, hoffend, daß der Krieg nicht zustande kommt; im Frühling möchte ich nach Amerika, die Erde ist noch sehr groß, im Frühling bin ich vierzigjährig.

[...]

18.12.

Stiller

In Parfümerie, um Geschenke zu besorgen. Habe mir alle Finger betupfen lassen mit Düften. Auf der Straße verfolgt er mich wie Erinnerung, Erwartung, vertrauliche Süße; ich muß nochmals die Handschuhe ausziehen, um zu schnuppern. Ein köstlicher Morgen, obzwar es grau und naß ist; erst als ich die Zeitungen lese, ist es aus mit den Düften; Amerika proklamiert den Alarmzustand. Europa vor nahen Verwicklungen.

—

Wenn du plötzlich ganz unsicher bist, so, daß du kein Wort möchtest sagen müssen, möchtest in eine Bar gehen, nehmen, was da ist ohne ein Wort, eine Note geben, damit sie X abziehen, alles ohne ein Wort – aber die Bar, der Teufel will es, ist nicht zu finden, heute nicht. Was denn? sagt die innere Stimme, warum fasten, mein Freund, warum sparen? Morgen vielleicht wird marschiert, und es reut dich, jeder Fisch à la meunière, den du nicht gegessen hat. Also hinein! Und natürlich ist es ein Restaurant, wie es reizender nicht sein könnte, aber jetzt nicht hätte sein dürfen. Dazu, sage ich mir, hast du seit einer Stunde gesucht und gespäht, um hier zu sitzen: Spiegel an allen Wänden, und wo ich hinschaue: moi-même. Das reicht für einen leichten Verfolgungswahn, ich überlasse mich der dreisten Macht der Kellner, meine einzige Waffe ist ein Wein, ein weißer, der sie und die Spiegel und den Krieg und alles in lächerliche Ferne entrückt; es bleibt meine Sole à la meunière – und das Parfüm auf meiner linken Hand ...

—

Abend: in der Opera. »Jeanne au bûcher«. Starker Eindruck; Bühnenbild mäßig. Aufführung sehr schön. Honeggers Musik finde ich großartig. Ein großer Erfolg; Claudel u. Honegger sind in der Loge, aber zeigen sich nicht.

An Herrn
Eduard F. D'Arms
Associate Director for the Humanities
The Rockefeller Foundation
49 West 49th Street
NEW YORK 20

[Dezember 1950]

Sehr geehrter Herr D'Arms!

Ich danke Ihnen nochmals für die freundliche Einladung nach Paris und für die Besprechung, die ich mir unterdessen sehr gründlich überlegt habe. Natürlich freue ich mich herzlich über die große Ehre, daß sich die Humanistische Abteilung der Rockefeller Foundation für meine zukünftige Entwicklung interessiert. In der Tat ist es so, daß eine gründliche Veränderung in meinem Leben sehr dringend geworden ist, sie muß im kommenden Jahr stattfinden. Für den Fall, daß die Rockefeller Foundation mir ein Stipendium zusprechen sollte, habe ich mir schon in unsrer Besprechung erlaubt, einen Aufenthalt in Amerika vorzuschlagen. Abgesehen davon, daß ich aus menschlichen Gründen jedenfalls Zürich für einige Zeit verlassen muß, um aus einer Stagnation herauszukommen, ist es seit zwei Jahren mein lebhafter, oft ausgesprochener, aber aus eigenen Mitteln nicht erfüllbarer Wunsch, die Vereinigten Staaten von Amerika kennenzulernen, um das europäisch-beschränkte Weltbild, das wir mit unsrer humanistischen Bildung bekommen, endlich durch eigene Anschauung zu erweitern und der Realität der heutigen Welt näherzubringen. Das ist für jeden Intellektuellen unerläßlich, nicht zuletzt gerade für den Schriftsteller. Das wäre, allgemein gesprochen, der Sinn meiner Reise. Im besonderen hätte ich im Sinn, das amerikanische Theater zu studieren, wenn immer möglich durch Mitarbeit; ich habe bereits einige persönliche Beziehungen, was mir den Einblick erleichtern würde, und es ist wahrscheinlich, daß ich während meines Aufenthaltes an der amerikanischen Adaption meines neuen Stückes »Graf Öderland« teilnehmen könnte. Das andere, was ich aus Anschauung studieren möchte, ist die amerikanische Architektur. Dabei geht es mir allerdings nicht nur darum, meine fachlichen Kenntnisse zu erweitern, sondern in erster Linie um etwas Allgemeineres, nämlich den Geist eines Landes kennenzulernen, wie er sich in einem Bereich dokumentiert, wo ich durch eigene Fachkenntnis imstande bin, ihn zu lesen. Ich habe Ihnen, durch Ihr freundliches Interesse ermuntert, mein »Tagebuch 1946-1949« überlassen; selbstverständlich würde ich dieses Tagebuch auch in Amerika fortsetzen.

Sie haben mich eingeladen, Ihnen einen ungefähren Reiseplan vorzulegen; ich gestatte mir, zusammen mit diesem Reiseplan weitere Angaben beizulegen, betreffend meine bisherige literarische und architektonische Arbeit, sowie ein paar personelle Angaben. Vielleicht ist es wichtig, zu sagen, daß ich nie einer politischen Partei angehört habe; meinen politischen Standort würde ich mit folgenden Schlagwörtern umschreiben: demokratisch, sozialistisch im humanistischen Sinn.

Wenn das Stipendium von der Rockefeller Foundation bewilligt werden sollte, wäre ich imstande, meine laufenden Verpflichtungen so zu ordnen, daß ich Zürich im April verlassen könnte; bis dahin wäre es mir auch möglich, meine englischen Sprachkenntnisse aufzufrischen.

Sehr geehrter Herr D'Arms, ich erwarte nun den Bescheid der Rockefeller Foundation, der für mich von größter Bedeutung sein könnte. Auch wenn das Stipendium nicht bewilligt wird, danke ich Ihnen von Herzen dafür, daß Sie mich vorgeschlagen haben. Wenn es aber bewilligt werden sollte, weiß ich, daß ein entscheidendes Jahr meines Lebens vor mir steht, und ich dürfte hoffen, einen Schritt weiter zu kommen.

Inzwischen verbleibe ich mit besten Grüßen
Ihr Max Frisch

Beilagen: Reiseplan, Personalien, Werkverzeichnis, Referenzen, Architekturpublikation »Letzigraben«.

An Kurt Hirschfeld

Berkeley, 15. 8. 51
Otis Street 2928 1/2

Mein lieber Hirschi!

Du wirst also Vater – meines Wissens zum ersten Mal – Du wirst mich ja nicht brauchen, um zu wissen, daß das etwas Tolles ist, herrlich und sehr seltsam. Ohne Kind kennt man nur die Hälfte unsrer wunderlichen condition humaine, glaube ich. So, lieber Freund, begrüße ich Dich herzlich unter den Vätern. Ich freue mich für Dich! Jetzt laß uns hoffen, daß alles gut geht. Ich weiß, daß Du Dich freust. Ich wünsche Euch Glück mit dem Kind.

Gestern bekam ich ein Bild meiner Familie. Du, das ist ein Gefühl, das zu nennen ich umsonst versuche: sie sind viele, Mehrzahl, nicht ohne mich und doch außer mir, ohne mich, durchaus ohne mich, jedenfalls mich überlebend, drei ganz verschiedene Wesen, ungewiß, welches an mir vorbei geht, welches etwas brauchen kann von dem, was ich zu geben imstande bin, und so weiter – ich schaue das Bild an, mitten drin meine Frau, die ich liebhabe, und doch ist es etwa so, daß es mich auch überzeugen könnte, wenn jemand käme und sagte: sie wissen nichts von dir, Max, ich habe sie gefragt, das mußt du dir eingebildet haben, aber sie lassen grüßen –

Hier, Du wirst es gehört haben, habe ich ein kleines Haus zwischen Negern und Chinesen, wunderbar allein, Arbeitszimmer mit Blick auf Wäsche, einen Garten, Eisschrank, Radio und viel Platten. Klima wie Herbst bei uns, köstlich, die Tage vergehen mir, ich weiß nicht wie. Ich arbeite nur. Dazwischen habe ich hin und wieder Gäste, sehr nette junge Menschen, Amerikaner, Studenten und Leute von jungen Theatern. Über Theater schreibe ich darum nichts, weil nichts Nennenswertes war; Gutes, ja, und viel Dilettantisches auch. Aber ich habe ja noch den Winter in New York. Uta Hagen ist in Paris. Sie kochte mir ein himmlisches Essen in ihrer himmlischen Wohnung, aber ich bin dieser Frau gegenüber immer befangen, ich könnte sie lieben, blödsinnig, doch muß ich anfangen, mit dem Einsammeln von Niederlagen etwas sorgfältig zu werden. Sonst küsse ich mich so oberflächlich durchs Land, das ja groß ist, und das ist die eine Offenbarung für mich, dieses Meer von Land, viel Wüste auch, Gestirnlandschaft, man reist so von Sonnenuntergang zu Sonnenuntergang, ich verstehe die Brüder, die da gegen Westen zogen, Gold war die Ausrede, wirklich meinten sie das ungeheuerliche Gefühl von runder Erde, deren Gast wir

Trudy Frisch mit den Kindern Peter und Ursula, um 1951

sind. Das andere: die Neger, ein Gottesdienst nur unter Negern. Ich habe versucht, es am Radio zu erzählen. Und das Dritte: die Eremitage, Begegnung mit mir, ein grobes Ding, dem man bestenfalls mit Schreiben beikommt. Ich habe hier, meine Arbeit von New York betrachtend, nochmals von vorne begonnen, was hinwiederum nicht heißt, daß ich jetzt besser schreibe, aber ich bin völlig in der Arbeit, ohne Zeit, nach San Francisco zu fahren, das keine Stadt ist, aber viele Reize hat – neben dem allgemeinen Reiz, fremd zu sein, so daß man keine Klumpen an den Füßen hat, man kann bleiben und gehen, was man auch in Zürich kann, aber ich mußte gehen, um es zu wissen.

Zuhanden Deiner Neugierde: Eva geht es gut, so wie es den sogenannt selbständigen Frauen gut geht, noch immer mit ihm (ob wir den selben meinen?), mein eigentlicher Engel in New York, aber wir werden älter, die Frauen kommen zuerst in den kühlen Schatten. Und Cleveland: zehn Tage bei Benno, der unverdrossen wuchtet, wie immer Mittelpunkt der Welt, Karamu geht es gut, aber viel Dilettantismus, finde ich, rührender Art. Natürlich läßt Dich alles grüßen, ich bin Dir auf den Spuren –

Was macht Ihr? Trudy kommt im September, dann auf nach Mexiko, hoffe ich. Grüße von mir – der Brief ist an Dich allein – Otto, Oberer, Böppli, Weber, Bischof und Vergessene – Dir, lieber Hirschi, alles Gute. Herzlich Dein

Max

Amerika, 1951

[Auszüge]

Pioniere

Viele amerikanische Erscheinungen erklären sich, wenn man sich den Pionier-Hintergrund bewußt macht. Daher wichtig die Kenntnis des Mittelwestens und des Westens. Alles von gestern auf heute gebaut. Die Pionierzeit ist überall noch spürbar. San Francisco, Oakland usw. Aus den Bedingungen des Pionierlebens dürften folgende Erscheinungen zu erklären sein: Help yourself. Es ist nicht möglich, dem andern beizustehen. Überraschung am Anfang, daß sehr freundliche Leute einem Fremden nichts abnehmen, z. B. Telefon, Adressenfinden usw. Es wird nicht »bedient«. Vorteil: auch keine Bemutterung. Der Pionier muß alles können; es genügt, wenn er es einigermaßen kann, man geht weiter, es spielt keine große Rolle, daß die Dinge lange halten und daß sie schön aussehen. Bild der Ortschaft im Westen. Das Provisorische. In der Schule werden praktische Dinge unterrichtet, jedermann muß einen Schalter reparieren können usw. Die Umgangsform des betonten Positivismus und Optimismus als eine Umgangsform der Pioniere. Man muß sich gegenseitig Mut machen; es geht nicht an, daß der andere mich mit seinen persönlichen Sorgen belastet. How are you? Fine. Das Problem der geringen menschlichen Beziehung; die Pioniere ziehen weiter, man sieht sich oft nur einmal kurz. Heute noch sehr stark alles in Bewegung, verhältnismäßig viele Ortsveränderungen innerhalb eines Lebens. Then I moved. Der Mangel an Ansässigkeit, daher auch kein Handwerk. Vorteilhaft die Beweglichkeit gegenüber materiellen Dingen, man ist bereit, alles wieder zu verlassen. Häuser nicht für die Ewigkeit gedacht, sondern wie ein Kleid zum Verbrauch. Überhaupt der Verbrauch, es wird nicht geschont. Rohstoff ist genügend vorhanden. Wenigstens bisher. Erinnerung an den Jeep-Fahrer in St. Margrethen, wie er die Benzintanks wegwarf. Im Pionierland hat man soviel Holz, als man schlagen kann; es ist keine Besorgtheit im Hinblick auf den Rohstoff, das Problem ist nur die Gewinnung. Es wird hier nicht geflickt, sondern produziert. Kapitalistische Grundlage, die ganze Wirtschaft ist nur durch laufende Produktion zu halten, daher ist der Verschleiß erwünscht. Im allgemeinen große Freigiebigkeit. Kein Geiz. Der Pionier und Nomade glaubt nicht ans Sparen. Merkwürdige Widersprüche zu der sonst deutlichen Bürgerlichkeit. Erinnerung an die Pionierzeit: der Drugstore, wo alles zu haben ist, Getränk und Werkzeug. Treffpunkt der Leute gewesen in den ersten Siedlungen.

Krieg

Gespräch mit einem Motel-Wirt in Kalifornien. Er sagt: Amerika ist für den Frieden, aber es kann sein, daß Krieg gemacht werden muß, um die Krise zu vermeiden. Als Zeichen der amerikanischen Friedensliebe erwähnt er, daß Amerika den Krieg nicht im eigenen Land wünscht. Meine Frage: Lieber in Europa? Seine unscherzhafte Entgegnung: Yes, they are used to have wars. Ich erzähle die Anekdote öfters, wobei mir in intellektuellen Kreisen versichert wird, der Mann spreche die Ansicht von einigen Millionen aus. Grundsätzlich: Die Angst vor der Krise ist größer als vor dem Krieg, wenigstens bei den mittleren und unteren Schichten, die wenig lesen. Die Depression ist für die Amerikaner eine eigene Erfahrung, die sie nicht vergessen haben. Nicht so der Krieg. Die Anzahl der Leute, die im Krieg waren, ist proportional sehr gering. Die Familien sind nicht betroffen wie in irgendeinem europäischen Land. Keine Zerstörungen im eigenen Land. Die Heimkehrer erzählen meistens nicht vom Krieg, sondern von ihren europäischen Eindrücken: Paris, Rom, Wien, Switzerland. Daher belletristische Färbung des Kriegserlebnisses. Für manche Amerikaner ist tatsächlich die Begegnung mit Europa (kulturell) ein entscheidendes Erlebnis geworden. Bekanntschaft mit einer anderen Lebensart. Die allgemein geringe Vorstellung davon, wie der Krieg aussieht, gibt der Propaganda ein leichtes Spiel. Schmucke Plakate in den Straßen: Job for a man, proudly serve, alles mit blanken, gesunden, strahlenden Gesichtern. Im allgemeinen das eindeutige Selbstbewußtsein, daß man den Krieg nur gewinnen kann. Mit wenigen Ausnahmen habe ich keine Leute getroffen, die kriegslustig waren. Viele aber halten den Krieg für unvermeidlich und für eine Angelegenheit in fernen Ländern. Korea völlig unpopulär. Bleistiftanschriften in der Subway: President Truman stop shooting in Korea, make peace my brother in Korea.

Schweizer

Es fällt mir auf, daß auch in Amerika (nicht nur wie bisher in Deutschland) die Tatsache, daß man Schweizer ist, immer besonders bemerkt wird; es folgt Lob oder auch offene Abneigung. Die Indifferenz, die ich mir wünschte, ist selten. Lob der Landschaft, der Produkte wie Uhren, Käse, Schokolade. Schon Maschinenindustrie und chemische Industrie nicht bekannt. Kulturell kaum gefragt; Erscheinungen wie Arthur Honegger, C. G. Jung, Frank Martin, Karl Barth werden nicht als Schweizer realisiert. Was wird von der Schweiz aus dagegen getan? Persönliche Erfahrung: Stelle mich vor auf Schweizer Gesandtschaft in New York, Dr. Gygax und Dr. Pestalozzi. Es erfolgt überhaupt nichts, weder eine Einladung in den Schweizer Club noch eine persönliche Einladung zu einem Lunch.

Sehr häufig Ausdrücke der Antipathie gegenüber der Schweiz, die man in Empfang zu nehmen hat. Zum Beispiel amerikanische Schriftstellerin: Die Schweiz ist übersauber, sehr an Geld interessiert, die Leute sind dem Amerikaner gegenüber devot. Andere: Die Schweiz hat ein gutes Geschäft im Krieg gemacht. Mein Widerspruch dagegen. Ein Junge in New Orleans: Die Schweiz ist die einzige wahre Demokratie, weil keine Diskrimination. Weil keine Neger! Es ärgert mich immer wieder, daß wir auf die Touristenherrlichkeit unseres Landes hin angesprochen werden, gelobt für Landschaft, im Grunde nicht voll genommen. Vor allem aber immer mit einer besonderen Beachtung der Nation betrachtet, Erinnerungen an schöne Ferientage und GI-Fun. Im Ganzen kennt man von den Qualitäten, die uns wichtig scheinen, so gut wie nichts. Wir werden sehr viel geringer eingeschätzt, als wir es aus dem Spiegel unserer Presse anzunehmen gewohnt sind.

Allgemeines

Quantität. Die Quantität spielt eine entscheidende Rolle. Quantität als Maß der Dinge. Beispielsweise bei Sightseeing. Über Architektur: wie lang, wie breit, wie viel gekostet. Dazu der Superlativ: one of the longest X in the world. Es wird nie von der Qualität gesprochen. Die Lust am Superlativ geht bis ins Komische: world's biggest little town (Reno). Dadurch, daß alles sich auf die ganze Welt bezieht, bekommt es oft etwas merkwürdig Provinzielles, Enttäuschung, daß die Welt nichts anderes übrig hat, als was man hier sieht. Die Sucht, sich in Superlativen auszudrücken oder in gesteigerten Ausdrücken, findet sich auch in der Umgangssprache. The nicest wine I ever had. Was man nicht mag: I hate it, nämlich einen vollen Aschenbecher. Das letztere erklärbar aus der Gefühlsarmut, übertriebene Betonung der Gefühlsurteile.

Das Heimweh nach Historie. Es genügt, daß ein Gebäude sehr alt ist, nämlich 50 oder 80 Jahre, um daraus einen point of interest zu machen, unabhängig davon, ob es als Architektur belanglos oder geradezu schlecht ist. Selbst Leute von Niveau betonen: it is really old. Der Mangel an Historie als Quelle eines allgemeinen Unsicherheitsgefühls. Ich weiß nicht, woher ich komme. Dazu das Minderwertigkeitsgefühl des Parvenu. Es äußert sich teilweise im Wettstreit: der Amerikaner, der mir die Lichter am Times Square zeigt und mich fragt, ob das nicht mehr Leben sei als die Champs-Elysées, dabei kommt er von Paris. Der Hinblick auf Paris. Eine andere Äußerung von diesem Minderwertigkeitsgefühl ist die erwähnte Sucht nach dem Superlativ: man muß immer an der Spitze sein, und wenn es auf die belangloseste Art ist. Das wunde Verhältnis zu Europa, Haßliebe gegen die Väter, vergleiche das Buch »Die Amerikaner«. Das Parvenuhafte auch in Umgangsformen, Staiger berichtet von einer Party in New York: Brötchenessen mit Glacéhandschuhen. In diesem Zusammenhang die sehr verbreitete Gehässigkeit gegenüber den Engländern bezüglich Sprache und Lebensart. Hier wird betont, daß man unformell ist, was teilweise gar nicht stimmt. Sehr formelle Wichtigkeiten, weißes Hemd etc. Bei Intellektuellen ist das Verhältnis zu Europa meistens gelöster, man blickt nach Europa, bewundert, lernt, ohne deswegen das eigene Selbstbewußtsein aufzugeben. Bei Künstlern, vor allem bei den ganz kleinen, viel Nachahmung. Die Boheme spielt Paris, Village, etwas originaler in Santa Fe.

Das heilige Tier der Amerikaner, das nicht gestört werden darf: der Halbwüchsige. Er darf pfeifen und tun, was ihn lockt, wird nicht zurechtgewiesen, damit keine Frustration eintritt. Beispiel bei Verebes. Wir wollen uns ernsthaft unterhalten, was aber nicht möglich ist, weil der Bub vor der Television sitzt, es ist nicht möglich, ihm das zu verbieten oder auch nur anzuordnen, daß er leiser stellt. Die Hemmungslosigkeit der Jungen, trotzdem sehr viel Frustration bei den Erwachsenen. Was stimmt nicht? Positive Seite, Besuch bei Marshall, wir sprechen über die UNESCO, ein 14jähriger Junge sitzt dabei, der bisher ein Autoheft studiert hat, plötzlich aber am Gespräch teilnimmt: in my opinion. Dabei sehr kluge Fragen, die das Gespräch nicht stören. Vor allem aber, Mr. Marshall wird nicht ungeduldig, sondern unterrichtet den Jungen ohne jede Herablassung. Der junge Mensch ist gleichwertig und hat ein Recht, sich zu äußern ohne Angst vor Autorität.

Glossen zum amerikanischen Theater

Zu den großen, den wirklichen und vor allem in der Erinnerung fruchtbaren Sensationen, die Amerika uns zu bieten hat, gehört das Theater nicht, selbst wenn man ein Mann des Theaters ist. Anderseits ist ein Theater ja aufschlußreich, auch wenn es sich seiner Aufgabe entzieht, dann eben als Spiegel einer Gesellschaft, die sich im Spiegel zu sehen nicht erträgt, zumindest nicht wünscht, sondern sich ins ENTERTAINMENT flüchtet: »dem Vorhaben des Schauspiels entgegen, dessen Zweck immer war und ist, der Natur gleichsam den Spiegel vorzuhalten, der Tugend ihr eigenes Bild, dem Laster seine eigenen Züge, und dem Jahrhundert und Körper der Zeit den Abdruck seiner Gestalt zu zeigen ...«

Doch damit sei noch keineswegs gesagt, daß das amerikanische Theater, so weit ich es im Laufe eines Jahres angetroffen habe, sich seiner Aufgabe, wie Shakespeare sie umschrieben hat, mehr entziehe als das europäische; nur daß jene Ausflucht, das ENTERTAINMENT, etwa in deutschem Sprachraum nicht mit Tingeltangel und Reißern geliefert wird, sondern mit Klassikern, mit dem bildungsspießerischen Genuß wohl-mißverstandener und dadurch verharmloster Klassiker.

Beginnen wir mit Broadway – so wie er sich von außen zeigt: Glimmer von rollenden oder zuckenden Schriften in der Nacht, eine Orgie von Klimbim nicht ohne farblichen Reiz; zwischen den Wolkenkratzern, deren weißlich und gelblich glimmende Raster von abertausend Fenstern sich in die Nebel verlieren, stöbert der Schnee aus rötlicher Nacht; Ströme von Autos, Gedränge von Leuten auf einem schmalen Trottoir, denn »Broadway« ist nicht wörtlich zu nehmen, Gedränge auch drinnen, denn die Broadway-Theater sind durchwegs veraltete Architektur, teilweise mit jenem Bombast von Plüsch und Trompetengold, der an das verstaubte Theater eines Kleinstädtchens erinnert; das Publikum, das sich meist Wochen im voraus zu diesem Abend hat entschließen müssen, sitzt mit Mänteln und Hüten auf den Knien ...

Was werden wir auf der Bühne sehen?

Eine amerikanische Autorin, deren Stück demnächst am Broadway gespielt wird, fragte mich einmal, ob wir in Europa auch Jahre lang laufen und reden müssen, um einen Geschäftsmann zu finden, der seine 50'000 Dollar auf unser Stück setzt, um damit eine Million zu machen, wenn nicht alles zu verlieren. Drei volle Jahre, versicherte die glückhafte Autorin, hätte sie nichts als verhandelt und wieder verhandelt, bis sie endlich ihren Bankier gefunden hat, der das Stück zwar völlig mißversteht – sonst müßte er es nämlich eher bekämpfen – als erfahrener Geschäftsmann aber darauf setzt, daß das Publikum nicht klüger ist als er, und im übrigen, nachdem er ihr Stück käuflich erworben hat, keine Hemmung haben wird, das für den Erfolg nötige Mißverständnis durch einige Striche und Änderungen sicherzustellen. Es kommt ja vor, daß ein Stück, obzwar noch stets unter dem Namen seines glückhaften Autors, plötzlich mit dem Gegenteil endet; der Selbstmörder, nachdem sein Schicksal irgendwo in der Provinz erprobt wurde, verzichtet am Broadway plötzlich auf seinen Selbstmord, um den Erfolg zu retten. Entscheidend ist ja nicht der Dichter, seine Aussage, sein Erlebnis von der Welt, seine Gesinnung; entscheidend (für den Bankier) ist das Bedürfnis des Publikums, des Käufers, was begreiflich ist. Wer von uns, Hand aufs Herz, gibt 50'000 Dollar für die Gesinnung eines andern? Begreiflich auch, daß auf dieser Basis – die Bühne als Lotterie der großen Finanziers – nie ein wirkliches Theater zu schaffen ist, und wenn sich noch so beträchtliche Talente auf diese Bühne stellen, es wird immer nur eine Prostitution des Theaters sein, das liegt nun einmal auf der Hand, sichtbarer als die Prostitution auf den Straßen.

»THINGS ARE NOT GOOD!«

Unter diesem Titel schrieb Brooks Atkinson, der führende Kritiker im amerikanischen Theater, einen kleinen bemerkenswerten Artikel in der *New York Times*, Dezember 1951, beginnend mit der unverblümten Feststellung, daß das Theater in New York, also in der Metropole jenes Westens, der die christlich-humanistische Kultur zu verteidigen gedenkt, dem geistigen Nullpunkt näher sei denn je. Und Widerspruch erfolgte nicht. Als Grund dafür nennt Atkinson erstens die immer gigantischeren Kosten einer Aufführung, die heute 40'000 bis 70'000 Dollar verschlingt, bevor der Vorhang aufgeht. – Betrachten wir einen Augenblick diese wirtschaftliche Seite. Für jedes Stück ist aufs neue eine Truppe zu schaffen, sozusagen eine Firma zu gründen, ein kostspieliger Star zu engagieren, dazu ein Regisseur, ein ganzer Stab von Leuten; dann ein Theaterhaus zu mieten, was über alle Maße teuer ist, denn ein veraltetes Gesetz der Feuerpolizei verbietet, daß über einem Theater irgendwelche Räume gebaut werden, nicht einmal Büros, nicht einmal Lagerräume, obschon all dies technisch zu lösen wäre; der Bodenpreis am Broadway ist natürlich gewaltig, dementsprechend die Miete für das niedrige Theater, das dafür allein aufzukommen hat. Hinzu kommt das Diktat der Gewerkschaften, die beispielsweise erreichen, daß die Beleuchtung, das Kostspielige an der Bühne, von jedem neuen Mieter neuerdings erstellt werden muß. Trudi Schoop, die schweizerische Tänzerin, erzählte uns, wie sie einmal auf eine große Bühne kam, feststellte, daß die beiden Flügel viel zu weit auseinander standen, was trotz ihrem Flehen nicht zu ändern war; die anwesenden Arbeiter hatten keine gewerkschaftliche Erlaubnis, Flügel zu schieben, und als die verzagte Künstlerin selber Hand anlegen wollte, erfuhr sie, daß die Gewerkschaft auch dies nicht erlaubte; es blieb nichts anderes übrig, als in letzter Stunde zu ändern: Musik auf einem einzigen Flügel. Oder Piscator: Um freier zu sein, wollte man sich die hohen Löhne sparen, indem man selbst die Kulissen schob, doch die diesbezügliche Gewerkschaft gestattet das nur unter der Bedingung, daß man die Löhne für ihre Arbeiter, die man nicht einstellt, trotzdem bezahlt. Die Kosten sind nicht zu umgehen. Und daß es unter diesem finanziellen Einsatz einfach unmöglich wird, Experimente zu wagen, ja auch nur ein Stück aufzuführen, das von einem kleineren Teil des Publikums verlangt wird, versteht sich von selbst. Wer aber, und wäre er in seinem Geschäftssinn noch so frivol, kann errechnen, was die Masse verlangt? Ich habe Stücke gesehen, die trotz vollkommener Servilität gegenüber dem Publikum, dem Götzen des Broadway, am dritten Abend lautlos versanken, lautlos in einem Verlust von 50'000 Dollar. Und anderseits kann es sich ereignen, daß ein T.S. Eliot, kraft eines mystischen Grundes, das geschäftliche Rennen macht. *»Showbusiness is no business!«* heißt ein Buch. Nicht Geschäft, sondern Lotterie, »gambling«, wobei sich diese Spielhölle nur die ganz Reichen leisten können, und damit kommen wir schon zum anderen Grund, warum das Broadway kein wirkliches Theater sein kann – Theater als geistiges Forum – Brooks Atkinson nennt es ganz klar: die Zensur. Wer hat schon Lust, in Washington antreten und beweisen zu müssen, daß er nichts von Marxismus versteht? Etliche helfen sich dort, indem sie frühere Freunde preisgeben, und tatsächlich nimmt die Ketzerjagd immer größeren Umfang an, dementsprechend auch die Angst, die so manchen schweigsam macht, der nie ein Kommunist gewesen ist. Wenn es beispielsweise so weit ist, daß ein Schriftsteller allein dadurch, daß er in Opposition steht zu seiner Umwelt, Gefahr läuft, als Kommunist verdächtigt und sterilisiert zu werden, wie soll das Theater seinen klassischen Zweck erfüllen, der Zeit ihren Spiegel vorzuhalten, der Tugend ihre eignen Züge, der Schmach ihr eigenes Bild? Nicht nur müßte Shakespeare nach Washington; er käme auch nicht wieder frei. Brooks Atkinson schreibt in der *New York Times*: In der Bevormundung der Künstler habe Amerika nachgerade die Sowjetunion erreicht. Mutatis mutandis! möchte man immerhin sagen. Noch geht es nicht um Einlieferung in ein Lager, bloß um den Verlust des »job«, und das Zittern ist schon groß genug. Und die Zensur ist noch nicht Gesetz, im Gegenteil, Verletzung der großen Verfassung, sozusagen eine Inquisition aus privater Initiative, ihre vorläufige Waffe ist der geschäftliche Boykott. Sie trifft den Stückeschreiber mehr als den Romancier, der keinen Bankier braucht, um an die Öffentlichkeit zu gelangen, und die Schauspieler nur, wenn sie zum Talent auch noch das Bedürfnis haben, mit ihrem Talent etwas auszusagen. Das große Publikum aber spürt die Inquisition nur mittelbar, nur als Ausfall großer Kräfte, die es gestern noch bewunderte, oder überhaupt nicht –

Denn was will das große Publikum?

Wer nichts wüßte von der großen Angst auch in Amerika, Angst vor der Leere, Angst vor dem Denken, Angst vor der Langeweile mehr als Angst vor der Bombe, die man ja in der Hand hat, Angst, die den meisten kaum bewußt ist, man müßte sie erraten, wenn man die Broadway-Spielpläne des vergangenen Winters liest: die fast gänzliche Vermeidung von Werken, die Angst erregen könnten, indem sie die menschliche Existenz als möglicherweise tragisch darstellen, und leider ist es nun ein großer Teil der großen Dichtung, der dadurch, daß der Zuschauer keinesfalls über sich selbst erschrecken möchte, in Ausfall kommt. Es war nicht immer so. In Zeiten der Wohlfahrt, der Angstlosigkeit also, wo man keine Krise und keinen Krieg fürchtete, gab es ja ein Publikum, das die Tragödien von O'Neill bewunderte. O'Neill, Klassiker der amerikanischen Dramatik, ist heute kein Erfolg. Und noch vor zwei Jahren war es möglich, daß Arthur Miller sich mit seinem Stück durchsetzte, obzwar es durchaus »depressing« war. »Depressing« und »morbid«, zwei Wörter, die immer wieder zu hören sind im Sinne literarischer Verurteilung! Einmal unterhielt ich mich lange mit einer Dame aus guter Gesellschaft, die T. S. Eliot ablehnte, nicht weil er ein Snob sei, sondern weil er seine Figuren (THE COCKTAIL PARTY) in Probleme dränge, die sich einem gesunden Menschen nicht stellen, also »morbid«; ihr Gatte, der im Stab von Senator Taft arbeitet, saß als wortlos gelassenes Beispiel eines gesunden Menschen daneben, und ich hörte erst später, daß er einen Viertel jedes Jahres in einer Trinkerheilstätte verbringt. »Depressing«, in der Terminologie dieser Gesunden, wäre natürlich auch jedes Stück, das die lastende Frage von Krieg und Frieden auf die Bühne zu stellen wagte; tatsächlich gab es am Broadway 1951/52 nicht ein einziges Stück, sei es ein altes oder neues, ein amerikanisches oder ein fremdes (zum Beispiel Giraudoux LA GUERRE DE TROIE N'AURA PAS LIEU), einfach keines, das zu der Weltsorge etwas zu sagen auch nur versucht hätte. Dafür Soldatenschwänke mit großem Erfolg, Uniformen voll jenes gesunden Humors, dessen wir bedürfen, um uns von der feierlichen Warnung eines Albert Einstein, den Atomkrieg betreffend, nicht deprimieren zu lassen. Der Realismus, dessen das amerikanische Theater sich rühmen darf inbezug auf seine Darsteller, neutralisiert sich auf Schlafzimmerkomödien, ohne auch dort die wirklichen Nöte zu zeigen, auf die Gartenlaubennöte verhinderter Mädchen, wenn es hoch kommt, wie bei Tennessee Williams, einem zweifellos poetischen Talent. Die große Satire, der Aristophanes, der seine Polis durch ihr eigenes Gelächter weckt, fehlt auch – wie sie allerdings auch im alten Athen zu fehlen begann, als die Demokratie schwand.

THINGS ARE NOT GOOD.

Doch der Broadway ist noch nicht Amerika.

–

Arthur Miller, von den glorreichen Autoren der einzige, dem ich persönlich zu begegnen die Gelegenheit hatte, wohnt drüben in Brooklyn, wo er als Sohn jüdischer Kleinbürger aufgewachsen ist, heute in einem schönen, nicht zu großen, doch eleganten Haus, elegant ohne die Atmosphäre persönlichen Geschmackes. Man denkt an einen glücklichen Mann, der etwas plötzlich das große Los gewonnen hat; was darüber hinaus weist, sind drei wunderbare Blätter von Picasso, ferner ein Schrank mit Grammo-Platten: Bach, Mozart, Beethoven, Brahms, Debussy, Strawinsky, Honegger. Es ist ein säuberlich geräumter Salon ohne Bücher, ausgenommen ein dickes Werk, das unzufällig-würdig auf dem marmornen Cheminee steht: A TREASURY OF THEATER, von Aeschylos bis Arthur Miller. Und am andern Ende des marmornen Cheminees steht das andere Buch, das in diesem Salon zu sehen ist, in edles Leder gebunden mit Goldschrift: DEATH OF A SALESMAN. Kurz darauf kam Arthur Miller selbst, der mich versehentlich in Manhattan gesucht hatte, ein großer und hagerer Mann von 36 Jahren, der sich sogleich im offenen Mantel niedersetzt, einen Drink nimmt, bevor er den Mantel in die Halle hängt, schlaksig in seiner Bewegung, jungenhaft wie ein sieghafter und etwas müder Sportler, der beide Beine von sich streckt, ungezwungen im Gespräch und von jener flinken Offenheit so mancher Amerikaner, die wir so leicht für Freundschaftlichkeit halten. Überzeugt, daß Miller im Laufe der letzten drei Jahre genug über sein erfolgreiches Stück vernommen haben dürfte, zog ich das Gespräch auf andere Gebiete, Mexiko zum Beispiel, wobei ich vernehme, daß Miller einmal auch ein Stück über Cortez und Montezuma geschrieben hat, nicht aufzuführen, da es zuviele Bühnenbilder erheischt. Ein Gespräch, obzwar noch ein interessantes Ehepaar hinzu kam, wurde es nicht, Miller ist offensichtlich daran gewöhnt, Audienzen geben zu müssen, so daß er die andern Menschen wesentlich als seine Interviewer betrachtet. Notiert habe ich lediglich seinen Ausspruch: »Da heutzutage niemand so gute Stücke schreibt wie ich.« Und trotzdem möchte ich nicht in seiner Haut sein; Selbstbewußtsein, wunderbar, und warum dürfte das Selbstbewußtsein [in] der schöpferischen Phase nicht maßlos sein? Hier aber das Selbstbewußtsein eines Gewinners, dahinter die Angst: Wie wiederhole ich meinen Treffer? Der große Tagesruhm als ein menschliches Problem, man spürt es schon daran, daß es immer wieder Arthur Miller selbst ist, der den »Tod eines Handelsreisenden« in die Unterhaltung ruft. In der Halle draußen, beim Verabschieden, weist er auf Haufen von Post, Geschiebe des Ruhms, Leute drohen mit dem Gashahn, wenn man ihnen nicht tausend Dollar schicke, und Miller lacht, erzählt noch andere Schnurren aus der Zeit seines Erfolges, der nun zwei Jahre zurückliegt; Miller kommt nicht davon los, scheint es, er besetzt ihn wie andere ein Weltkriegserlebnis ... Ich erwähne diese Begegnung, weil sie zeigt: Nicht einmal für die wenigen, die das große Los ziehen, ist der Broadway ein menschlicher und künstlerischer Segen, ganz zu schweigen von den Hunderten und Tausenden, die ihr ganzes Leben verkrampfen in der Hoffnung, so glücklich zu werden wie Arthur Miller.

–

Was gibt es außerhalb des Broadway?

O'Neill, zum Beispiel, startete anders. Nicht das Geschäft-Theater, sondern eine freie Truppe, die *Provincetown Players*, trugen ihn zu seinem Ruhm. Truppen dieser Art gibt es auch heute, leider nur selten wirklich qualifiziert; denn ihr nobler Vorsatz, Kunst zu machen ohne die Kaufleute, endet oft genug damit, daß ihrer einer, der durch Talent auffällt, vom Broadway oder von Hollywood mit einer Summe gekauft wird, der zu widerstehen nur einem Fanatiker gelänge, und die Amerikaner sind selten fanatisch, was anderswo auch ihre Tugend ausmacht. Jedenfalls sterben solche Gruppen immer wieder, verschlungen vom Sog des Broadway, den sie bekämpfen wollen. Was geschehen müßte, wissen viele; doch wie verwirklicht man es? Die sogenannte *ANTA (American National Theater and Academy)* ist eine Institution, die ihre hochlöblichen Ziele, Amerika sein lebendiges Theater zu geben, meines Erachtens deswegen nie erreichen wird, weil sie den Broadway bekämpfen will durch Wettstreit auf der Basis des Broadway; die Donquixoterie des guten Willens, es wäre schade, wenn es sie nicht gäbe. Andere setzen ihre Hoffnung auf das *New Dramatists Committee*, das eben jetzt, unterstützt von Elinor Morgenthau und Rockefeller Stiftung, mit einer Studio-Bühne begonnen hat: in einem Saal ohne ansteigende Bestuhlung, so daß die Gewerkschaft es nicht als Theater bezeichnen kann. Ohne Kostüm und Bühnenbild, aufgeführt von freiwilligen Schauspielern, die nur vor einem geladenen Publikum spielen, sollen neue Stücke sozusagen auf einen Prüfstand kommen. Wo, wenn nicht an solcher Stelle, dürfen wir hoffen, dem schöpferischen Experiment zu begegnen, kennenzulernen, was die jungen amerikanischen Talente beschäftigt? Was ich sah, bestätigte allerdings die Mitteilungen, die mir ein anderer amerikanischer Kritiker von Rang, John Gassner, früher schon in Gesprächen gemacht hatte: Hunderte von Stücken bekomme er, sagte Gassner, viel technische Geschicklichkeit, doch nicht eines, das etwas auszusagen versuchte; die jungen Autoren scheinen ihm bedrängt von einem Verlangen nur, einen Broadway-Hit zu machen. Auf der Karte, die das erwähnte Studio-Theater uns in die Hand drückt, steht denn auch als erste, offensichtlich wichtigste Frage: Glauben Sie, daß dieses Stück viele oder nur wenige Arten von Leuten interessiert? Das ist die Frage schon eines Geschäftsmannes, nicht eines Dichters, scheint mir, der zuerst einmal auszudrücken versucht, was ihn bedrängt, und dann wissen will, ob er sich jemandem hat mitteilen können und wem? Hier fragen sie ausschließlich nach der Masse, die ihre Ware kaufen wird; nur die große Masse macht reich; eine andere Art von Erfolg, eine geistige, scheint diese Kollegen nicht einmal zu locken. Einer sagte mir wörtlich:

»Ich verstehe nicht, was Sie gegen den gesunden Profitsinn des Schriftstellers haben; hat nicht auch ein Shakespeare in erster Linie (in erster Linie!) seine Werke geschrieben, um Geld zu machen?«

Ich verstummte ein wenig.

»Wollen Sie denn keinen Erfolg?« fragte er.

»Schon.«

»Wenn Sie nicht bringen«, fuhr er überlegen fort, »was das große Publikum wünscht, werden Sie nie einen großen Erfolg haben –.«

–

Und doch gibt es auch andere.

In San Francisco, Sommer 1951, befreundete ich mich mit einem jungen Theater, das dort in einem hölzernen Gebäude, äußerlich nicht von anderen Hafenbauten zu unterscheiden, beispielhafte Arbeit leistet. Hervorgegangen aus einem Lager amerikanischer Kriegsdienstverweigerer, später natürlich um das weibliche Element erweitert, haben diese *Interplayers*, wie sie sich nennen, jenes Entscheidende, was so vielen Theatern in Amerika wie bei uns fehlt: eine gesinnungshafte, über das Theater hinaus geistig-wollende Gemeinschaft nicht im Dienste einer Partei, aber einer weltanschaulichen Haltung. Gespielt wird zweimal die Woche, Freitag und Samstag, verdient überhaupt nichts; die Einnahmen zahlen gerade das Material für Kostüm und Szenerie, dazu die bescheidene Miete, und natürlich müssen alle, um leben zu können, tagsüber einen »job« haben. Einer zum Beispiel, Regisseur mit Master-degree in Literatur, arbeitet von vier Uhr morgens bis Mittag in einer Bäckerei. Im Haushalt des Theaters hat jedermann sein außerkünstlerisches Amt: Rollen tippen, Bühne fegen, Kostüme nähen, Kulissen schreinern, und einer druckt graphisch reizvolle Programme mit der Handpresse. Im Vorraum hängen Blätter von Beckmann. Die Wahl der Stücke erfolgt durch gemeinsame Beratung. Probenzeit: acht bis zwölf Wochen. Gespielt werden: Gertrude Stein, T. S. Eliot, Tschechow, Ibsen, Shaw, García Lorca, Giraudoux, Christopher Fry und so weiter. Daß sie hiefür die Aufführungsrechte bekommen, wäre freilich noch kein Beweis für ihr darstellerisches Niveau, das höchst anständig ist; San Francisco, inbegriffen Oakland und Berkeley mit seinen zehntausend Studenten, zählt über anderthalb Millionen Einwohner, in diesem ganzen Umkreis gibt es noch andere solche Truppen, aber kein einziges professionelles Theater, das auch nur daran denkt, ihnen diese Literatur streitig zu machen. Und die Wirkung? Wenn es ein Erfolg ist, geht ein Stück etwa zehnmal über die kleine Bühne, jedesmal vor zweihundert oder auch nur hundert Zuschauern, und sonst kräht kein Hahn danach, ja, sie könnten die Ermordung von Truman spielen, die Bürger von San Francisco würden es nie erfahren. Es sind Pioniere, eine zweite Schicht der Pioniere, die durch einsame Wüsten nicht mehr nach außen, sondern nach innen vorstoßen, eine Jugend, die mit jenem alten Amerika, wo der Dollar das Maß aller Dinge ist, nichts mehr zu tun haben wollen, und wie ihre Vorfahren sind auch sie vollkommen gewiß, daß ihnen die Zukunft gehören wird, sogar etwas selbstgewiß.

–

Ob, in Hinsicht auf die Zukunft, das amerikanische College-Theater eine förderliche Sache ist, wage ich nicht zu entscheiden. Das Wenige, was ich selbst gesehen habe, war eine Sorte von Dilettantismus, dessen geflissentliche Verbreitung über einen ganzen Kontinent eher erschreckend, scheint mir, als wünschenswert ist. Kein Zweifel, daß Theaterspielen stets ein großartiges Erziehungsmittel ist, Enthemmung der Person, Erweckung von Selbstvertrauen und so weiter. Für die Kunst hingegen sind die College-Theater, deren es einige hundert gibt, eher eine Folter, die alle paar Semester mit neuen Anfängern aufs neue anfängt, und wie mögen die studentischen Zuschauer, denen meistens jeder Maßstab fehlt, zu ihrem offenbarenden Theater-Erlebnis kommen, wenn König Lear etwa von einem einundzwanzigjährigen Mediziner agiert wird? Dilettantismus als schlichte Liebhaberei, die ihren endgültigen Abstand von wirklicher Künstlerschaft kennt, ja, aber hier gedeiht so leicht jenes ahnungslose Selbstgenügen: Ich bin doch gesund, also kann ich alles, auch Kunst. Wem ist damit gedient? Ein anderer Aspekt: Das College-Theater, wirtschaftlich in Freiheit, wäre somit imstande zu spielen, was sich bloß geistig rentiert, und also für die amerikanischen Autoren die ersehnte Stätte, das Laboratorium moderner Dramatik. Was wird auf diesen technisch oft großartigen Bühnen gespielt? Echo vom fernen Broadway, im großen ganzen gesprochen; dazu die Stücke von eigenen Studenten, die im Stückeschreiben unterrichtet werden. Was schon ein Autor ist, wird auch kaum eine große Lockung verspüren, sein Werk zum ersten Mal in einem College-Theater zu sehen, gespielt von ungenügenden Darstellern; was kann es ihm künstlerisch bedeuten? Nun sagt man mir freilich, es gebe zuweilen großartige Aufführungen, was in Anbetracht dessen, daß selbst im Begabungsfall immer Anfänger spielen, einem Wunder gleichkäme; doch wollen wir es glauben …

–

Zurzeit ist in Amerika viel die Rede von dem sogenannten Arena-Theater oder Theater in the Round, wo die Zuschauer rings um die Spielfläche sitzen, die, im Gegensatz etwa zu einem Boxring, nicht überhöht ist, also rampenlos und ohne Vorhang, als Bühne ausgezeichnet einzig und allein durch die Beleuchtung; das ganze stets in einem intimen Ausmaß, was der Sache ihren wesentlichen Reiz gibt, insofern ähnlich dem sogenannten Zimmertheater, wie sie in Deutschland nach dem Krieg entstanden. Übrigens entstand es auch hier vorerst aus wirtschaftlichen Gründen: kein Bühnenbild, ein gewöhnlicher Saal genügt, keine Arbeiter und somit nicht die Last gewerkschaftlicher Forderungen, insofern eine sehr löbliche Sache, indem sie den Little Theaters wirtschaftlich die Existenz erleichtert. Daß man im Arena-Theater nichts weniger als eine Offenbarung sehen will, die einzig wahre Form überhaupt, die Geburt des modernen Theaters und so weiter, halte ich für ein modisches Gerede, dem unsere lebendige Erfahrung widerspricht; das Intime, gewiß, es ist ein großartig empfindlicher Prüfstand für den Schauspieler, wie man es aus dem Zimmer-Theater weiß, aber für niemand ist es ein Segen, daß das Publikum rundum sitzt mit seinen verschränkten Beinen und erhellten Gesichtern, so daß wir den Darsteller nie vor einem leeren klaren Hintergrund sehen, ganz zu schweigen davon, daß nun die Spielfläche in sich selbst keine Richtung mehr hat – die Theater der Antike, die ja auch keine Guckkastenbühnen waren, hatten nicht umsonst eine Scena, eine dritte Seite ohne Publikum; ein Theater mag noch so intim sein, rampenlos und ohne Vorhang, es kann nicht darauf verzichten, eine räumliche Richtung zu haben, sonst erleben wir es denn wie in jeder Arena-Aufführung, daß die Regie aus völlig äußerlicher Ursache, oft dem Anliegen der Darstellung zuwider, die Schauspieler hin und her bewegt, bloß damit das Publikum wenigstens ab und zu ihre Gesichter sieht und etwas bekommt für sein Geld.

–

Negertheater – eine meiner großen Erwartungen! – ist überraschenderweise kaum zu finden. Es gibt ein sehr interessantes Unternehmen in Cleveland: Karamu, was ein afrikanisches Wort ist und heißt: Ort der Versammlung und Erbauung. Aber eine Gründung der Weißen, was diesen Weißen zwar zum Lobe gereicht, ist es eine einzigartige und bedeutende Ermunterung für die Neger, ihr eigenes Theater zu gründen, aber noch nicht dieses Theater. Tatsächlich hat der Neger, auf seinem Weg zur Gleichberechtigung, nirgends ein so offenes Tor wie in der Kunst. Warum nutzt er es kaum hinsichtlich des Theaters? Ich sah eine Gruppe in Harlem, genug um zu wissen, was man schon weiß: wieviel die Schauspielkunst von den Negern zu erwarten hat. Und trotzdem gibt es zurzeit kein Theater der Neger: – weil sie als Publikum nicht hingehen, sagt mir ein zuständiger Neger, denn ihre Mehrzahl will ja nicht Neger sein; ihr Minderwertigkeitsgefühl drängt sie, wenn sie es sich leisten können, in das Theater der Weißen, das heißt Broadway und Broadway-Trabanten.

–

Anläßlich eines Treffens in Chicago, veranstaltet von der Rockefeller Stiftung, machte ich eine aufschlußreiche Bekanntschaft mit sieben jüngeren amerikanischen Autoren. Wie steht es um das amerikanische Theater? war das Thema der Konferenz. Und wenn es nicht zum besten steht: Was ist zu tun? – Nach unsrer europäischen Meinung gibt es wohl nur ein Instrument, das sich als tauglich erwiesen hat: das Repertoire-Theater, das Ensemble-Theater. Seine Vorzüge, ganz kurz summiert: ein literarisches Experiment, das zu einem Mißerfolg wird, bedeutet noch nicht den Bankrott des Theaters, da es seinen Haushalt durch das Repertoire ausgleichen kann; das Repertoire-Theater, im Gegensatz zum Broadway, kann sich ein Wagnis leisten. Im Gegensatz zum College-Theater, das man im großen ganzen als dilettantisch bezeichnen muß, bietet es dem neuen Stück eher eine taugliche Aufführung, so daß wir das Stück beurteilen mögen. Ferner hat ja das Repertoire-Theater meistens ein Stammpublikum, womit es sich die unfruchtbaren Summen für große Reklame erspart; [es] braucht nicht einen Star bloß für Reklame, so daß es eher ein gutes Ensemble bieten kann. Und

Anläßlich eines Empfanges des Karamu-Theaters, Cleveland/Ohio, 1951

so weiter! – Ich verschwieg nicht, daß die meisten europäischen Repertoire-Theater, um ihre Aufgabe besser erfüllen zu können, eine staatliche oder andere Subvention genießen, und hier klafften unsere Meinungen nun rettungslos auseinander.

»Dieser Gedanke«, sagte ein ernsthafter Kollege im Namen aller andern, »ist uns vollkommen zuwider, er verträgt sich nicht mit unserer amerikanischen Überzeugung: Was gesund und wertvoll ist, macht sich selbst bezahlt.«

Wievieles unter diesem Grundsatz nie hätte geschrieben und komponiert und gemalt werden können, was wir so zu den Schätzen der westlichen Kultur zählen, ist nicht abzusehen, ganz zu schweigen davon, daß etwa Philosophie, die ja auch an amerikanischen Universitäten unterrichtet wird, nicht rentiert und [auch] andere Wissenschaften nicht immer zu verkäuflichen Ergebnissen kommen ... Wissenschaft, sagte man mir, das ist etwas anderes! Und damit kamen wir schon zu einem nächsten Punkt, der meines Erachtens unsere Wege trennt: Kunst als ENTERTAINMENT, Unterhaltung, Geschäft mit Unterhaltung, wobei Unterhaltung nicht gemeint ist als wesentliche Unterscheidung gegenüber Kunst, sondern alles umfaßt von Shakespeare bis Hammerstein, Theater sozusagen als eine Art von Bar, wo man sich durch Berauschung erholt, diese Auffassung scheint in Amerika doch verwurzelter zu sein, als ich aus Protest gegen das Klischee vermutete. Selbst unter Künstlern ist es vorderhand noch eine Minderzahl, die ganz frei davon ist; mit vielen, denen es nicht an bewundernswertem Talent fehlt, werden wir uns daher nie ganz verständigen können. Was soll Theater anderes sein als ENTERTAINMENT? Wie so manches in der amerikanischen Denkart (leider begnügt sich der Europäer, da sie ihn befremdet, allzu leicht mit arroganten Verurteilungen, getreu dem klassischen Unfug, daß man, was fremd bleibt, als barbarisch bezeichnet) erläutert sich wohl auch diese Haltung zur Kunst mindestens teilweise aus der Tatsache, daß Amerika noch bis gestern ein Kontinent der Pioniere gewesen ist, jener Leute also, die vorerst einmal anderes zu erledigen hatten, Straßen bauen und Wüsten bewässern, eine Welt des homo faber, der am Feierabend vielleicht noch einem Dudelsack oder einer Gitarre zuhört: zur Unterhaltung; ernsthaft aber ist der Bau der benötigten Brücken, das Züchten der Pferde, das Roden des Urwalds. Und wenn sie auch heute meistens keine Pioniere mehr sind, sondern bürgerliche Herren, etwas davon bleibt als Reminiszenz: Wieviele amerikanische Männer, um männlich zu sein, überlassen es ihren Damen, über Bücher und Gemälde zu plaudern! Das Pioniertum des letzten Jahrhunderts, die zivilisatorische Erschließung des Kontinents war eine gigantische Leistung, wovon sich heutzutage auch das etwas arrogante Europa ernährt, und die neue Generation, die darüber hinaus vorstoßen kann zur kulturellen Erschließung, zur Eroberung der großen Muße als Voraussetzung einer Kunst, die über das Feierabend-ENTERTAINMENT in der Prärie hinausgeht, diese Generation ist ja eben erst angetreten. Wir haben keinen Grund anzunehmen, daß sie, die Söhne, ihrer nächsten Aufgabe, so verschieden von der Aufgabe ihrer großen Vorfahren, nicht gewachsen sein werden – auch keinen Grund zu übersehen, daß es heute noch nicht vollbracht ist. Ansätze sind allenthalben vorhanden und deutlich genug, uns im übrigen ahnen zu lassen, daß Amerika, trotz seiner wirtschaftlichen und politischen Bevaterung unsres armen Europa, als Kultur sich von der europäischen Bemutterung befreit und uns immer fremder sein wird, je gültiger es sich selbst verwirklicht.

(Zürich, Mai 1952)

An Brigitte Horney

17. 11. 52

Meine liebe Biggy!

Dein Schweigen – hoffentlich bedeutet es nur, daß Du irrsinnig glücklich bist. Ich habe keine Ahnung, wo ich Dich zu denken habe, Central Park South oder in einer eignen Wohnung oder in Tahiti – oder tauchst Du plötzlich hier auf, wenn ich in der Kronenhalle hocke, Wein in meine Leere schütte? Bald bist Du ein volles Jahr drüben. Ein halbes Jahr ist es her, seit ich Dich sah: auf der Liberté ...

Ich habe dir neulich meinen *»Don Juan«* geschickt und deiner lieben Mutter endlich den *»Bin«*, hoffentlich ist es angekommen. Mein Stück ist noch immer nicht ganz fertig, obschon ich seit dem Waverly Place viel dran gearbeitet habe. Vor zwei Wochen boten wir es den Bühnen an, sie haben diesmal sehr geschnappt; bekommen hat es Gründgens, der es inszenieren will, eine Nasenlänge vor Barlog und Schweikart, worauf die beiden letzteren natürlich gekränkt und vorläufig stolzeshalber nicht mehr interessiert sind. Zürich hat (ich mußte ja wohl unter dem bekannten Fluch, ein anständiger Kerl sein zu wollen) die gleichzeitige Uraufführung, will es aber nur mit Quadflieg machen, der erst im März kommt und in Hamburg schimpft, daß er es nicht in Hamburg machen kann, weil Gründgens es nicht machen darf, bevor Zürich seinen Quadflieg hat – dabei brauche ich Geld, Geld, Geld!

Wenn Du je nach Europa kommst – mich wundert ja, wie Du es empfinden wirst! Ich mache jetzt einen kleinen Vortrag am Radio:

»Unsere Arroganz gegenüber Amerika«. Damit weißt Du schon, was mich hier besonders ärgert, und unsere Deutschen sind ja in dieser Richtung ganz groß; wieviele schon traf ich, die sich rundheraus wundern, daß man es in Amerika freiwillig ein Jahr lang aushält, warten drauf, daß ich Amerika ihrem ebenso herablassenden wie fertigen Urteil entsprechend darstelle, was ich unterlasse. Leider habt Ihr sehr verkehrt gewählt, das muß ich unter vier Augen schon sagen, es ist ein Jammer, aber nicht der einzige. Zürich ist tot, auch das unter vier Augen gesagt –

Aber was machst Du? Ich möchte es schon wissen. Was arbeitest Du? Meinetwegen mußt Du nicht arbeiten, Biggy, aber ich weiß, Du wirst, Du mußt. Was? Wo? Wie? Im Schauspielhaus war ich erst zwei Mal, schön ist der O'Casey (*»The Silver Tassie«*), schön ist die violette Dämmerung über dem See (ohne Wildenten) und den verschneiten Hügeln. Ach, ich sehe, höre, schmecke so genau den Dezember in Manhatten, ich vergesse nicht das Schreckliche der vielen leeren Abende, wenn ich es in meinem Zimmer nicht aushielt, irgendwohin fuhr mit der Subway – ich weiß, wie froh ich war, als Du mich an Weihnachten zum ersten Mal nach Rye eingeladen hast! Frage mich nicht, wieviel von den Einsichten, die nicht mehr zu vermeiden waren, ich in die Tat umgesetzt habe –.

Laß von Dir hören, liebe Biggy, ich hoffe Dich wohlauf und froh und erfüllt.

Mit vielen lieben Grüßen von Deinem
Max

Sechstes Kapitel:

Ich habe meinen Stier – er oder ich!

Zu Stiller und Homo faber

Aus einem Brief an Helga Roloff, 15. August 1951:

Der Roman (er wird immer kleiner, wenn er nicht ganz verreckt) hat vier Gestalten, die, je mehr ich sie entfremde, meine segensreichen Gefährten werden: zwei Männer, zwei Frauen; ein Mann der Tat, Manntier, Arzt, und ein Träumer, Halbkünstler, Mann der Angst und Ahnung, gewissenskrank; eine Frau, die unmittelbar zu leben unternimmt, Schranken überschreitet, und eine andere, spinnenhafte, lungenkranke, die stirbt – ihre Verflechtungen, die Bedingtheit ihrer Verbindungen, eines verheirateten und eines unverheirateten Paares, das Kreuz und Quer der Beziehungen und Bindungen in einer (erfundenen) Story darzustellen, dafür verwende ich dieses Jahr, um in einem Beispiel zu sagen, was ich so dringend gerne sagen möchte, um mir klarer zu werden. Ob es gelingt, weiß ich natürlich noch lange nicht, obschon die Story im ganzen steht; ich weiß nur, daß ich keine andere Aufgabe zu suchen habe, ich habe meinen Stier – er oder ich! – zuweilen verwundet er mich wacker, aber auch er hat schon ein paar Banderillas im Nacken, und vorläufig ist mir das Publikum sehr gleichgültig.

Was sollte ich anderes tun?

Aus Montreux während der Arbeit an »Stiller«, 24. März 1954 (Ansichtskartensammlung der Mutter Lina Frisch)

Territet / Montreux, Hotel Mont Fleuri, 11. 3. 54

Lieber verehrter Peter Suhrkamp!

Ich nehme an, Sie befinden sich in der Erholung, die Sie, als wir uns im Januar sahen, vorgesehen haben; hoffe, daß es Ihnen da wohlergehe.

Ich bin seit zwei Wochen am Genfersee, um alles loszuhaben, was mich stört, und zu arbeiten. Es ist großartig, allein zu sein, selbst in einem sehr hotelmäßigen Hotelzimmer; aber mit kleinem Balkönlein, Blick auf weiten Genfersee, mit Zeit ohne Störungen irgendeiner Art. Ich arbeite sehr viel, bin sehr glücklich dabei. Bei aller bewußten Vorsicht: Ich glaube, es gelingt mir vieles. Die Frisch-Mängel werden nie fehlen, aber ich bin dort, wo es mich bewegt, und ich freue mich, daß vieles ein heiteres Gesicht bekommt. Oder täusche ich mich auch darin? Mich belustigt, was ich jetzt schreibe, gerade weil es nahe an der Zone ist, wo es mich würgt. Ich bin jetzt so weit, daß (ohne jedes Bedürfnis nach Überstürzung) das Manuskript erster Fassung etwa auf April oder Mai soweit fertig wird, um es Ihnen vorlegen zu können. Umfang etwa wie das Tagebuch. Mehr zu sagen hat jetzt wenig Sinn. Ich bin gespannt, wie es Ihnen damit ergehen wird. Ich bleibe hier bis Anfang April, dann nach Zürich zurück; meine Frau fährt dann nach Griechenland mit ihren Eltern. Der zweite Wettbewerb brachte einen Ankauf von 3000 Fr. Gottlob. – Ich wünsche Ihnen, Sie genießen diesen März so wie ich.

Herzlich Ihr Max Frisch

Oberiberg, Schwyz, 30. Juni 54

Lieber verehrter Peter Suhrkamp!

Ich danke Ihnen noch einmal für unser Gespräch über Stiller. Es hat mir viel und wichtigen Anstoß gegeben. Ich brauche ja Anstoß, allein komme ich nie hindurch, nicht einmal zu dem mir möglichen Punkt. Das ist das Übel all meiner Arbeiten, Sie wissen's, irgendwo vor dem erstrebten Gipfel lasse ich mich nieder, raste, vergesse, erspare mir den Rest. (Genau so, natürlich, im Menschlichen!) Nun also, ich bin hier in großer Bauernstube allein, klösterlich, draußen viel Regen und Nebel, aber Kachelofen im Zimmer, Küche mit Arbeit zur Abwechslung. Die Tage sind lang, wunderbar lang; kein Gespräch, das unterbricht. Leider muß ich am 10. Juli raus. Ich habe viel gearbeitet, nicht rauschhaft, eher angestrengt, aber gut, glaube ich, vor allem auf die zwei Punkte hin, die in unserem Gespräch für mich am wichtigsten geworden sind. Ich habe jetzt das schwerste, den neuen Schluß, entworfen. Mit dem andern Tod. Sie haben recht, es zeigte sich beim Arbeiten; hier geht's weiter und zur Sache. Die kleinere Sache, die Kriminal-Realität der Haft, habe ich als erstes in Arbeit genommen; sie läßt sich lösen. Dazu kommt anderes: die für mein Gefühl so notwendige Verdeutlichung der Sinn-Linie schon in den ersten Teilen, einiges fällt weg, Neues kommt hinzu. Wichtig vor allem ist mir der Schluß. Ich werde meine Klausur hier darauf verwenden, den neuen Entwurf davon ins Reine zu bringen. Dann, zuhause, Revision der Sibyllen-Geschichte. Sie bekommen das Manuskript auf Ende Monat. Dies ohne hysterische Hast. Sie haben recht: entweder jetzt oder in Jahren.

Ich bin froh und grüße Sie in herzlicher Dankbarkeit

Ihr Max Frisch

PS. Die restlichen Manuskripte sind angekommen, trotz schofler Verpackung unbeschädigt, ich habe über den Packer geflucht, drei Ecken standen nackt heraus, schimpfen Sie. Es war schluderig.

Ich bin nicht Stiller ! - Tag für Tag, seit meiner Einlieferung in dieses Gefängnis, das noch zu beschreiben sein wird, sage ich es, schwöre ich es und fordere Whisky, ansonst ich jede Aussage verweigere. Denn ohne Whisky, ich hab's ja erfahren, bin ich nicht mich selbst, sondern neige dazu, ~~einexRoll~~ allen guten Einflüssen zu erliegen und eine Rolle zu spielen, die ihnen so passen möchte, aber ~~leider~~ nichts mit mir zu tun hat, überhaupt nichts, und da es jetzt in meiner unsinnigen Lage (sie halten mich für einen verschollenen Bürger ihres Städtchens, den sie seit sechs Jahren suchen) einzig und allein darum geht, niemand anders zu sein als der Mensch, der ich/leider bin, in Wahrheit und ~~mich~~ auf der Hut zu sein gegenüber allen ihren Versuchen, mich in eine fremde Haut zu stecken, werde ich nicht aufhören nach Whisky zu schreien, so oft sich jemand meiner Zelle nähert. Es braucht nicht die allerste Marke zu sein, habe ich schon vor Tagen gemeldet, immerhin eine trinkbare, andernfalls können sie mich verhören, wie sie wollen, es wird nichts dabei herauskommen, zumindest nichts Wahres. Vergeblich ! Heute geben sie mir dieses Heft voll leerer Blätter: Ich soll mein Leben niederschreiben ! - wohl um zu beweisen, dass eines habe, ein anderes als das Leben ihres verschollenen Herrn Stiller.

ras

"---

~~(Paricutin)~~ ALBUM.

PS.

Ich habe meinen Verteidiger um Lieferung eines neuen Heftes ersucht, da dieses bald vollgeschrieben sein wird. Mein Fleiss freut ihn./Seine Hoffnung, dass er dieses Heft bald zu sehen bekomme/und alsdann mein Leben sozusagen in seiner Aktentasche ~~habe, macht mir Sorge.~~ stecken ~~und nach Hause tragen~~ könne, macht mir Sorge.

darin

Noch hab ihn nicht lesen ~~lassen, sondern nur die Blätter~~ ~~vor ihm~~ rauschen lassen, und

II.

Mein Verteidiger, nachdem er heute in meinen Aufzeichnungen hat ~~blättern~~ dürfen, scheint enttäuscht zu sein. Was hat er erwartet ? Ich sah nur sein zunehmendes Kopfschütteln. Er steckte das Heft nicht einmal in seine Mappe. Er könne nur mit der Wahrheit etwas anfangen -

Ich protokolliere dennoch weiter.

111
222

Julika....

erklärt
gerade zu empört ~~sagte~~ er mir,

Faksimile der ersten Seite des Typoskripts von »Stiller«

»Cortez und Montezuma«, ein verworfenes Kapitel aus dem »Stiller«, geschrieben ca. 1951:

Cortez und Montezuma –

Ich sehe (auch wenn es meinen Verteidiger gar nicht interessiert) drei spanische Segelschiffe, die gen Westen fahren; sie kommen von Cuba, und man weiß, daß Cuba nur eine Insel ist, eine große, doch nicht das feste Land des neuen Erdteils, der da gegen Westen noch immer im blauen Dunst der Gerüchte liegt. Einer ist vor kurzem in Yucatan gelandet, hat Wilde getroffen, etwas Perlen und Edelsteine getauscht und sich wieder eingeschifft; es war ihm nicht geheuer. Die Stürme auf dem Golf von Mexiko sind heute noch gefürchtet; ein solcher Sturm genügt, die drei Segelschiffe aus der geplanten Richtung (auf Yucatan hin) abzutreiben, und als sie endlich landen, weiß niemand, wo auf Erden man ist. Ihr Führer, Hernán Cortez, ist ein spanischer Edelmann von vierunddreißig Jahren, der bisher nichts geleistet hat außer Heiratsschwindel, Flucht aus spanischen Gefängnissen und barock-kapitalistische Ausbeutung auf Cuba, ausgefahren mit diesen drei Schiffen, die er aus seinem persönlichen Vermögen gerüstet hat, ausgefahren gegen den Willen seines Gouverneurs, dessen Auftrag ihn ermuntert, doch nicht befriedigt. Kurz nach seiner Landung, 1519, hört er als erster Abendländer von einem märchenhaften Kaiser namens Montezuma, von einem Reich, wovon die Verwalter dieser Erde, die Beamten des lieben Gottes, Papst und Kaiser Karl der Fünfte (ich sehe ihn blaß, wie Tizian ihn gemalt hat) nicht eine blasse Ahnung haben. Was tun? Handel zu treiben, wie es sich für einen Christen ziemt, und die Andersgläubigen übers Ohr zu hauen, dann wieder heimzusegeln mit Schätzen, das ist ihm zu langweilig, dem Heiratsschwindler und Boten wahren Glaubens. Ohne jede Vorstellung, wie groß und wie mächtig das märchenhafte Reich ist, läßt er Herrn Montezuma (so nennt ihn Cortez in seinen Briefen an Karl den Fünften) unverzüglich über die Berge hinweg wissen, daß es hienieden nur einen einzigen Kaiser gebe, nämlich Seine Katholische Majestät, die ihn, Hernán Cortez, geschickt habe, die Unterwerfung jedes anderen Kaisers freundlich entgegen zu nehmen. An der fremden Küste eine erste Siedlung zu gründen, Vera Cruz, Stadt des wahren Kreuzes, das ist kein letztes Ziel für einen spanischen Abenteurer, nur ein frommer Zeitvertreib, bis Herr Montezuma endlich seine Boten schickt. Das Land scheint wirklich ein Paradies zu sein, nur leider sehr bevölkert; Herr Montezuma, den es offenbar tatsächlich gibt, läßt den weißen Fremdling wissen, er unterwerfe sich dem göttlichen Kaiser jenseits des Meeres, verbitte sich indessen jeden

Cortez und Montezuma -

Ich sehe (auch wenn es meinen Verteidiger gar nicht interessiert) drei spanische Segelschiffe, die gen Westen fahren; sie kommen von Cuba, und man weiss, dass Cuba nur eine Insel ist, eine grosse, doch nicht das feste Land des neuen Erdteils, der da gegen Westen noch immer im blauen Dunst der Gerüchte liegt. Einer ist vor kurzem in Yucatan gelandet, hat Wilde getroffen, etwas Perlen und Edelsteine getauscht und sich wieder eingeschifft; es war ihm nicht geheuer. Die Stürme auf dem Golf von Mexico sind heute noch gefürchtet; ein solcher Sturm genügt, die drei Segelschiffe aus der geplanten Richtung (auf Yucatan hin) abzutreiben, und als sie endlich landen, weiss niemand, wo auf Erden man ist. Ihr Führer, Harnan Cortez, ist ein spanischer Edelmann von vierunddreissig Jahren, der bisher nichts geleistet hat ausser Heiratsschwindel, Flucht aus spanischen Gefängnissen und barock-kapitalistische Ausbeutung auf Cuba, ausgefahren mit diesen drei Schiffen, die er aus seinem persönlichen Vermögen gerüstet hat, ausgefahren gegen den Willen seines Gouverneurs, dessen Auftrag ihn ermuntert, doch nicht befriedigt. Kurz nach seiner Landung, 1519, hört er als erster Abendländer von einem märchenhaften Kaiser namens Montezuma, von einem Reich, wovon die Verwalter dieser Erde, die Beamten des lieben Gottes, Papst und Kaiser Karl der Fünfte (ich sehe ihn blass, wie Tizian ihn gemalt hat) nicht eine blasse Ahnung haben. Was tun ? Handel zu

Typoskript »Cortez und Montezuma«, geschrieben ca. 1951, erste Seite

näheren Besuch, und zum Zeichen, daß er zu jedem Untertanenzins bereit ist, sendet er Geschenke von unwahrscheinlichem Reichtum, Gold in Mengen, die Cortez, diesen Boten wahren Glaubens, vollends reizen, das fremde Reich zu erobern. Es kommt zu den ersten Gefechten, Tausende von indianischen Pfeilen schwirren auf sie, um ihnen die Abenteuerlichkeit ihres Vorhabens klar zu machen, den Wahnwitz, die Küste mehr und mehr zu verlassen auf die Gefahr hin, daß ihnen der Rückzug abgeschnitten wird. Seine Gefährten fordern die Umkehr; heim nach Spanien oder wenigstens nach Cuba. Was tun? Noch weiß niemand in der Welt von diesem indianischen Kaiserreich, niemand außer Cortez; er begreift seine einmalige Chance, geht hin und verbrennt insgeheim seine eigenen Schiffe. Jetzt bleibt ihnen nichts anderes als der Mut ins Ungewisse, der Marsch in das goldene oder tödliche Geheimnis jenseits der Berge. Und dieser Marsch, der die Geschichte der Menschheit für immer verändert, wird angetreten mit dreihundertfünfzig Mann, mit dreizehn Pferden, mit vierzig Armbrusten, mit sechzehn Hakenbüchsen, mit sechs kleinen Mörsern, mit einem begrenzten Vorrat an Blei und Pulver – und mit Marina, einem indianischen Mädchen, das in der Umarmung mit Cortez so viel Spanisch erlernt, daß es die Dolmetscherin wird zwischen zwei Kontinenten, zwischen zwei Kulturen, wovon die eine an der andern verbluten soll –.

All dies interessiert meinen Verteidiger nicht.

Dabei hatten diese Indianer, wie Cortez selbst berichtet, Zustände einer tatsächlichen Demokratie, die ihn vor Neid und Scham erröten lassen müßten, meinen Verteidiger meine ich; in Tlaskala beispielsweise, so berichtet Cortez, hat jeder Bauer sein eigenes Gut, und ihr Regiment scheint ihm ähnlich zu sein wie in den Freistaaten von Venedig, Genua und Pisa, indem sie nämlich keinen König haben, vielmehr einen hohen Rat von mehreren Männern, die zusammen kommen, um Beschlüsse zu fassen. Dabei verblüfft es den Spanier sehr, daß es in einem solchen Land, wiewohl es keinen König hat, nach festen und strengen Gesetzen geht und daß es Gerichte gibt, damit das Böse bestraft werde. Ein Indianer hat einem spanischen Soldaten etwas gestohlen; gar eilig haben sie den Dieb verfolgt, so berichtet Cortez, und mit viel Fleiß gesucht und nicht geruht, als bis sie ihn ergriffen. Er mußte das Gestohlene zurückgeben an die Spanier, alsdann führte ein indianischer Henker ihn auf den Markt, allwo sein Verbrechen laut ausgerufen wurde und allwo sie den Dieb mit einem schweren Holzhammer so lange auf das Haupt schlugen, bis er sichtbarlich den Geist aufgab –.

All dies, wie gesagt, interessiert meinen Verteidiger nicht, mich aber sehr, insbesondere die Frage, wieso ein riesengroßes und dazu kriegerisches und in seiner Art gerüstetes Reich, angegriffen von einigen Abenteurern, hat untergehen können. Sie kannten das Pferd nicht, die Indianer, und der Eindruck war gewaltig, mag sein, nicht bloß der erste Eindruck; auch in Europa machte es ja Jahrhunderte lang Eindruck, wenn einer vom hohen Roß herunter blickte. Hatten die Spanier gelegentlich einen Gefallenen, verbargen sie ihn sorgsam; die Indianer sollten nicht merken, daß auch die Spanier, die Herrscher über die Welt, sterbliche Menschen sind. Und dazu der Blitz aus den sechzehn Hakenbüchsen, der Rauch aus den sechs kleinen Mörsern: das stank nach Schwefel, das erinnerte sehr an Vulkane, welche die Indianer, Gott weiß mit Recht, seit Jahrtausenden fürchteten. Die Ahnung von magischen Kräften, die der Indianer in so viel höherem Maße besaß als der Abendländer, schlug ihn selbst, nicht den Feind, den man dank jenes Gestankes, der an die Schrecken der Vulkane erinnerte, als Herrscher über Blitz und Donner erlebte. Und in der Tat, die Spanier waren die Techniker. Wie schofel ihre Ausrüstung auch sein mochte, sie waren die Techniker. Keine der indianischen Kulturen, weder die Inka noch die Maya noch die Azteken, kannten auch nur das Rad. Heute noch sind die Indios vollkommen atechnisch; ihre Töpferei arbeitet ohne Drehscheibe, und in die Stadt kommen sie nicht mit Karren, sondern in einem seltsam trabenden Laufschritt, den sie über dreißig und vierzig Kilometer durchhalten, und mit einer Stafette solcher Läufer bekam Montezuma, heißt es, seine frischen Fische aus dem Golf von Mexiko, also über einen Weg von vierhundert Kilometern und über einen Paß von dreitausend Metern. Und dabei, versteht sich, waren sie alles andere als primitiv; Albrecht Dürer, als er in Brüssel die ersten Beutestücke erblickte, staunte vor soviel Künstlerschaft und schrieb, er habe all sein Lebtag nichts gesehen, was sein Herz so erfreut habe wie diese Goldschmiederei, er verwundere sich ob der subtilen Ingenia der Menschen in fremden Landen ... Ein andrer Grund, warum Cortez vorwärts kam: Der Kaiser der Azteken, die im dreizehnten Jahrhundert eine andere indianische Kultur ihrerseits vernichtet hatten, war als Herrscher natürlicherweise bei den unterjochten Stämmen verhaßt, und Cortez fand die klassische Chance des Eroberers, die Uneinigkeit der Bedrohten, die vor familiärem Mißvergnügen blind sind für die eigentliche Gefahr. In der Tat, wie hätte man die Indianer vernichten können ohne die Hilfe der Indianer? Die Fünfte Kolonne, welche die Spanier begleitete, wuchs in die Zehntausende. Doch all dies hätte nicht genügt. Unsere Abendländer wären rettungslos und restlos niedergemetzelt worden, hätten nicht Montezuma und das ganze Volk der Azteken an einem schicksalhaften Handicap gelitten, eben an jener subtilen Ingenia, wie Albrecht Dürer es nannte; es war ihre klassische Sage, daß sie ein Gott, Quetzalcoatl mit Namen, aus unbekannter Fremde hieher geführt habe. Später aber habe dieser Gott, enttäuscht über sein Volk, wie es Götter ja so gerne sind, sie verlassen: in Richtung gen Osten und mit der ausdrücklichen Drohung, daß seine Nachkommen dereinst wiederkehren werden, um dieses Land in Besitz zu nehmen. Eine Sage voll seltsamer Anklänge: der Gott, der sein Volk in ein gelobtes Land führt, der Gott, der sich von seinem Volk verraten fühlt, und das Heil aus dem Osten, die Wiederkehr des Messias; solche Reden empfingen den christlichen Cortez. Daß hinter jenem Mythos eine ferne Erinnerung steht, ist anzunehmen, Erinnerung an die Vorfahren, die Urväter des amerikanischen Menschen, die aus Asien kamen, wie man heute annimmt, über das Eis der Beringstraße, Horden mongolischer Jäger. Zumindest hatten die Azteken, im Gegensatz zu den Abendländern, eine lebendige Ahnung davon, daß sie nicht die einzigen Menschen auf dieser Erde waren. Dazu hatten sie das lastende Gefühl, ihren Sonnengott verraten zu haben, und er war nicht zu trösten mit Tausenden von Herzen, die sie aus lebendigen Menschen schnitten, es blieb ihnen ein Gefühl der Schuld, eine religiöse Angst, die mit kriegerischer Rüstung nicht zu tilgen war, Schwermut, die bis zum Lebenshaß ging, ein Gefühl des Fluches, eine Erwartung des großen Gerichts. Besser hätte es Cortez nicht treffen können. Und dazu war seine Haut so weiß, ein Nachkomme des Sonnengottes! Was seine kindische Begierde, die Welt zu besitzen, und seine Sucht nach Gold zwar nie befriedigen konnte, aber was er suchte und nie erreicht hätte mit seinen Pferden und seinen Mörsern, die er mit messianischer Rücksichtslosigkeit abfeuerte, das verdankte er dem aztekischen Zweifel und der aztekischen Angst, daß er wirklich der erwartete Messias sein könnte. Nicht immer knieten sie vor ihrem Schlächter, aber immer wieder, bis er die Hauptstadt erreichte. Montezuma war kein Greis, sondern ein Mann von vierzig Jahren, umgeben von hunderttausend indianischen Kriegern, die schußbereit waren; er kapitulierte nicht vor den christlichen Gewehren, sondern vor der Suggestion, daß es das Schicksal sei. Montezuma als Feigling zu sehen, als Waschlappen, das bringt uns um den Sinn der ganzen Historie, um die Tragödie, die das historische Beispiel überdauert: – heute ist es die Tragödie des spirituellen Europa.

Doch all dies interessiert meinen Verteidiger nicht.

Der Popocatepetl, der Rauchende Berg, hat trotz seiner sechstausend Meter tatsächlich eine Ähnlichkeit mit den Hügeln bei Davos, nicht eben in der Form, da der Popocatepetl ja ein Vulkan ist, also ein Zelt, ein weißes Zelt unter blauem Himmel; doch die Vegetation, die man dort auf viertausend Metern findet, erinnert durchaus an die Blumen, die würzigen Gräser und Wäldchen bei Davos oder umgekehrt ... Ich werde es nie vergessen, das Gewit-

Popocatepetl. Zweite Reise nach Mexiko, 16. Juli 1956 (Ansichtskartensammlung der Mutter Lina Frisch)

ter da oben auf der Wasserscheide zwischen zwei Weltmeeren; ostwärts die rote Ebene von Cholula in der Sonne, die glastige Bläue der Tropen, während es da oben über den Schneefeldern blitzte und donnerte, und westwärts wieder die Sonne, eine Garbe von bronzenen Strahlen, die das grüne Hochland von Mexiko erleuchteten, ein Hochland voll Äcker und Dörfer und lieblicher Wälder, umringt von alten und lange erloschenen Vulkanen, eine Form von Gebirge, die an Zeltlager erinnert, und dahinter wieder Gewölke, die schon über dem Stillen Ozean hingen, es war schön, zum Jubeln schön, obzwar man der Höhe wegen fast wie ein Greis zu schnaufen hatte. An dieser Stelle hatte Cortez zum ersten Mal sein märchenhaftes Ziel erblickt. Wennschon er nicht genau wußte, was ein Vulkan ist, zögerte Cortez nicht, eine Gruppe von zehn Männern hinauf zu schicken; erstens hatte Karl der Fünfte in Spanien, Seine Katholische Majestät, doch wohl ein heiliges Recht zu erfahren, warum dieser Berg so rauchte und polterte, und zweitens mußte den Indianern gezeigt werden, daß es platterdings nichts gibt, wovor ein Spanier sich fürchtet. Die zehn Männer erreichten den Gipfel nicht ganz, da sie vor Feuer und Asche, heißt es, nichts mehr sehen konnten; immerhin brachten sie einen großen Eiszapfen herunter. Andere Beweise seiner Unwiderstehlichkeit, die Cortez zu liefern hatte, waren nicht minder kühn, doch blutiger. Kurz davor war es das Blutbad von Cholula gewesen. Dort nämlich graute es den Spaniern plötzlich, Gast zu sein in einer Stadt von dreißigtausend Indianern, die Cortez zwar als Gottesboten empfangen hatten, ja als Gott persönlich; was aber, wenn sie seine Menschlichkeit witterten? Also ließ Cortez die indianischen Häuptlinge zu sich kommen, versperrte die Türen, so daß sie gefangen waren, und schoß unterdessen in die führerlose Menge, tötete etwa sechstausend Menschen, um die Ehrfurcht, die er zum weiteren Vormarsch benötigte, wieder sicherzustellen. Das Christentum hatte keinen leichten Vormarsch auf Erden. Übrigens wurde der Popocatepetl, der Rauchende Berg, wenig später doch bestiegen; ein spanischer Edelmann ließ sich in einem Korb hinunter in den rauchenden Krater, um Schwefel zu gewinnen für Schießpulver. Und dann – (ich sitze in meiner Zelle, Blick gegen die Mauer, und sehe es wie einen Film auf der weißen Fläche eben dieser Mauer) – dann: Cortez zieht in die indianische Kaiserstadt ein. Er reitet. Herr Montezuma ist ihm zu Fuß entgegengekommen. Das ist auf dem Damm, der Tenochtitlan, die Kaiserstadt, mit dem Festland verbindet. Cortez schwingt sich von seinem Pferd, geht dem indianischen Kaiser entgegen und will ihn umarmen, wird aber von einem indianischen Prinzen, der sofort dazwischen tritt, daran gehindert. Cortez ist nicht beleidigt, scheint es; Gold und Edelsteine vertrösten ihn sofort, und Herr Montezuma führt ihn in die Stadt, die zuvor noch kein Weißer gesehen oder auch nur erahnt, geschweige denn betreten hat. Es drängt sich in den Straßen, es jubelt und dröhnt, wie es bei solchen Anlässen noch heute geschieht; die Spanier winken. Man überläßt ihnen einen fürstlichen Palast. Was nun? Sie genießen es. Was weiter? Nach wenigen Tagen schon steht Cortez am Fenster, die Fäuste in den Hosentaschen, und beißt sich die Lippen; dann wieder geht er in seinen girrenden Stiefeln auf und ab. Was erbittert ihn? Die indianischen Geschenke betrachtend, die sich von Tag zu Tag häufen, kratzt er sich an seinem unbeugsamen Nacken. Wie soll das weitergehen? Die Spanier sind Gäste, kaiserlich bewirtet in einer fremden Stadt, die rings von Wasser umgeben ist, und wenn Herr Montezuma bloß auf die Idee kommt, die Dämme niederzureißen, so sind die Spanier in einer Weise verloren, daß von ihnen nicht einmal ein Gedächtnis übrigbleibt. Vertrauen? Herr Montezuma tut alles, damit der weiße Gast sich wohlfühlt, und überschüttet ihn mit immer märchenhafteren Geschenken. Wo aber bleibt der Sieg? Immer wieder steht Cortez am Fenster, schaut auf die fremde Stadt voller Pracht, voller Tempel, voller Paläste, voller Architektur, voller Sitten und Bräuche, voller Kultur. Das hat der Spanier nicht erwartet. Überhaupt die ganze Lebensart, die diese Wilden haben, ihre Würde im Umgang, ihre Gastfreundschaft, das kann man Seiner Katholischen Majestät nicht antun. Cortez greift zur Klingel, ruft seine Offziere, die trunken sind von Blumen und Mädchen und Gold. Cortez empfängt sie mit der Miene eines unerbittlichen Kreuzritters. Amigos! sagt er: Unsere Lage ist ernst; wir leben hier auf Gnade oder Ungnade, was sich für Christen nicht ziemt, Herr Montezuma beschenkt uns jeden Tag, bloß damit wir unsere Mörser nicht abfeuern, und kurz und gut, so kann das nicht weitergehen! Einige unter den Offizieren, die durchaus die Gefährlichkeit ihrer Lage begreifen, machen den Vorschlag, die indianische Kaiserstadt bei Nacht zu verlassen, bevor es zu spät ist. Cortez ist dagegen. Das würde aussehen, als hätten die Spanier plötzlich Angst, und wenn die Indianer das wittern, meint Cortez mit Verstand, würden die paar Spanier sofort verfolgt, aufgerieben, bevor sie das Meer erreichen. Cortez sieht ein einziges Mittel: angreifen, gerade weil man unterlegen ist, und das heißt im genaueren, daß man Herrn Montezuma, ihren Gastgeber, sofort verhaften und zum Gefangenen machen muß. Und so geschieht es. Der indianische Kaiser, als Cortez ihn am andern Morgen besucht, ist liebenswürdig und höflich und ehrfurchtsvoll wie je. Als neues Geschenk bietet er dem göttlichen Gast sogar seine eigene Tochter an. Cortez lehnt ab, da er verheiratet sei irgendwo auf Haiti und da seine Religion, die wahre Religion, eine vielseitige Ehe nicht gestatte. Marina, seine indianische Mätresse, übersetzt. Überhaupt die Religion! Cortez empört sich über gewisse aztekische Sitten, insbesondere über die Menschenopfer, die Seine Katholische Majestät, die drüben in Spanien unterdessen einer lodernden Inquisition beiwohnt, unter keinen Umständen dulden könne. Herr Montezuma hört zu, ohne aufzubrausen, und möchte nur daran erinnern, daß Cortez, der Gesandte jenes christlichen Kaisers, ebenfalls schon einige tausend Indianer habe schlachten lassen. Das Gespräch wird peinlich. Unterdessen haben sich die Amigos in den Palast geschlichen, mit verborgenen Waffen wohl gerüstet, und als Cortez das vereinbarte Schneuzen hört, hat er keine Lust mehr, Religion zu unterrichten. Herr Montezuma, sagt er, Sie sind verhaftet! Eine Begründung läßt sich finden: geheime Verschwörung mit indianischen Fürsten, um die Spanier zu vernichten. Herr Montezuma ist außer sich und beteuert mit Hilfe der Dolmetscherin, nichts Derartiges geplant zu haben, ja, zum Beweis dafür verzichtet er sogar in diesem Augenblick darauf, seine Übermacht einzusetzen, welche die dreisten Spanier auf der Stelle wirklich vernichten könnte. Offenbar ist Cortez wirklich gerührt, wie arglos diese Wilden sind, und befleißt sich, der Verhaftung wenigstens eine gesellschaftliche Form zu geben; nämlich Herr Montezuma, Kaiser der Azteken, soll sich in den Palast seiner Gäste begeben und zwar freiwillig, um seinem Volk zu zeigen, daß er wirklich nichts gegen die Spanier hat. Jeder weitere Wortwechsel verstummt vor den blanken Degen.

Herr Montezuma folgt den Spaniern tatsächlich in den Palast, den er ihnen vor einigen Tagen geschenkt hat. Hofft er, nicht sterben zu müssen? Das Volk der Azteken, wie es seinen Kaiser auf diesem unbegreiflichen Weg sieht, ist äußerst erregt, verwirrt, empört, und die geschmeidigen Bogen sind zu Tausenden gespannt, um auf die fremden Frevler niederzuprasseln; ein einziges Wort von Montezuma, ein Geständnis, daß er zu diesem Gang gezwungen wird, und die Pfeile rauschten wie ein tropischer Regen! Der Kaiser schweigt. Warum? Er hat sich dem Fremden unterworfen, sei es aus Angst um sein Leben, sei es, weil er in diesen Fremden immer wieder das versprochene Schicksal erblickt, die Nachkommen jenes aztekischen Gottes, der sie übers Meer verlassen hat. Jedenfalls schweigt er. Und die tausend Bogen mit den Pfeilen senken sich; die Geschichte der Azteken ist entschieden, in diesem Augenblick ist ihr Untergang besiegelt. Es hätte nicht sein müssen, nicht vom Standpunkt der Rüstung aus. Aber Montezuma glaubt an seinen Untergang; er will ihn nicht, aber er glaubt, daß die aztekische Schuld vor Gott sich eines Tages räche. Wie soll er sich denn gegen Quetzalcoatl verteidigen? Montezuma weint, und Cortez, der abendländische Bandit, hat fortan ein immer billigeres Spiel; er ist ja großartig in seiner Tollkühnheit, ohne groß zu sein, ein Torero, dem der Ruhm alles ist, das Leben nichts, ein Spanier vom Scheitel bis zur Sohle, fatalistisch, was er für Gläubigkeit hält, und unwiderstehlich in seinem Übermut, unwiderstehlich, weil er noch keine Skepsis kennt, unwiderstehlich durch seine Borniertheit, die alles heiligt, was ihm nützt, alles im Namen seiner Kirche, versteht sich, und noch ohne Ahnung jener unermeßlichen Schuld, die er seiner eigenen Rasse aufbürdet. Eines Tages besucht er seinen Gefangenen, den er gar höflich behandelt, und bringt ihm ein fertiges Schriftstück: Herr Montezuma soll unterzeichnen, ein Todesurteil gegen indianische Fürsten, die gestanden haben sollen, daß sie Cortez ermorden und Montezuma befreien wollen. Und wenn Herr Montezuma nicht unterschreibt? Das Urteil geht dennoch unter seinem Namen hinaus. Herr Montezuma sieht in Tränen der Ohnmacht, was nach ihm noch so viele gesehen haben, nämlich die Macht der Lüge; die Hinrichtung der indianischen Fürsten wird auf einem Scheiterhaufen vollstreckt, der nach dem angeblichen Befehl ihres Kaisers aus den Bogen und Pfeilen des kaiserlichen Zeughauses besteht. Abrüstung! Und dann kommt Cortez zu seinem Gastgeber, um mitzuteilen, daß man ihn leider in eiserne Ketten legen müsse; die Begründungen werden immer überflüssiger. Herr Montezuma stirbt noch im gleichen Jahr auf eine unklare Weise, wahrscheinlich gewaltsam, mexikanisch; er verweigert die christliche Taufe, die seine Mörder ihm dringend empfehlen, und die Spanier weinen um seine Seele. Aber das Spiel ist nicht aus! Genau ein Jahr ist vergangen seit der Landung; Mexiko ist erobert und wieder verloren, und Cortez steht an der gleichen Küste wie vor einem Jahr, wo er seine Schiffe verbrannt hat; er wird Mexiko ein zweites Mal erobern. Und das Blutbad nimmt kein Ende. Es folgt die Eroberung von Peru, die Eroberung der nördlichen Länder. Drüben in Spanien gibt es einen einzelnen Priester, Las Casas mit Namen, der gegen diesen Rassenmord unablässig seine Stimme erhebt; er scheut sich nicht, Seiner Katholischen Majestät sehr peinliche Zahlen vorzulegen. Auf Haiti, zum Beispiel, hat es zur Zeit der ersten spanischen Landung schätzungsweise über eine Million indianischer Menschen gegeben; jetzt gibt es noch eintausend. Nach lebenslänglichem Kampf erreicht Las Casas einen höfischen Erlaß, daß die Indianer nicht mehr zu tödlicher Arbeit gezwungen werden dürfen, es sei denn in Fällen, wo es die Bekehrung erheische, und damit bleibt alles beim alten. Cortez stirbt in seiner spanischen Heimat, ein Zweiundsechzigjähriger, der in seinem Testament sich Gedanken macht, ob ein Christ mit gutem Gewissen sich erlauben darf, andere als Sklaven zu gebrauchen. Plötzlich scheint es ihm zweifelhaft; er hat fast ein Gefühl, wie Herr Montezuma es hatte, ein Gefühl von Schuld. In seinem Testament, das seinem Sohn die eroberten Länder vermacht, heißt es: Wann immer in der Zukunft sollte befunden werden, daß man keine Frondienste verlangen darf, so verordne ich, daß alle, die zur Sklavenarbeit gezwungen worden sind, sollen entschädigt werden …

Wer wird sie entschädigen?

All dies, wie gesagt, interessiert meinen Verteidiger nicht; es ist eine Geschichte, die sich nicht verteidigen läßt.

Emil Staiger, 50er Jahre

Aus einem Brief Emil Staigers an MF vom 8. November 1954:

»Ich bin überzeugt, daß Dir hier ein Meisterwerk hohen Ranges geglückt ist. Eines Deiner zentralen privaten Probleme – genauer, ein Problem, das ich bisher nur als ein privates anzuerkennen vermochte – das ›schlechte Gewissen‹, das Leiden am Ich, die Unmöglichkeit, sich zu gewöhnen und in einer stetigen Folge zu leben: dieses Problem ist im ›Stiller‹ zu einer Bedeutung gediehen, die weit über Deine Person hinausreicht und für ein ganzes zeitgenössisches Schicksal symbolischen Sinn gewinnt.«

9. 11. 54

Lieber Emil Staiger!

Dein Brief erleichtert mich sehr, entspannt mich wie aus einem Krampf, den ich vermutlich herumtrage, seit ich an dem Buch nichts mehr machen konnte – ich weiß, daß es für mich eine wichtige Arbeit gewesen ist, komme mir übrigens völlig ausgeleert vor (nicht einmal fähig zum Geldverdienen, was so dringend nötig wäre!) und hatte, wie ich an der jetzigen Entspannung merke, doch richtig Angst – kaum vor der Öffentlichkeit, soweit sie sich in Zeitungen abspielt, aber vor dem wirklichen Partner; Angst davor, daß ich mit meinem eignen Gefühl (nämlich: daß dieses Buch eine Leistung darstelle, etwas, das ich nicht zu widerrufen brauche) gänzlich allein dastehen würde, und Du weißt es, ich bin solcher Situation nicht gewachsen; ich komme ja aus einem Morast von Ressentiment – eine Bewegung der Angst, und ich bin wieder drin! Es freut mich, daß Du Deinen Brief einfach hingeschrieben hast, unbesorgt im Vertrauen darauf, daß ich Dich auf keiner Formulierung, die sich beim späteren Nachdenken reduzieren mag, behaften werde.

Ich bin froh, ich bin erleichtert, ich danke Dir und grüße Deine Frau und Dich herzlich

Dein Frisch

18. 11. 54

Lieber Emil Staiger!

Ich komme nicht aus dem Danken heraus: – Dir, daß Du, nach Deinem freundschaftlichen Brief, in die Arena gesprungen bist, bevor die Volkswut zu Worte kam; – Werner Weber, daß er, trotz allem, die genießbareren Töne nicht überhört hat; – Hermann Hesse, der heute (aus freiem Willen, hoffe ich) seine milde Patriarchenhand über diesen Stiller hält ... So bin ich denn voll Dankbarkeit und zugleich etwas erschreckt. Bei gewissen Wendungen, wenn man sie auf Zeitungspapier liest, kommt man sich doch sehr ausgezogen vor. Das kommt aber wohl daher, daß ich mich selbst ausgezogen habe; es war mir bewußt, meinte ich, oder war's mir doch nicht bewußt? Öffentlichkeit als Partner – es bleibt ungeheuerlich. Der Rest ist Scham.

Herzlich
Dein Frisch

Männedorf, 19. 4. 56

Lieber und verehrter Peter Suhrkamp!

Ich solle mich nicht um Ihren gesundheitlichen Zustand kümmern, sagen Sie; ich tue es doch. Und ich bin bekümmert, daß Sie noch immer dort sind. Und: Warum nicht Wallis? Alle sagen mir, daß Montana ungefähr das allerbeste ist, klimatisch, und von Frau Dürrenmatt hörte ich neulich, daß es landschaftlich ganz besonders schön sei. Ich bin nach wie vor startbereit, ins Wallis zu fahren; die Dame, deren Adresse von Schifferli stammt, ist die Frau des Chefarztes vom Sanatorium Valaisan – ich fürchte, Sie warten zu lange; Entschlüsse werden immer schwerer. Höchenschwand ist Ihnen doch zuwider; dort werden Sie einfach wieder fliehen. Es müßte als Landschaft etwas Neues sein für Sie, etwas Anderes. Schieben Sie es nicht auf die lange Bank! Ich habe das Gefühl, irgendwo ist eine ungewußte Angst dahinter, Angst vor einem Schritt, der schon dadurch, daß er getan wird, ein Segen für Sie sein könnte. Ich warte auf Ihren vollen Entschluß.

Haben Sie Dank für Ihren lieben Brief! Und für die Anregung, Ronchamp nicht zu vergessen. Ein Buch darüber wäre wertvoll. Da es wesentlich ein plastisches Werk ist, gerade insofern eine Seltenheit innerhalb der derzeitigen mitteleuropäischen Architektur, die weitherum nur noch Graphik ist, und da die Raumvision das Entscheidende ist, glaube ich auch, daß die Wiedergabe in Fotos sehr schwierig ist. Es geht mir wie Ihnen, die Bilder haben mich noch nicht zu einer Vorstellung gebracht. Ich werde meine Freunde ankurbeln, daß wir in diesem Frühjahr hinfahren. Was ich aber heute schon weiß: Ich bin nicht der Mann, Ihnen dieses Buch zu schreiben. Dazu müßte man mehr als Impressionen haben, nämlich Kenntnis des heutigen Kirchenbaus ganz allgemein, ein gründliches Verhältnis zum Werk von Corbusier; die Kirche dürfte ja nicht aus diesem ganzen Lebenswerk ausgelöst werden, das zu den großen Lebenswerken gehört, schon die Beharrlichkeit. Ich sah eben den Corbusier-Band von den zwanziger Jahren: Fast alles, was wir heute als Wende in der Architektur erleben, was wir bejahen und fordern, ist dort schon skizziert, gefordert, begründet, teilweise in Exempeln experimentiert, die damals als krude Sensation verpönt waren und wirkungslos zu sein schienen. (In vier Jahren Architektur-Hochschule wurde Corbusier nie behandelt!)

Meine Situation: –

In der eigenen Wohnung in Männedorf, um 1955

»... ich ziehe am 4. Januar nach Männedorf [...]. Ich werde ziemlich allein sein. Jetzt kommt die Pein, zu tun, wonach man sich oft gesehnt hat, nämlich zu packen, wegzugehen aus einer Mansarde, wo ich zwölf Jahre gelebt habe; das Schlimme: daß es für die Kinder so augenfällig wird. Davor habe ich Angst. Aber es ist richtig.«

Ich bin an der Arbeit. Endlich! Man steigt langsamer ein, je älter man wird, zögernder. Die Gefahr dabei: daß ich zuviel von der Figur weiß, bevor sie Fleisch hat. Daher bin ich froh, daß ich endlich ins Schreiben gekommen bin, nachdem ich mir über die Komposition sehr im Klaren bin. Sie ist, glaube ich, die mögliche Lösung einer Aufgabe, nicht von außen hinzuerfunden. Die Story (genauer: plot) ist ebenfalls da. Was mich lange beschäftigt hat, ist der Ton des Erzählers, der ein Techniker ist; das bestimmt seine Optik, sein Vokabular, seine Erlebnis-Sektoren, und vor allem ist wichtig, was er nicht erlebt bei der Geschichte, die er erlebt. Ich habe nun die Situation, die ihn veranlaßt zu berichten, die Dialektik (hier ist eine unvermeidbare Verwandtschaft mit Stiller: er beweist, was er bestreitet; aber es geht um anderes!) und damit den Ton, glaube ich. Das Buch wird ungefähr 250 Seiten haben; es muß bei viel Handlung, viel Fakten sehr knapp sein, karg, und alles, was uns mehr als die Story-Fakten interessiert, hat sich durch die Montage herzustellen. Titel: ICH PREISE DAS LEBEN, Bericht eines sterbenden Technikers. Ich bin jetzt täglich an der Arbeit; es fällt mir viel dazu ein. Halten Sie mir gelegentlich den Daumen!

Heute kam die definitive Einladung nach Amerika. Ich soll 20 Minuten sprechen über das Thema: Why do we not have the cities we need. Das ist zu machen. Schwieriger wird für mich die freie Diskussion; wegen Englisch. Das findet statt in Aspen, Colorado, vom 24. Juni bis 1. Juli. Bezahlt wird Flug und Aufenthalt in Aspen. Irgendwie paßt es mir gar nicht, weil ich in der Arbeit bin, und anderseits kommt es sehr famos, weil ich gerade für diese Arbeit allerlei Material (nicht Eindrücke, sondern Sachverhalte) brauche, um die Weltlosigkeit des Technikers eben dadurch zu geben, daß er eine Menge von Sachlichkeiten berichtet, die real und doch weltlos sind. Ich überlege mir deswegen, ob ich nicht doch über den Atlantik fliege; mir persönlich wäre die Schiffahrt lieber. Schon wegen Geld werde ich kaum länger als einen Monat drüben bleiben. Programm noch unbestimmt. Drei oder vier Tage in New York. Eben habe ich die Karte angesehen: Von Aspen sind es zwei Autobus-Tage an den Pacific oder zwei Autobus-Tage an die mexikanische Grenze. Mexiko lockt mich sehr. Es spielt (wenn auch nicht als Mexiko, sondern als Guatemala) in der genannten Arbeit eine entscheidende Rolle: als Gegenwelt; die Indios als Atechniker, die unterentwickelten Völker als dämonische Bedrohung, daß wir der »condition humaine« nicht gewachsen sind, wenn wir uns nicht in die Narkose der Zivilisation flüchten können usw. Was Amerika betrifft: Ich bin also entschlossen, die Reise zu machen. Bis dahin kann ich meine Arbeit noch weiter konsolidieren. Ich würde um Mitte Juni starten, um Anfang August wieder in Männedorf zu sein.

Aber vorher, lieber Peter Suhrkamp, machen wir noch ein paar geruhsame Spaziergänge in Montana, wo Sie leichter atmen, ein Stück liebbare Welt zu Füßen, Tal mit Römerstraße, mit Napoleon-Pappeln, mit Raron, mit Weinbergen und Eisbergen in der Ferne, setzen uns unter Tannen und besprechen alles Fällige.

Herzlichst Ihr
Max Frisch

Männedorf, 21. 4. 57

Lieber und verehrter Peter Suhrkamp!

Ich hoffe, die Reise ins Flachland ist Ihnen nicht schlecht bekommen, und wünsche sehr, daß Sie sich jetzt, in Frankfurt, nicht überlasten – was beim Anblick aller Arbeit, die Sie selbst an die Hand nehmen möchten, schwierig sein wird.

Unterdessen ist bei mir die Entscheidung gefallen.

Ich ziehe den Homo faber zurück – ohne verzweifelt zu sein deswegen. Es geht so nicht, das war mein Eindruck, und es ist mit Retuschen, wenn sie noch so glücklich wären, nicht zu machen. Zuvieles darin ist tot, am Stil des Technikers gestorben; anderes wiederum, finde ich, ist in einer Art geglückt gerade im Sprachlichen, daß es schade wäre, wenn es im Ungemeisterten zugrunde ginge. Ohne diesen anderen Eindruck, nämlich daß hier die Möglichkeit eines echten und starken und vielleicht sogar großen Buches liegt, hätte ich vielleicht nicht den Mut zur Einsicht, daß es so, wie es jetzt oder in sechs Wochen vorliegt, nicht geht. Mein Entschluß fiel mir sehr schwer, aber jetzt macht er mich frei. Ich werde das Ganze nochmals schreiben, es zieht mich an wie nichts anderes; die Geschichte und die Gestalten, ihre Verstrickung, das alles bleibt. Als Aufgabe! Vielleicht ändert sich die Komposition, vielleicht auch nicht, ich fühle mich frei zu beidem. Vieles ist da, scheint mir; wenn es mir gelingt, in Freiheit damit zu schalten und zu walten, wird es auch für den Leser da sein – das aber braucht, selbst wenn ich Glück haben sollte, Zeit.

Mein Entschluß, das Buch nicht auf den Herbst herauszugeben, ist definitiv, auch wenn ich Sie jetzt frage: Wie steht's mit den Finanzen? Wie lange kann der Verlag noch die bisherige Monatsrente auszahlen? Ich muß das wissen; ich selbst habe noch etwas Geld, um durchzuhalten. Obschon ich infolgedessen auf Sparsamkeit umstellen muß, fahre ich am Donnerstagabend los; die Wochen in Griechenland können mir nur guttun. Sie werden mir die Distanz geben, die ich zum Neubeginn brauche – am liebsten würde ich morgen schon mit der Arbeit anfangen, aber das wäre schlecht. Ich bin am 22. Mai wieder in Männedorf.

Ich weiß nicht, ob mein Bescheid Sie enttäuscht oder erleichtert; ob es Ihnen lieber wäre, wenn ich die Sache ganz begraben würde – das werde ich nicht, ich sehe die Möglichkeit meines besten Buches, darüber hinaus: Es ist mein Stoff wie kein andrer.

Ich danke Ihnen für die Gespräche, die Ihnen nicht leicht fielen, ich weiß, mir auch nicht, weil's mir auf der Seele brennt, und ich wünsche Ihnen gute Wochen, bis wir uns wiedersehen.

Von Herzen Ihr
Max Frisch

Männedorf, 24. IV. 57

Lieber und verehrter Peter Suhrkamp!

Ich muß Ihnen vor meiner Abreise nochmals schreiben. Mein Entschluß, das Buch zurückzuziehen, hat mich plötzlich viel freier gemacht, nicht reuig, frei zum Sehen –

Was in der vorliegenden Form (abgesehen von allerlei Sprachlichem) nicht geht: Die Hospital-Situation als Vordergrund ist nicht zu halten, sie kann nicht stark genug sein, um über 300 Seiten zu tragen, und zwar darum nicht, weil sie diese 300 Seiten voraussetzt, d.h. Hanna ist nicht sehenswert, nur lästig, bevor wir ihr Schicksal kennen und daher die Bedeutung ihrer Besuche im Hospital. Es ist nicht zu machen, daß sie von Anfang an auftritt, ihr Raisonnement kann uns noch gar nicht interessieren, selbst wenn es besser wäre. Wir wollen die Geschichte kennenlernen ... Sie werden lächeln, wenn ich Ihnen sage, was Sie mir schon gesagt haben: Die Zweiteilung drängt sich nicht nur auf, sondern ist die einzige Möglichkeit, der Geschichte beizukommen. Ich lege Ihnen meine Kompositionsskizze bei.

Ich habe mein Manuskript schon versorgt gehabt, als mir gestern Nacht (nicht aus dem Bedürfnis, das Buch partout herauszugeben, glaube ich, sondern in der Freiheit des bereits vollzogenen Verzichtes) die mögliche Lösung deutlich wurde. Ich habe den heuti-

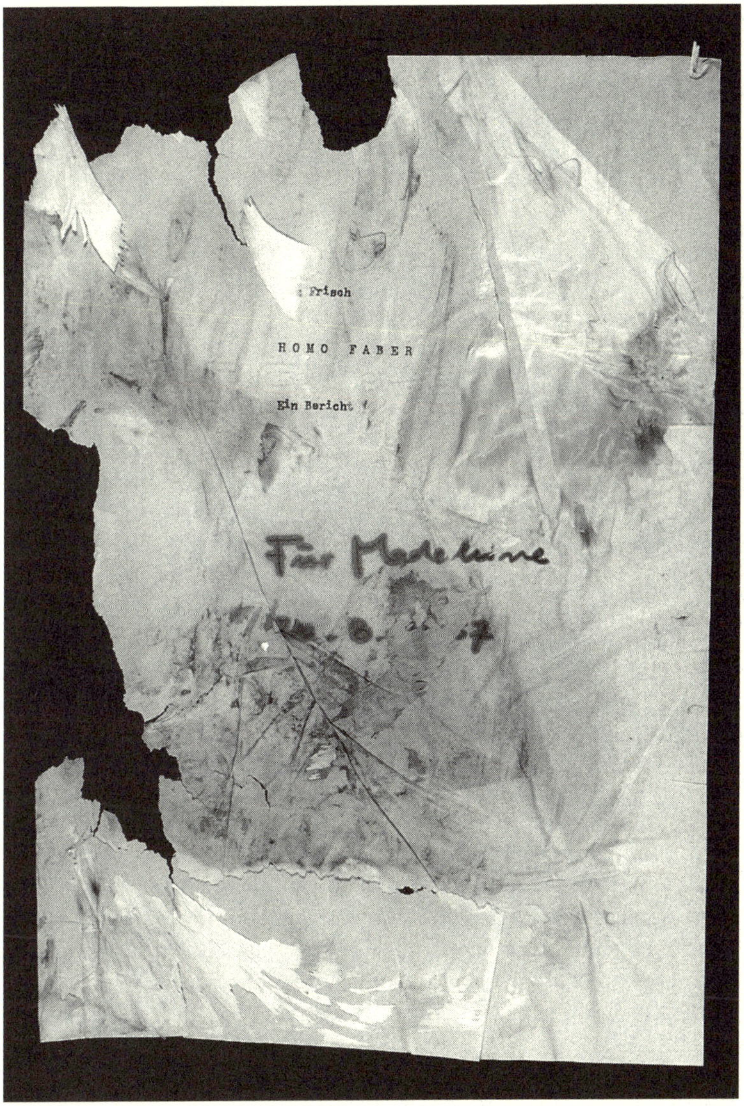

Faksimile der Titelseite des Typoskripts von »Homo faber«, gewidmet der Freundin Madeleine Seigner, datiert vom 20. August 1957

gen Tag dafür genommen, die skizzierte Kompositionsidee am Manuskript zu prüfen, und es geht. Ich kann damit nicht nur (was mir nicht so wichtig ist) die Stiller-Analogie eliminieren, sondern gewinne freie Hand, meine Geschichte im reinen Bericht ablaufen zu lassen, ohne Raisonnement. Anderseits konzentriert sich die Hospital-Situation im zweiten Teil, so daß diese Situation eben Fortsetzung der Geschichte wird, also integriert wird und damit ohne weiteres erzählbar.

Auf der Veranda des kleinen Hotels von Palenque / Mexiko, Sommer 1956

Ich freue mich auf Griechenland, ich freue mich auf die Arbeit nachher! Es wird viel Arbeit sein, da ich das Ganze von Anfang an durchschreiben werde. Es ist möglich, daß diese Arbeit sehr flüssig geht. Wann müssen Sie wissen, ob das Buch kommt oder nicht? Ich könnte es jetzt nicht sagen, aber Mitte Juni sehr wohl, wenn ich drei Wochen daran gearbeitet habe; ich halte es für durchaus möglich, daß ich, ohne Hast, Anfang Juli damit fertig werde.

Darüber hätte ich Sie gerne noch gesprochen, obschon es an der Arbeit selbst nichts ändert; ich werde Sie am Donnerstag zwischen 11.00 und 12.00 im Verlag anrufen. Wenn Sie nicht im Verlag sind, wäre ich froh, wenn Sie mich anrufen um diese Zeit. Ich reise Donnerstagnacht.

Ich sehe Ihr Lachen und Kopfschütteln –

In herzlicher Freundschaft
Ihr Max Frisch

Tagebuch: Griechenland, Frühling 1957

Reise mit M.

26. April

Genova. – Morgenbahnfahrt durch die Ebene, Pavia, die Reisfelder, der Mohn. (Vor einem Jahr gemeinsame Reise nach Rom.) Industrietal, dann erster Blick in den Hafen. Morgenessen an irgendeiner Piazza. Dann Bummel durch die richtigen Kaufstraßen hinunter zum Hafen.

15.00 auf San Giorgio.

Küstenfahrt bei gutem Wetter, Portofino. (Hier und in Amerika und in Provence immer wieder Verwunderung: Was T[rudy] und ich alles gehabt und nicht gehabt haben!) Unser Schiff sehr angenehm, Griechenlandfahrer sind gesetzte Leut.

Nachts: der Komet. Sehr deutlich im Norden, Schweif fast eine »Handlänge«.

Passagiere: Hochwürden aus Köln, ein munterer Adenauer-Bruder, ahnungslos in mancher Hinsicht, er reist mit Gesellschaft, unbekümmert, wohin man ihn dann führt, nur so ungefähr. Geplauder über den Aufruf der 18 Atom-Professoren in Göttingen; seine Hauptsorge: vielleicht nicht opportun wegen Wahlen, gut gemeint, aber es kann der SPD nützen! Ferner: der Alte und der Junge an unsrem Tisch, Knoten österreichischer Herkunft, Nazi, der Alte: »die neue Brücke bei Korinth, die wir gebaut haben«, nie Scham. Er war in Griechenland irgendwo Ortskommandant, jetzt dahin eingeladen.

27. April

Ruhiges Meer. Anfahrt auf Neapel, Ischia, 12.30 in Neapel.

Pompeji. – Tour mit Führer, komisch. Städtebau, die strenge Struktur der Stadt als Gemeindebau. Alles ist architektonisch gefaßter Raum, zentriert in Forum, bewußtes Menschengebilde, kein sog. organisches Wachstum, sondern planende Gemeinde. Im Einzelnen: das Atrium als eigentlicher Lebensraum der Familie, auch Gemeinschaftsraum, die Räume für den Einzelnen (Schlafstätte) ganz nebensächlich. Architektur der Sozietät.

Aschenregen 78 nach Chr.

Die Aschengüsse von Sterbenden, Mensch und Hund, Gestus der ohnmächtigen Wehr, zwei auf Rücken, einer auf dem Bauch, vom Unsichtbaren hingeworfen, gekrümmt, Arm vor dem Gesicht.

Pornographie: nicht viel zu lernen, die Zote im Hinterkämmerchen, es ist nur leidig, Exzeß der Schwächlichkeit, Ventil bei morbider Sittlichkeit – nicht Phallus-Kult, nur Herrenwitz, Zote.

Es sind Spätlinge.

28. April

Beim Erwachen: draußen grau, Sizilien schon vorbei. Trotzdem auf Deck. Die ersten Vögel, klein, schwirrend, Boten vom Land, das noch nicht zu sehen ist. Erst gegen Abend. Ein schläfriger Tag. Wir lesen Griechenlandführer.

Schiff:

Die Abgelöstheit wieder, man ist nirgends, weitab vom Verlassenen (auch weitab vom FABER), das Erwartete wie in ferner Zukunft, unglaubwürdig, daß wir morgen in Griechenland sein sollen, dabei nicht aufregend; erinnerungslos, erwartungslos. Es fällt mir auf, daß ich zum ersten Mal auf dem Schiff nicht allein bin. Wir haben es ruhig und schön.

Wir essen zuviel!

29. April

05.00 Erwachen (oder 07.00, wir wissen es nicht) vor Korinth. Schlepper gelb vor Fensterchen, Morgenbläue, man sieht Akrokorinth. Dann sofort auf Deck. Durchfahrt durch Kanal, Einfahrt ins Griechenmeer. Wolkenlos, aber dunstig, blau. Die Küste von Salamis, die kahlen Inseln.

Hotel National, Nepp.

Ich kann keine Anschriften lesen und komme mir wie ein Analphabet vor, überhaupt unbehaglich, Athen widerborstig; erster Eindruck: Balkanstadt (wie damals Belgrad), verhühnert. Zufuß zur Akropolis, ich verirre mich, und M. muß viel gehen, bis wir am Ziel sind. Gassen mit Eselkarren, reizlos (HANNA tut mir leid –)

10.30 Akropolis. Sofort getroffen: Prof. Mayer aus Leipzig, dick geworden; sonst treffen wir niemand. M. hat Halsweh. Im Bett mit Tabletten und Tee; nachmittags allein von Reisebüro zu Reisebüro, um die Reise zu organisieren, etwas verzagt. Wir finden nicht einmal Restaurants und müssen fragen! Es will nicht recht, dieses Athen. Meine alte Führer-Manie, ich fühle mich verantwortlich, noch nicht gewohnt, gemeinsam zu suchen. Keinerlei Erinnerungs-Kulissen; wo war ich hier, ausgenommen Akropolis, vor 23 Jahren? M. erinnert sich an dies und das.

30. April

M. hat kein Halsweh mehr, dafür Magenweh, will trotzdem zur Akropolis, wir nehmen Taxi dahin. Früher als gestern, nicht viel Leute; es ist schön, Mohn rot zwischen weiß-gelbem Marmor. Ich fotografiere, das alte Übel: Motivsucherei, selber nicht anwesend, es ist Unsinn, eigentlich kein spontanes Bedürfnis. M. sitzt vor Parthenon und liest, dann im Parthenon; Schatten. Wir stellen fest: Variation der Säulenabstände, die Wölbung des Sockels, Hebung in der Mitte. Akropolis-Museum: sehr betroffen, die Metopen-Reliefs. Die plastische Jugendlichkeit, erotisch-lauter, Freude, die Entdeckung des Menschen; die Würde aus Freude, die kühne Deformation ins Relief: vor allem das Stier-Relief. Dazu Reiz des Materials, Marmor körnig, teils farbig mit Streifen (bei Stier-Relief), bernsteingelb, der rötliche Hauch, aber immer hart, steinig, keusch, ein morgendliches Material.

M. liegt über Mittag; noch nicht gut.

16.00 Fahrt nach Sunion, die schöne Küstenstraße, neu, eben eröffnet, die violett-blauen Buchten und der Fels, Schlackenrot, Knochenblässe, Jubel. Abend auf Sunion, die Säulen: weißer als auf Akropolis, schaumweiß vor Meerbläue, Dämmerung, die Inseln, dann Sonnenuntergang über der buchtigen Küste gegen Athen. – Leute (Deutsche) sprechen von Weltlage, US-Flotte in Mittelmeer eingetroffen; wir lesen keine Zeitung.

1. Mai

08.30 Abfahrt mit Bus nach Korinth, 84 km von Athen. Es klappt; Bus für Bevölkerung, fast keine Fremde. Die FABER-Fahrt über Daphni, Eleusis, Megara, Bucht von Megara großer Schwung, Pinien, Eukalyptus als Alleebaum. Auf dem Isthmus: die goldenen Kornfelder.

Korinth, Hotel Ilion, komisch.

Nachmittag nach Alt-Korinth. Die 7 dorischen Säulen des Apollon-Tempels, sonst Archäologie mit rotem Mohn. Mittagessen und Abend auf der Terrasse des Guest-House. Erinnerung an damals: Das Theater (von dem ich oft geredet habe) ist kaum vorhanden, Täuschung. Abendweg (wie damals im Aufstieg) durch die Felder, die niedrigen Reben, das Wiehern der Esel überall, M. und die Blumen! Einmarsch ins Dorf von hinten, wo keine Fremden kommen; die weißen Häuser an Lehmstraßen, baumlos, Frauen sitzen auf Randstein, Dämmerlicht, die blassen Farben kommen vor, rosa, grau, elfenbein; schwarze Frauen, dann die Stände mit Orangen und Zitronen und Artischocken haufenweise.

Originelles Abendessen am Meer, ungenießbar; Corso am Abend, erster Mai: überall Blumenkranz über den Türen.

2. Mai

Meer, aber kiesig, kein Bad, dann mit Bus nach Alt-Korinth, dann heißer Aufstieg nach Akrokorinth gegen Mittag. Anderthalb Stunden. Die türkische und venezianische Festung, Türme und Zinnen wie bei einer Spielzeugburg, Romantik, Faustrecht, Mittelalter, alles in heißer Dornröschenstille. Geruch von Pfefferminz und anderem, M. in Shorts. Aussicht eher enttäuschend. Wir essen unsere Orangen. Gegensatz zur Erinnerung: keine Kristalluft, es ist immer dunstig wie September bei uns, ungriechisch.

Der deutsche Eisenbahner, der allein Griechenland bereist, Tempelgänger, eigenbrötlerisch-nett, er spricht französisch, hutlos mit schwarzer Mappe (wie er in Hannover herumgeht), man tauscht Kenntnisse über Fahrpläne, Fahrpreise.

Mittag im Pavillon.

Der heiße Weg (wie erinnert) zum Meer, die steinigen Äcker, die freundlichen Feldarbeiter, das Mohn-Mädchen: schwarz mit roter Garbe. Dann unser erstes Bad im Meer, aber starke Wellen, M. schwimmt nicht. Ufer mit Kieskarren, Schafherden, baumlos, wolkenlos.

3. Mai

08.15 Abfahrt mit Bus nach Argos (ohne Mykene), Argos: Lichtplätze mit Volk, Fahnen, sauber, Schatten der kleinen Orangenbäume auf dem leeren Platz, staubig, blendend.

Nauplia (Nafplion): wir trinken nur einen Kaffee, dann Chance mit Taxi nach Epidauros. Landschaft der Argolis: die roten Äcker, steinig, mit Oliven in weiten und regelmäßigen Abständen, Olivenlaub: grau, grünspanig, die Schatten auf der Erde, dann Streifen von reifem Korn (früher gesehen: Korn bis ans Meer), dann plötzlich wieder die Einöde, Gotthard, das nackte Gestein der Hügel.

Epidauros: kein Dorf, nur Ruinenstätte, der hübsche Pavillon, wo wir uns niederlassen, Mittagessen unter Eukalyptus, Ankunft des österreichischen Paares, die auch gemeint haben, Epidauros liege am Meer. Unsere Absichten auf ihren Wagen!

Das Theater am Tag.

Fahrt mit den Österreichern ans Meer, Straßengabel, Hermes-Verirrung in das Seitental, Paradies, Orangenhaine, die griechische Mutter mit ihrem blonden Sohn, sie überhäufen uns mit Orangen und Zitronen.

Hafen von Alt-Epidauros, Idyll.

Nacht im Theater. Der Komet über der Szene; das schwarze Hügelland.

4. Mai

Morgen im Theater. Die Stimme aus der Mitte. Zum Verse-Sprechen! Orchestra: hier ein Kreis, das Theater mehr als Halbkreis, 210 Grad (?). Der Kreis: noch stärker die Suggestion, daß darin das All umfaßt ist, Kreis der Gültigkeit. Was die Götter denken: sichtbar werdend in diesem Kreis (der Bühne), wo alles, jedes Wort und jedes Schweigen, Folgen hat, und in den Folgen eben verrät sich's, was die Götter denken.

Nachmittags Fahrt mit v. Waldstaetten.

Mykene: Trutzburg, Festung, ganz an die Topografie gebunden, nicht ins Absolute wie die Akropolis. Vorposten der Menschheit in der Wildnis.

Nauplia: M. und ich spazieren um die Felshalbinsel, dann auf die Türkenburg, Gefängnisse, KZ, Wolkenabend über der Ebene.

5. Mai

Noch immer in Epidauros; der Wagen der andern macht uns unbeweglich. Morgen im Asklepeion, M. und die Kinder. Ich habe Mühe, untätig zu sein, Unfähigkeit, einfach dazusitzen. Nachmittag in Alt-Epidauros, Spiegeleier und Geschwätz des Alten, dann Bad in den Felsen.

Meer der Griechen: viel Buchten, oft geschlossen, Bergsee, Inseln überall, Meer in traulichem Maßstab (Pazifik, Atlantik: Meer als Unendlichkeit), Meer und Land überall verschlungen, Meer in jeder beliebigen Größe, je nach Seefahrerkunst.

Wetter mittelmäßig.

Pinien mit Keilen: Harz für Retsina.

6. Mai

Sehr schwieriger Abend. Von mir aus. Gespräch am Morgen.

Fahrt mit Waldstaetten über Nauplia und Korinth nach Athen, Hotel Estia Emborron, M. hat Post von zuhause.

7. Mai

Morgens im Museum. Herrlich! Die große archaische Figur, die Stelen. Nicht gewußt: die Innigkeit der Griechen, der stumme Dialog auf dem Grabmal einer Frau. Die frühe Melancholie. Überhaupt das rasante Gefälle vom Archaischen zum Klassischen (die schöne Hygia) bis zum Barock, 5. Jh. bis 3. Jh., dann das hellenistische Porträt, die Person in ihrer persönlichen Verlorenheit.

Nachmittags Einschiffen in Piräus, Abfahrt nach Mykonos, ein schönes Schiff; die drei Griechen auf Deck, liegend mit Mundharmonika, sie singen, Krimskramsverkäufer, Volk an Bord. Leider regnet es.

8. Mai

Morgens 05.00 Ankunft in Mykonos, Ausschiffen mit Barke, die lichterlose Stadt am Meer: weiß, Kreide, Morgengrauen über kahlem Berg.

Hotel Leto, ganz nobel.

Morgen mit Frühstück in Veranda, das blaue Meer mit Gischt, Blumen, die Zuckerstadt unter dem blauen Himmel. Bummel in die Höhe. Windmühle, Korn, gelb zwischen Mauern, die oben weiß getüncht sind, kein Baum, die weiße Stadt von oben, viel Wind, das braune Land, ein Mädchen mit Strohhut auf dem Eselchen, Welt ohne Motor. Hinab in die unbekannte Stadt, alles weiß, Kuben ohne Dach, nur Geländer der Treppen und Türen gemalt, Holz, ochsenblutrot oder grün wie unsere Geraniumkisten, alle Wege gepflästert, die Fugen geweißelt, Echo von weißem Licht überall.

Der Sturm im Hafen!

Die schwarze Alte, die sich bekreuzigt, ihre Leute auf dem Meer. Gischt über die Mole, Fahnen, sie schöpfen Wasser, wolkenlos, kein Schiff fährt heute nach Delos. Es tost immer mehr. Mittagessen im Hafen, sie müssen Sonnentücher einziehen wegen Wind, alle sehr freundlich. Statt Speisekarte, die wir nicht lesen können: man bittet uns immer in die Küche, deckt die Töpfe ab. Appetitlich. Herrlichkeit aller Dinge im Licht, die Zeit vergeht sehr rasch. Die Leute: freudig ohne Getue, still, wach. Die Stadt: Einheit des Weißen, aber auch Einheit der Bauform, oben gerundet, enge Gassen, Treppe aus Stein und geweißelt, Blumen da und dort. Es ist nicht grell, nur heiter; Lichtspiel auf den unebenen Mauern. Wir genießen den blauen Sturm, auf Mykonos gefangen; keinerlei Sehnsucht weg von hier. Es ist genau so, wie Graf ÖDERLAND sich Santorin vorstellt, und so wie das junge Griechentum im Marmor, ein keuscher Jubel ohne Jenseits, Gnade im Dasein, Freude der lauteren Kraft, hart, aber menschenfreundlich, Göttlichkeit, die mit Augen zu sehen und mit Händen zu greifen ist, das Heilige wird Anschauung ohne Rest. Charis: das Freudige in allem, in Kindern wie in den männlichen Fischern, die durch Gischt rennen und ihre Boote sichern müssen, viel Volk im Hafen, Zuschauer, der Chor mit seinem Wehe, alles ohne Geschrei, keine Wichtigtuerei bei aller Gespanntheit, es soll ein ungewöhnlicher Sturm sein. Einfahrt eines kleinen Kutters von Delos, schwierig.

9. Mai

Barke nach Delos. Die Antike ist doch jämmerlich zertrümmert, Scherben, Grundrisse, kaum eine ganze Säule –

Nachmittags baden.

Delos: wieder das buchtenreiche und wohnliche Meer mit kahlen Inseln, ocker und blau, dazu Marmor, Mohn. Das Theater: Blick auf die flache Bucht, wo die Schiffe der Griechen lagen. Die archaischen Löwinnen: sie werden modern.

Abende immer mit schrägem Licht über die Inselberge mit ihrem Netz von Mäuerchen.

Hummer für zwei Personen: 22 Dr., 3,30 Fr.

Jeden Freitag: das Amerikanerschiff, Invasion, Dollar-Plebs, sie kauen und sehen überhaupt nichts, aber knipsen, eine Herde, niemand geht aus eigener Neugierde in das Städtchen, Einkäufe, gelangweilt und blind und laut, die Herren der Welt: ihr Gang, ihre Sprache, ihr Latschen, ihr Kauen, ihre joviale Gelangweiltheit, Optimismus und Lebensfreude in Hemdmustern. Zum Einstampfen!

10. Mai

Wir bleiben auf Mykonos.

Wanderung am Vormittag in die Höhe über steinige Äcker und viele Mäuerchen, Ziegengehege, teils auch nur Steinräumung der Felder, Korn im Wind, dann Hundegebell. Aussicht aufs Meer und die Inseln, Delos, Tinos. In der Höhe die Bauernhäuser: sehr primitiv, auch weiß, Gewucher von Kakteen vor dem geweißelten Lehm. Hinunter zum Meer wieder querfeldein; San Stephanos. Wir baden. M. setzt sich abseits, das Problem des Fürsichseins in der Gemeinschaft –

Schlechtes Wetter.

Abendessen im Hafen; die liebe junge Griechin, die uns in Englisch hilft wegen Schiff. Sie ist ein Mal in Athen gewesen, ihre Welt ist Mykonos. Ihre Anmut, Würde vor den Fremden, ihre Selbstverständlichkeit. Ihre Mutter lebte in London, Vater operiert, viel Arbeit. Mykonos, die ganze Insel, zählt 5000 Einwohner. Man heiratet am Ort »selbstverständlich«, die Männer oft Seeleute und lange weg, schwierig für die Frauen, aber die Männer kommen wieder »selbstverständlich«, sagt unsere Griechin.

11. Mai

Grau, Regen, kühl. Wir bleiben im Hotel und lesen. Abends im Hafen, Essen unter lauter Griechen, einer mit Gitarre singt, Gespräch über Camus und Dürrenmatt, über Genie, Metier, Geburt in Bildern (Dürrenmatt) oder Bilder nur als Illustration von Gedanken (Camus) nachträglich. Ein schöner Abend trotz grauem Wetter.

Die Kirchen, die eine rote Kuppel haben, verfärben sich, wenn's lange regnet, ihr Ostern-Weiß ist hin, die rote Farbe trieft über die Fassaden, als habe man auf der Kirche eine Sau geschlachtet.

12. Mai

Sonntag, unser letzter Tag auf Mykonos, am Vormittag nochmals nach Delos, die herrliche Schaukelfahrt mit der Barke, es spritzt, dann leider Verstimmung.

Jedes allein durch Delos.

Lange im Theater.

Abfahrt von Mykonos um 17.30. Der Pelikan (der gelbe Schnabel mit Lila-Hauttasche: sehr apart!) segelt zum ersten Mal über dem Hafen, Gelächter aller, sonst watschelt er nur; in der Luft ist er sehr groß. Ein klarer und blauer Abend nach Tinos, kurzer Halt, und nach Syros.

Syros: Ankunft bei Nacht, anders als Mykonos, levantinisch, der Hauptplatz mit Sonntags-Corso und Platzkonzert (wie M. sich erinnert!). Hotel Gallia: eine verlotterte Residenz, Saal mit Spiegeln, die fürstliche Halle für diplomatische Empfänge, nur verlottert, Gipsfiguren, Theaterkulisse, die Zimmer etwa 5 bis 6 Meter hoch, Balkönlein auf den Platz hinaus, Sonntag in Provinz mit französischer Vergangenheit, Militärmusik.

13. Mai
Frühstück mit Honig und hartem Zwieback. Der ehemalige Kriegsgefangene, der Deutsch versteht, hilft uns wegen Schiffskarten (alle raten von Erster Klasse ab!), dann Wanderung an der steilen Küste, Einsamkeit, Hänge mit vereinzelten Schafen, Fels, alpin, Farbigkeit des Gesteins: rostig, schieferblau, dazwischen Marmor, Quarz. Das violette Meer und die Bucht; wir baden trotz Kälte. Picknick. Abends im Hafen; im Gegensatz zu Mykonos: der Fremde fällt auf, man gafft, niemand versteht eine fremde Sprache, Schwierigkeit.

Unser Freund: 64 Jahre alt, ich habe noch meine Zähne. Sein Stolz, als er uns die Straße hinabführt; ich lade ihn zu einer Flasche Samos ein, er findet, offener Wein genügt, Flasche zu teuer. Er studierte in München: katholischer Priester, dann aber (Handbewegung) die Fräuleins! Jetzt Chauffeur. Er trinkt doch noch ein Glas: Vielleicht doch noch ein Kind, wenn ich Wein getrunken habe! Kinderlos. Wein damals in Deutschland: Ich habe vier Flaschen getrunken, aber nicht warm am Herz, kalt am Herz. Keine Untertänigkeit. Nachdem er vorher abgelehnt hat: Jetzt brauche ich doch eine Zigarette! (Zu M.) Zum Kaffee will er uns einladen; anderswohin.

Klare Nacht, Abendessen, um 23.00 stellen wir Mondfinsternis fest. Immer deutlicher. Gegen 24.00 (Abfahrt) ist sie vollkommen; der Mond als Kugel, Ball, nicht Scheibe, ganz körperlich, eine ungeheuerliche Masse schwebend, blaß-orange.

14. Mai

Unruhige Nacht auf dem Kahn, Kettenrasseln, Verlad in Naxos, Paros, am Morgen Anhalten vor einem einsamen Hafen: Ios, dann Sikinos, wo Vieh eingeladen wird. Die hängenden Rinder, ihre epileptischen Augen in der Ohnmacht dieses Hängens mit Durchfall. Einmal ein Schiff in der Woche: noch viel einsame Gegend zu haben! Zwei große Delphine am Bug; ich verscheuche sie mit Kamera.

Santorin: zuerst die Stadt Epanomeria, bizarr, weiß mit Rosa, Gewürfel mit Kuppeln auf buntem Fels, vulkanisch, viele Höhlen im Fels und Gewölbe, ein Nest aus Waben. Dann Fahrt durch das Kratermeer. Thera als weiße Kruste oben am Berg, wie Muschelansatz, Lava und roter Tuff, weißer Bimsstein. In der Mitte des Kraters (Senkung) die Insel aus lauter Schlacke, tot, schwarz und ohne Pflanze.

Ruhige Fahrt im blauen Nachmittag gegen Anafi, die Insel, wohin man Kommunisten verbannt; ohne Hafen.

Amorgos: Mondnacht mit Wolken, Hafen fast ohne Licht, die Zigeuner steigen aus: leise, nicht jedes Boot nimmt sie, die Unerwünschten. Dann wird eingeladen: ca. 250 Schafe und Ziegen, Rinder, die Brutalität der Menschen, das wehrlose Schlachtvieh, langsam Gestank –

15. Mai

Ich bin 46. –

Nochmals Vieh in Naxos, Hühner und geschlachtete Kühe am Haken, Rinderhäute, die stinken, ein großer Fisch, es stinkt auch bei Fahrtwind erheblich.

Paros, Syros, lange Fahrt mit Schaukeln, es wird uns beiden etwas übel, man ist froh, wenn Sunion auftaucht; es ist bedeckt.

Camus LA CHUTE zu Ende gelesen, unbefriedigt, Notizen darüber. Selbstbeschimpfung noch lange keine Selbsterkenntnis. Pessimismus als Attitüde; die frappante Ehrlichkeit, die nur im Eingeständnis des Mißlichen sich gefällt –

Abends bei Costi, fein, unser Pope ist wieder da und ißt lukullischhastig. Der Kellner rät von Flaschenwein ab. Geburtstagsessen, matt, mit Zigarre. M. ist müde.

16. Mai

Mit Bus nach Delphi.

Gebirge nach Eleusis, Karst, Maquis, viel unfruchtbares Land, dann aber die große und fruchtbare Ebene von Theben.

Riesenfelder grün, alles ist bebaut, man sieht keine Landwirtschaftsmaschinen, Gruppen von arbeitenden Frauen in den Äckern, Esel mit Karren (Zweiräder) am Straßenrand. Wieder Gebirge, Fahrt hinauf und hinauf; die Wildnis. Die Felsen von Delphi, die Hänge gelb von Ginster, das Tal voll Oliven.

Delphi:

Nachmittag und Abend leider graues Wetter. »Mein« Schatzhaus; ich erinnere mich ziemlich genau an meinen Besuch vor 23 Jahren, und die Stätte hält sich (im Gegensatz zu Korinth) an meine Erinnerung sehr genau. Neu: die Wucht des Apollon-Tempels auf einem gemauerten Sockel, Terrasse, der Tempel hoch oben. Asymmetrische Anlage vor Eingang; Verquickung von topografischer Bedingtheit und Forderung, daß der Tempel auf einem Sockel steht, absolut. Die Säulen: Kannelüren nur auf Außenseite, teils aus Brocken gemauert, nicht einmal in Schichten. Die große Stützmauer: nicht als Zyklopenmauer, sondern in freiem polygonalem Verband, tadellos geschnitten und gefugt, Netz.

Das Theater: Blick ins Tal.

Das Stadion: Abend mit Silhouette der Bäume und dazu die fernere Silhouette der kahlen Berge, wir sitzen auf der steinernen Tribüne, dann Start zu unserem Wettrennen, ich stürze siegesgewiß und verdrecke mich.

Im ganzen viel grüner als damals; viel Pinien, Zypressen, Korn; die heiligen Haine, Idyllik der Griechen: der Hain, die schattige Oase in der sonnigen Wildnis.

17. Mai

Vormittag nochmals in den Ruinen, zeitweise Sonne, alles ist schöner, und wir sind froh, daß wir nicht nur einen Tag genommen haben. Im Museum: der Wagenlenker – zuerst enttäuschend, dann stark. Der Nabel der Welt! Die Sphinx; Tier und Menschenkopf, aber die Flügel wie Kostüm.

Busfahrt nach Athen.

Flanieren in Athen, Kaffee. Süßigkeiten, Athen erscheint nicht mehr (wie anfangs) als verhühnerte Balkanstadt, sondern als elegante Weltstadt, man gewöhnt sich rasch und wird dankbar für das

Vorhandene, sobald man es ein paar Tage (auf dem Kahn mit den stinkenden Herden) vermißt hat. Schön: die Hallen am Abend, Glühbirnengrelligkeit, Gußeisen, Karussell-Architektur, weiß, die Farben von Fleisch, sehr sauber.

18. Mai

Abschied. Morgens auf Akropolis, leider dunstiges Licht, hinab zu den Theatern, wir entdecken endlich die Straßenbahn, Abschied im Museum, dann nach Piräus:

14.30 auf San Giorgio.

Regen, Sonne. Die griechische Sippe auf der Mole, Abschied von der verheirateten Tochter, die mit ihrem Mann wegfährt, die schmerzlich weinende Mutter da unten, Wahrscheinlichkeit, daß man sich nicht mehr sieht –

Ausfahrt.

U-Boote der Amerikaner, dann ein blauer und klarer Abend mit goldiger Dämmerung bei Korinth.

–

Auf der Welt sein: im Licht sein,
irgendwo
Herden treiben, Esel treiben
oder denken,
arbeiten, schaufeln, reden –
aber vor allem: standhalten dem Licht,
seiner Stille
mit wachsenden Schatten überall,
standhalten dem Augenblick,
der da ist
unter der Herrschaft der Sonne
über Ruinen, Ginster, Asphalt und Meer,
standhalten der Zeit,
der Freude
am ewigen Augenblick der Vergängnis
unseres Daseins im Licht.

—

Siebtes Kapitel:

Über unser Leben mit den andern

Aus den Notizheften IX:

Jugendfreunde!

Die Gefahr, die in der Freundschaft liegt; Freundschaft als Übereinkunft, daß man sich kenne.

Auch sie, die Freundschaft, ist nicht der gewährleistete Genuß einer einmaligen Eroberung, sondern der Auftrag zum steten Erobern ...

Die Schemen unserer Freundschaften, der jahrelange Umgang mit solchen, die es gewesen sind, – das Aufrechterhalten eines erschöpften Zustandes ...

Jugendfreunde!

Der Segen und der Fluch, Freunde zu haben: in ihren Bildern zu leben, nicht seine Möglichkeiten auszuleben, oder auch: über seine Verhältnisse zu leben mit dem Anspruch ihrer Hoffnungen, ihrer Überschätzungen, die man nicht verlieren mag.

(Juni 1945)

Brief eines Freundes

Brief eines Freundes, der mir schreibt, daß ich so nicht fortfahren dürfe, daß ich auf dem Holzweg sei. Und ich überlege, ob er recht hat; es ist zweifellos, daß er mir helfen will; er sagt auch die Gründe, u. da er ein empfindsamer u. kluger Mensch ist, besteht die Gefahr, daß ich ihm glaube, wo immer sich das eigene Gefühl einstellt, daß es nicht stimmt; die Gefahr, daß man meint, man könne irgendeine Erfahrung überspringen, eine Einsicht übernehmen, kurzum, man könne sein, wie der andere uns wünscht ...

(Oktober 1946)

Anfang zu einer Kleinen Vorrede an die Freunde

Wenn ein Schriftsteller soviel schreibt, ich weiß, nur seine Feinde werden sich darüber freuen! Denn ihrer, obschon man niemand kränken möchte, werden mehr u. mehr; die Freunde aber, die uns ihre Hoffnung liehen, werden enttäuscht von jedem Schritt, den wir tun, und dennoch, ich habe es versucht, kann man nicht stehen bleiben. Herrgott im Himmel, was können wir denn für die Hoffnung unserer Freunde? Ein Freund hat mir vor einem Jahr geschrieben: Sei still! ... wir flehen Dich allen Ernstes an, sei still! Es ist nicht leicht, einen Freund zu warnen; es braucht viel Mut, u. glücklich über einen solchen Freund ging ich hin; wir tranken einen Wein u. ich schwor ihm, seinen Rat zu achten, seine Hoffnung zu schonen. Oh, unsere Schwüre!

(Januar 1947)

Dürrenmatt. Es steht geschrieben

Einführung zu einer Lesung von Friedrich Dürrenmatt im Zunfthaus Zur Meise, Zürich, 1947

Meine Damen und Herren.

Der Anlaß, der uns in diesem festlichen Saal zusammenführt, ist ein Anlaß der Freude, und zwar einer seltenen Freude; wir sprechen von einem neuen Dichter: Fritz Dürrenmatt, dessen Name uns im vergangenen Winter zum ersten Mal begegnet ist. Der tiefe Eindruck, den sein erstes Schauspiel schon beim Lesen hinterlassen hat; die Bewunderung für eine dichterische Kraft, deren Ursprünglichkeit niemand bezweifelte, der das Buch auch nur für Stunden in die Hände bekam; die Begeisterung darüber, daß ein schöpferischer Mensch unter uns ist – das alles sind Dinge, die man in einem Briefe äußern mag, wo man sie nicht weiter erläutern muß ...

Vor die Aufgabe gestellt, die heutige Vorlesung einzuleiten – eine Aufgabe, die Walter Muschg leider nicht übernehmen konnte – geht es nicht anders, als daß ich Sie mit einem währschaften Geständnis enttäusche: Ich bin nicht sicher, ob ich die Dichtung von Dürrenmatt, den ich persönlich nicht kenne, in ihrem wesentlichen Anliegen begreife. Dieses Anliegen ist ein christliches. Das Schauspiel, das heute zur Rede steht, hatte ursprünglich den Titel: DIE WIEDERTÄUFER. Es handelt sich um die Wiedertäufer in Münster; also um einen historischen Stoff. Was uns dringender interessiert, das ist die Frage, wie der Verfasser sich gegenüber seinem Stoff verhält. Darüber unterrichtet uns ein kleines Vorwort:

»Vielleicht wäre noch zu sagen« –

(es sind die allerersten Worte, die an uns gerichtet werden) –

»Vielleicht wäre noch zu sagen, es sei nicht meine Absicht gewesen, Geschichte zu schreiben, wie ich denn auch Dokumenten nicht nachgegangen bin, kaum daß ich einige wenige Bücher gelesen über das, was sich in jener Stadt zugetragen. In diesem Sinne mag die Handlung frei erfunden sein. Was mich rührte, war die Melodie, die ich aufgenommen habe, wie bisweilen neuere Instrumente alte Volksweisen übernehmen und weitergeben. Inwieweit sich heutiges Geschehen in ihr spiegelt, sei dahin gestellt. Es wäre jedoch der Absicht des Verfassers entsprechender, die mehr zufälligen Parallelen vorsichtig zu ziehen.«

Halten wir uns an dieses Vorwort.

Es handelt sich also nicht um eine dramatisierte Historie, wo der Verfasser sich jedesmal, wenn sein Dichtertum ausgeht, in den geschichtlichen Nachrichtendienst flüchten kann. Nach diesem Vorwort ist nur noch zweierlei möglich: eine Melodie, die sich selber trägt oder nicht trägt; eine Dichtung oder ein Nichts. Dichtung als Geburt einer Welt, die sonst nicht wäre ... Ein Maler, der mich einmal durch eine Ausstellung führte, sagte als einziges über ein Bild, das er zum ersten Male sah und das er lange betrachtet hatte: Es ist etwas da. Und damit ist wohl das Entscheidende gesagt; es mag eine Welt sein, die uns paßt oder nicht, ihre Farben mögen uns entzücken oder entsetzen, ihre Melodie mag uns trösten oder empören: daß Etwas da ist, was mit jeder Zeile lebt und atmet, schon das wäre unsrer Bewunderung wert. Der Schaffende steht immer gegenüber dem Nichts; wir dürfen nicht vergessen, wie nichtig wir sind, wenn wir an seinem Orte stehen: wenn er uns nicht eine Welt gibt. Es ist immer wieder sonderbar, daß die allermeisten Leute, wenn sie vor einem Kunstwerk stehen, sofort mit dem Nebensächlichen beginnen, es stört sie das oder jenes; das schöpferische Ereignis als solches, das eigentliche Vorkommnis, daß etwas da ist, bemerken sie offenbar am allerwenigsten – Dichtung als Geburt einer Welt, die sonst nicht wäre – es ist wunderbar, wie deutlich das wird, schon wenn wir die ersten Sätze lesen; es heißt:

»Zu Beginn knien drei Wiedertäufer auf der Bühne. Sie sind hager, haben lange Bärte, ungekämmte Haare und unbeschreibliche Kleider am Leib. Die Wangen hohl, die Augen schwarz umrandet. Doch kann vom durchdringenden Zwiebelgeruch abgesehen werden. Man braucht diese sauberen Brüder nicht so wichtig zu nehmen, daß für sie eine eigene Szenerie gebaut würde – Gott bewahre – es genügt, sie vor dem bloßen Vorhang auftreten zu lassen, wie denn auch während des ganzen Spieles der Regisseur und die Schauspieler sich viele Einfälle erlauben dürfen, denn wir geben nicht mehr als einige dürftige Noten und Farben zu einer kunterbunten Welt, die gestern genau so war wie heute und morgen.«

Das Stück, das jetzt erst anhebt mit der Fülle einer Orgel, wimmelt von solchen Anmerkungen für die Regie, die mehr als Anmerkungen sind; schon sie sind gedichtet; schon sie gehören dazu; schon sie sind Auseinandersetzungen mit der Welt, die auf der Bühne beschworen wird. Was mir als das Entscheidende erscheint: die Bühne wird uns immer wieder als Bühne bewußt gemacht, und das Ganze, was wir sehen und hören, nimmt sich selber als Spiel. Zum Beispiel werden Sie einen Bischof sehen, der auf der Bühne sitzt und das Folgende sagt, sobald er nämlich allein ist:

»Fort! Fort!
Verlaßt mich, ihr Knäblein!
Spielt Ball oder tollt euch mit meinen Schäferhunden. Sie sind zahm und einer ist darunter, Odin, den liebe ich von ganzem Herzen. Tut, wie es eurer Jugend angemessen ist.
Ich dagegen habe einiges mit den Menschen zu reden, die vor mir den Saal füllen und mit runden Augen nach mir die Hälse recken.
Geht, meine Knäblein, geht!«

(Die Pagen gehen ab.)

»Wie ihr dem Theaterzettel entnehmen könnt – gesetzt, daß ihr einen habt – bin ich der Bischof von Minden, Osnabrück und Münster in Westfalen.
Franz von Waldeck,
99 Jahre, 9 Monate und 9 Tage alt.
Dieses mit Farbe bestrichene Zeug, welches man um mich herum gestellt hat, soll einen Saal des bischöflichen Palastes zu Münster vortäuschen, aber ich versichere, daß er in Wahrheit viel schöner ausgesehen hat.«

Das alles ist natürlich mehr als ein Ulk, der sich selber genügt; es ist eine bewußte Entwertung der Kulisse, dieses mit Farbe bestrichene

Zeugs, das wir nicht ernst nehmen sollen. Was wir aber ernst nehmen sollen, das ist die Wahrheit, und so dringend geht es dem Dichter um die Wahrheit, um das, was man nicht zeigen kann, daß er das Gezeigte immer wieder durchbricht. Eine Ehebrecherin steckt den Kopf durch den Vorhang ihres Himmelbettes und sagt dem Zuschauer:

»Ich weiß, ihr werdet mich nicht verstehen, daß ich nun mit einem andern Mann mein Bett teile.
Ich bin nur ein schwaches Weib und was vermögen wir gegen unser Blut?
Nur oft in der Nacht, wenn er an meiner Seite schläft, den Mund wie zum Lachen verzogen,
sitze ich auf und starre in das Zimmer und sehe die Fensterrahmen vor mir, in denen die Nacht ihr leeres Gesicht zeigt, und dann weine ich.
Denn ich weiß, daß viel Unglück sein wird und viele Tränen,
daß für jede Lust uns Verzweiflung wartet
und daß der Leib, den wir lieben, entstellt sein wird vom Rade des Henkers und sein Blut die Hunde lecken,
die jetzt fröhlich vor den Toren spielen.«

Solche Selbstanzeigen, die dem urtümlichen Theater und zugleich dem modernen Theater angehören, kommen in unserem Stück immer wieder vor. Fast jede Gestalt redet einmal von sich selber. Oder sagen wir: ihre Einsamkeit wird hörbar, die einsame Angst der Ehebrecherin; die einsame Angst des reichen Mannes. Knipperdollinck dreht seinen Kopf gegen das Publikum, das ihm nichts antworten wird, und beginnt zu sprechen:

»Ich bin reich und meine Schätze füllen die Truhen meines Hauses und die schweren Eichenschränke.
Ich kleide mich in kostbare Seide und dunklen Samt und hülle mich in die Pelze fremder Tiere.
Mein Weib ist schön.
Ihre Haut ist wie der Schnee, der im Dezember auf den Dächern liegt.
Aber das reinste, was ich besitze, ist meine Tochter:
sie heißt Judith.
Ihr werdet sehen, wenn sie hereinkommt.
Aber vor mir liegt ein Buch auf diesem Tisch, das brennt stärker denn Feuer in meinem Gebein.
Da steht geschrieben:
Verkaufe, was du hast, und gibs den Armen, so wirst du einen Schatz im Himmel haben.

Und es steht geschrieben:
Es ist leichter, daß ein Kamel durch ein Nadelöhr geht, denn daß ein Reicher ins Reich Gottes komme –
und es steht geschrieben in diesem Buch, das mich ärgert:
Wehe euch, ihr Reichen, denn euer Trost ist dahin.«

Damit wissen wir nebenbei, was geschrieben steht, und ich gestehe, daß es Spaß macht, solche Sätze vorzulesen an diesem Ort, wo sonst die Zunftreden ertönen –

Aber nicht darum haben wir sie erwähnt.

Eine andere Szene, die in der Aufführung gestrichen werden mußte, beginnt mit der folgenden Selbstanzeige, und das mag unser letztes Beispiel dieser Art sein:

»Ich bin Kaiser Karl der Fünfte.
Ihr habt mich ohne Zweifel an meinem Barte erkannt, an der spanischen Kopfbedeckung und an dem reinen weißen Kragen, den ich trage.
Ich sehe immer ein wenig aus, als käme ich von einem Begräbnis.
Der Schminkkünstler unsres Theaters hat mich mit außerordentlicher Geschicklichkeit dem Bilde ähnlich gemacht, das Tizian von mir gemalt und welches in der alten Pinakothek zu Münster hängt –«

Und so weiter!

Jedem Zuschauer, der auf der Höhe seiner Zeit ist, wird es nun ein Leichtes sein, anhand solcher Stellen nachzuweisen, daß auch Dürrenmatt einer literarischen Mode erlegen ist. Brecht und Claudel werden nicht darum herumkommen, genannt zu werden; ebensowenig Thornton Wilder, dessen Einfluß tatsächlich so groß ist, daß man ihn bis in die deutsche Romantik zurück verfolgen kann. – Oder ernsthafter gesprochen: Warum dieses Auflösen der naturalistischen Illusion? Warum dieser Wille zum bewußten Spiel? Was soll damit gewonnen werden? Ein junger und unliterarischer Mensch, dem es um Christus geht, findet in dem Augenblick, da er seine Not aussprechen muß, kein anderes Mittel als das Spiel: nicht weil er sich lustig macht über das, was ihm heilig ist, sondern weil sich das Heilige, wo immer man es sieht, nur durch das Sinnbild beschwören läßt, nicht als Täuschung, sondern als Spiel, und das heißt: als Zeichen, das Zeichen bleibt; als Schrift, die bedeutet, ohne daß sie das Bedeutete sein will. Das Spiel offenbart sich als der einzig mögliche Ausdruck eines reinen Ernstes. Vergessen wir Shakespeare und Calderon, die Meister des Spieles! Denken wir an Wilder, Brecht, Claudel, Giraudoux und alle die andern, die wieder zu diesem Mittel greifen: Ist es nicht bemerkenswert, daß gerade jene, die das ernsteste Anliegen haben, auch die spielhaftesten sind? Der eine macht es mit dem Song, der andere mit dem Ansager; im Grunde geht es darum, daß wir zurückfinden an die Ursprünge der Kunst, die uns durch den Naturalismus verschüttet wurden. Es geht darum, daß das Kruzifix nicht zum Götzen wird: es soll Puppe bleiben, ein braves und ehrliches Holz, das sich selber nicht für Christus hält. Auch wir sollen es keinen Augenblick dafür halten. Was ist die Puppe? Was ist das Theater? Jedenfalls ist es nicht das, dem unser letzter Ernst gehört; es ist nur ein Zeichen dafür. Die Puppe ist eine Lästerung, wenn sie nicht Puppe bleibt; wenn sie nicht geistig bleibt; wenn sie nicht Kunst bleibt; wenn sie nicht Spiel bleibt ... Es mag sein, daß auch in dem Spiel, das Dürrenmatt vorlegt, vieles als Burleske genommen wird; Burleske als Ausdruck unseres Bewußtseins, daß alles, was die Bühne geben kann, bestenfalls ein Vergleich ist. Nicht die Aussage sollen wir glauben, sondern das Ausgesagte. Und eben darum wird jene illusionistische Glaubwürdigkeit, welche die Enkel des neunzehnten Jahrhunderts immer noch suchen, vor unseren Augen zerschlagen, immer und immer wieder – Dürrenmatt geht sogar soweit, daß er seine Figuren über den Verfasser sprechen läßt; nicht aus Eitelkeit, wie Sie sehen werden; einmal sagt ein Wiedertäufer, Jan Matthisson, der Prophet:

> »Wir müssen darauf hinweisen, daß der Verfasser dieser zweifelhaften und in historischer Hinsicht geradezu frechen Parodie unseres Täufertums nichts anderes ist
> als ein im weitesten Sinne entwurzelter Protestant, behaftet mit der Beule des Zweifels, mißtrauisch gegen den Glauben, den er bewundert, weil er ihn verloren hat.«

Auch das ist ein Gespräch mit einem Partner, der nicht da ist; das literarische Geschöpf hadert gegen seinen literarischen Schöpfer – Geschöpf und Schöpfer, das verbissene Anliegen dieses ganzen Stückes, hier als Parodie ... und damit kommen wir auf das andere, was diese Beispiele uns zeigen: die Vorherrschaft des Monologes.

Ob diese Vorherrschaft bedeutet, daß Dürrenmatt kein eigentlicher Dramatiker ist, darüber mögen die Fachleute entscheiden, deren wir genug haben.

Der Monolog, die lyrische Einsamkeit, die wir auch in seinen Novellen finden, – es mag sein, daß es einmal ein Zeichen seiner Jugend ist, also das Gefälle eines Lebensalters. Vielleicht auch ist es das Zeichen eines Zeitalters, das geistig-gemeinschaftslos ist. Jedenfalls aber gehört das Monologische, ob es uns paßt oder nicht, wesentlich zu diesem Dichter. Alle seine Menschen ringen um ein Du;

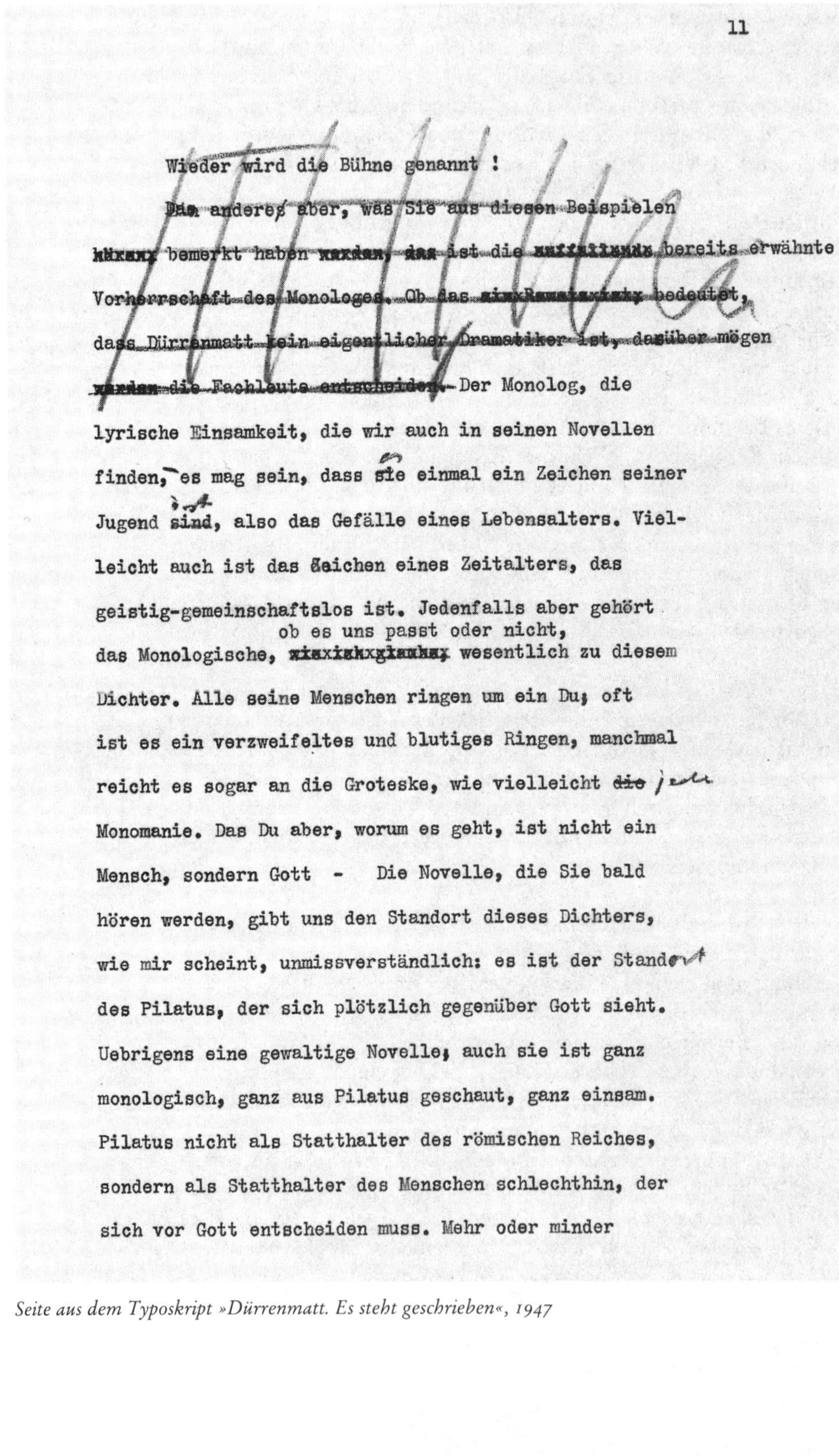

11

Wieder wird die Bühne genannt !

~~Das anderes aber, was Sie aus diesen Beispielen [illegible] bemerkt haben [illegible], das ist die [illegible] bereits erwähnte Vorherrschaft des Monologes. Ob das [illegible] bedeutet, dass Dürrenmatt kein eigentlicher Dramatiker ist, darüber mögen [illegible] die Fachleute entscheiden.~~ Der Monolog, die lyrische Einsamkeit, die wir auch in seinen Novellen finden, es mag sein, dass ~~sie~~ er einmal ein Zeichen seiner Jugend ~~sind~~ ist, also das Gefälle eines Lebensalters. Vielleicht auch ist das Zeichen eines Zeitalters, das geistig-gemeinschaftslos ist. Jedenfalls aber gehört das Monologische, ob es uns passt oder nicht, [illegible] wesentlich zu diesem Dichter. Alle seine Menschen ringen um ein Du; oft ist es ein verzweifeltes und blutiges Ringen, manchmal reicht es sogar an die Groteske, wie vielleicht ~~die~~ jede Monomanie. Das Du aber, worum es geht, ist nicht ein Mensch, sondern Gott - Die Novelle, die Sie bald hören werden, gibt uns den Standort dieses Dichters, wie mir scheint, unmissverständlich: es ist der Standort des Pilatus, der sich plötzlich gegenüber Gott sieht. Uebrigens eine gewaltige Novelle; auch sie ist ganz monologisch, ganz aus Pilatus geschaut, ganz einsam. Pilatus nicht als Statthalter des römischen Reiches, sondern als Statthalter des Menschen schlechthin, der sich vor Gott entscheiden muss. Mehr oder minder

Seite aus dem Typoskript »Dürrenmatt. Es steht geschrieben«, 1947

oft ist es ein verzweifeltes und blutiges Ringen, manchmal reicht es sogar an die Groteske, wie vielleicht jede Monomanie. Das Du aber, worum es geht, ist nicht ein Mensch, sondern Gott. – Die Novelle, die Sie bald hören werden, gibt uns den Standort des Dichters, wie mir scheint, unmißverständlich: es ist der Standort des Pilatus, der sich plötzlich gegenüber Gott sieht. Übrigens eine gewaltige Novelle; auch sie ist ganz monologisch, ganz aus Pilatus geschaut, ganz einsam. Pilatus nicht als Statthalter des römischen Reiches, sondern als Statthalter des Menschen schlechthin, der sich vor Gott entscheiden muß. Mehr oder minder stehen alle seine Menschen an diesem Ort; auch Bockelson, der darüber zum Scharlatan wird, und Knipperdollinck, der reiche Mann mit dem Buch in der Hand, das ihn ärgert. Das Einsame, die Angst, das menschliche Unvermögen ohne Gott; das Verlorensein gegenüber einem Dunkeln, das unausschöpfbar ist; die Qual, eine Treppe hinunterzulaufen, die nicht aufhört; das Häßliche und das Gräßliche, das Tötenmüssen, die Blindnis ohne Ende: manchmal denken wir an Kafka, an Trakl, an Kokoschka, – womit ich nicht künstlerische Einflüsse bezeichnen möchte, man könnte es auch ohne Künstlernamen sagen und dann heißt es:

Apokalypse.

Mehr auszusagen über das Grunderlebnis, das Dürrenmatt zum Dichter aufruft, fühle ich mich nicht berufen; so sehr wir alle wenigstens einen Teil dieses Erlebnisses kennen: nämlich die Angst. Es gibt ja kein menschliches Leben ohne Angst, schon weil es ohne die Angst, die unsere Tiefe ist, kein Leben gibt; erst aus dem Nichtsein, das uns mit hundert Zeichen entsetzt, begreifen wir zeitweise, daß wir leben; daß alles, was ist, Gnade ist; ohne dieses Wachsein, das nur aus der Angst geboren wird, ohne dieses Bewußtsein der Gnade sind wir verloren; wir sind nie gewesen.

Ich komme zum Schluß.

Ich erinnere Sie nochmals an das Geständnis, womit ich begonnen habe: daß ich nicht sicher bin, ob ich Dürrenmatt in seinem eigentlichen Anliegen begreife – und ich zweifle, ob Dürrenmatt über die paar kleinen Erläuterungen, die wir dennoch versucht haben, sehr glücklich sein wird! Er wird sich aber von diesem Abend an, da wir ihn der Öffentlichkeit überliefern, daran gewöhnen müssen, daß er erläutert wird. Jeder redet von dem Geist, den er begreift; auch jene, die ihn belehren werden, was ein anständiges Drama ist – denn fast hätten wir vergessen zu sagen: Dürrenmatt ist Schweizer. Es fragt sich, inwiefern das wichtig ist für den Zuschauer. Für den Künstler selber, glaube ich, ist es zweifellos ein Vorteil, daß er einem Volke angehört, das seine Künstler niemals durch Verwöhnung verdirbt. Dürrenmatt ist 26 Jahre alt. Es wäre bedauerlich, wenn man ihn um seiner Frühreife willen bewunderte;

es wäre bedauerlich, weil es nicht stimmt: Sein Werk ist weit entfernt von einer fixen Könnerschaft, glücklicherweise, es ist voll jugendlichem Ungeschick, nämlich inbezug auf das literarische Handwerk, soweit es jedermann lernen kann, wenn ihn der Ehrgeiz treibt. Es handelt sich also nicht um ein Wunderknabentum. Es handelt sich um das, was wir nicht lernen können, und man kann es nicht einmal lehren: es handelt sich um eine schöpferische Kraft, um eine menschliche Ursprünglichkeit, die sich in der zwingenden Eigenart seiner Visionen offenbart – vor allem aber da, wo wir den Dichter als solchen erkennen: im innersten Bezirk aller Dichtung, ob es eine lyrische oder epische oder dramatische sei: nämlich in der Sprache.

Albin Zollinger, als wir ihn zum letzten Mal öffentlich sprechen hörten, hat an dieser Stelle über die Sprache gesagt:

> »Die Gnade der Sprache ist wie alle Gnade kaum beschwörbar ... Was ich meine, hat mit Originalitätssucht nichts zu tun, auch nicht mit einer Künstlichkeit der Sprache; sie gerade meine ich nicht. – Mit Ausdruck, mit Sprache in diesem Sinn, daß er sich genau fassen kann, ist nicht selten der Mindere besser vergabt als der Reiche, und wäre es auch nur durch den Umstand, daß er weniger zu meistern hat; gibt es nicht eine Linkischheit von Großen, eine Mühseligkeit Pestalozzis, unendlich rührend anzusehen in ihrer Wesenhaftigkeit im Vergleich mit den kleinen Zauberkünstlern des Wortes. Ich kann nicht von Sprache reden, ohne vom Wesen zu reden –.«
> usw.

Die Sprache als innerster Bezirk aller Dichtung: mit diesem Hinweis sei es genug.

Hören wir nun Dürrenmatt! Hören wir ihn in seiner eigenen Sprache, die allein von seinem Wesen reden kann, und Sie werden einem Dichter begegnet sein, dessen Name, wenn nicht ein unwahrscheinliches Unglück eintritt, sich mit den besten unserer Zeit verbrüdern wird.

An Gottfried Honegger

29. 5. 52

Ach lieber Molly!

Daß das Gespräch vorgestern (obzwar Du schreibst, es sei an sich nett gewesen und ich hätte mich bemüht, Form zu wahren) in der Gesamtstruktur belanglos und ohne jeden Wert war – für Dich – finde ich doch sehr schade. Für mich übrigens war es nicht ohne jeden Wert; der junge Wurm erscheint mir als ein guter Kopf, und was er gegen das Mississippi-Stück einzuwenden hatte, half mir, mein eigenes Unbehagen gegenüber diesem vierten Stück von Dürrenmatt, dessen Begabung ich seit Jahren bewundere, zu präzisieren, und es interessierte mich auch, andere Lesereindrücke zu hören, die meinen eigenen, an dem Abend ausführlich erwähnten Zweifel (ob das Groteske in dieser Komödie, trotz seiner vorhandenen Qualitäten, nicht auch Ausdruck eines Mangels sei, totaler Ausfall der humanen Mitte usw.) in ihren Wörtern bestätigten. Leider, zeigte sich, haben einige, zum Beispiel Selma, irgendwie nicht mit der Parodie gerechnet, vielleicht weil die Parodie als Form (außer im Kabarett) uns zurzeit wenig geläufig ist; man kennt Wedekind nicht; und Aristophanes, der sich die literarische Einmischung (Stellung nehmen) in die aktuellste Frage seiner Zeit erlaubte mit dem radikalen Spott, mit Verulkung des Peloponnesischen Krieges, der den Athenern »heilig« sein mußte, ist vielen nicht einmal ein Begriff. Darüber versuchten wir zu sprechen. In Bezug auf Dich, Molly, war es meine Aufgabe oder die Aufgabe eines andern, Stellung zu nehmen gegen das Billige Deiner Verurteilung, Dich allenfalls aufmerksam zu machen, daß ein neues Werk, das Dir nach einer ersten und nicht einmal vollständigen Lektüre und ohne helfende Kenntnis vorgängiger Werke vorderhand unverständlich bleibt, deswegen nicht notwendigerweise »unsinnig und dumm« sein muß. Dein Temperament, das wir alle so charmant finden, mag Dich zuweilen hindern, zu hören, was andere durchaus hören können, beispielsweise daß ich nicht Dürrenmatt verteidigte, sondern nur die Möglichkeit, über Dürrenmatt und gewisse Probleme zu sprechen, was mit einer Avantgardisten-Biertisch-Schimpfiade nicht zu machen ist. Nun drängt es Dich, wie ich es auch zuweilen kenne, ein Unbefriedigtsein nach diesem Abend festzustellen, daß er in seiner Gesamtstruktur belanglos war und ohne jeden Wert (für Dich), was, wie Dir nun aufgestoßen ist, mein Fehler war, und, offenherzig wie Du bist, sagst Du mir auch gleich, worin er liegt: daß ich das Nicht-Stellungnehmen, das Nicht-Aussagen von Dürrenmatt unterstützte, um darin ein Alibi für mich zu finden, und daß, wenn es ein Mißerfolg gewesen wäre, das auch für mich ein Mißerfolg sein müßte usw. Sagten wir nicht, Wurm und ich, daß es ein Nicht-Aussagen letztlich nicht gibt, daß der »Mississippi« wohl eine Stellungnahme habe, nämlich, ob sie uns paßt oder nicht, die Relativierung aller ideologischen Radikalität. Vielleicht ist es gerade diese Stellungnahme, was Dich an dem Stück, wenn Du es nochmals kennenlernen solltest, wirklich verstimmt. Aber lassen wir es! Was Dürrenmatt und mich betrifft, sind wir in jeder Hinsicht geistesmäßig und talentmäßig, so fundamentale Divergenzen, daß ich Deine gestrige Idee, ich poliere ihn als mein Spiegelbild, nicht für einen Fund halte, und im übrigen muß ich Dir gestehen, daß ich die meisten Deiner Sätze nicht verstehe – ehrlich! – wie ich auch fürchte, daß Du meine nicht verstehst, da wir teilweise ganz andere Wörter haben.

Was soll man da machen?

Wir werden uns, so wir uns Gottes unerforschlichem Ratschlag, der uns zu Freunden machte, nicht schnöde entziehen, noch reichlich aneinander ärgern müssen, aber Gott wird schon wissen, warum er uns nicht einfach Tennis spielen und Cervelat essen läßt –

In Demut herzlich Dein
Max

Der Maler Gottfried Honegger als Lehrer an der Zürcher Kunstgewerbeschule, frühe 50er Jahre. Nach eigenen Angaben lernte er MF im Deutschen Konsulat in Zürich kennen, das nach dem Krieg vorübergehend leer stand und als Künstlertreffpunkt diente

Zu den Zitaten:

Schiller finde ich immer gut, schwungvoll-vieldeutig, so daß er sich stets, insbesondere wo es um höhere Flüge geht, als kostenloser Gehilfe eignet, was ich von Hans Zbinden, Bern, nicht sagen möchte, obschon er ein Eichel-Aß im schweizerischen Geistesleben ist, obschon didaktisch, denn das ist seine einzig mögliche Beziehung zur Kunst, also muß die Kunst wohl didaktisch sein, was hinwiederum noch nicht heißt, daß sie es sich nicht leisten kann, mitunter sogar trotzdem didaktisch zu sein – während Hans Zbinden es sich nie wird leisten können, nicht didaktisch zu sein ... Dazu müßte er nämlich Sprache haben, Aussage an sich, was nicht Postulat ist usw.

22. 6. 52

Verehrter lieber Herr Suhrkamp!

Haben Sie vielen Dank für Ihre beiden Briefe, vorgestern ist nun auch der BIN gekommen, hübsch. Seit wir uns gesehen haben, ist auch mir die Zeit in lauter Arbeit vergangen, die vorläufig das einzige ist, wo ich ins Reine komme. Ich habe meine Radio-Schuld getilgt mit kleinen Amerika-Sachen. Dieser Tage war Dr. Münster hier, Chef am Bayrischen Rundfunk, und gab mir einen Auftrag für ein Hörspiel, anständig bezahlt: 1000 Mark Vorschuß, 1000 Mark bei Ablieferung des Manuskripts, 1000 Mark bei Annahme und Aufführung. Ferner gab ich ihm die Mexiko-Notizen mit. Ich wäre sehr froh, mit dem deutschen Rundfunk in enge Verbindung zu kommen, da es zurzeit die beste Art ist, mit Schreiben zu verdienen. Viel Nerven und Zeit kostete mich mein Prozeß gegen den Haaröl-Millionär, der Prozeß wird sich in den Herbst hineinziehen. Am 14. Juli muß ich einrücken, Umschulungskurs in Andermatt, ich bin zu den Zerstörer-Pionieren (Detachement Öderland) versetzt worden, muß lernen, wie man Brücken sprengt und so, habe auf der Uniform als Waffenzeichen eine doppelte Axt! Dann, am 26. Juli, fahre ich nach Kampen, wie Sie wohl schon wissen, mit der Familie, die vielleicht schon vorher dort ist, wenn es sich bei Mirl machen läßt. In Kampen will ich das Hörspiel machen, das von der Brandstifter-Burleske ausgeht. Dann zurück über Hamburg, wo ich am Nordwestdeutschen Funk etwas hoffe verdienen zu können. Haben Sie dahin Verbindung? Dann Frankfurt (Ende August) und München.

So das äußere Programm.

Ich habe im Sinn, Ihnen auf der Fahrt nach Kampen ein Manuskript zu bringen, die Komödie, die ich jetzt bald zum zweiten Mal durchgeschrieben habe; ich bin natürlich höchst neugierig, was Sie finden werden, und will vorläufig nichts dazu sagen, ich habe jetzt die ganze Zeit daran gearbeitet. Eine Idee für eine erzählerische Arbeit tauchte auf, Skizzen dazu, eine sehr ergiebige Idee, wenn ich sie auszufüllen vermag; das wäre vielleicht meine Arbeit im Herbst. Es drängt mich wieder heftig zum Schreiben. Architektur liegt still, also auch das Einkommen. Dann ist hier (noch geheim und nur unter uns zu behandeln) der Plan, daß Dürrenmatt und ich zusammen eine kleine, auf Zeitungspapier gedruckte Monatsschrift lancieren wollen, Geld wäre für ein Jahr da, eine möglichst freche und unklassische Sache, nicht Forum, sondern Stimme zweier Leute, die das Unbehagen im Lande, das verschwiegene, zur Sprache bringen wollen, das Problem ist der Ton, es soll ein ironischer sein, ein antipathetischer; Umfang 24 Seiten, gefüllt mit literarischen Texten, Kritik, Glosse, aber unter Ausschluß der Berühmtheiten, die zurzeit durch alle europäischen Zeitschriften wandern. Die Idee gefällt mir sehr, eine der wenigen Möglichkeiten, hier weiterzuleben. Wir würden, wenn wir das Material haben, im Oktober beginnen, wobei ein junger Basler, Historiker, ein sehr kluger Kerl, die Arbeit übernimmt, so daß wir »nur« zu schreiben hätten, vorläufig ohne Honorar! Auf lange Dauer ist es ohnehin nicht gedacht; wenn man es ein Jahr lang durchhält, wäre es schon etwas, Schreckschüsse haben nicht zu dauern.

Sie werden, als Zutat zum Laufenden, eine Bürde von Hesse-Feiern haben. Die Gesamtausgabe steht hier überall in den Schaufenstern, und im Schauspielhaus kommt also die Feier auch. Ich erinnere mich nicht ganz genau: hatten Sie nicht vor, dann im Lande zu sein? Vielleicht unterbrechen Sie in Zürich, wie gesagt, ich wäre bis zum 13. Juli da.

Ich freue mich auf Kampen, es wird etwas anders sein als damals, aber ich freue mich auch für die Kinder, die zum ersten Mal ans Meer kommen. Wo verbringen Sie den Sommer? Mir kommt er jetzt schon entsetzlich kurz vor, die Zeit rast, und Amerika wird ferner und ferner, aber nicht kleiner, im Gegenteil, es wird anfangen, mich zu beschäftigen, und wenn ich auch selten im Gespräch etwas erzähle (es drängt mich nicht), so empfinde ich mich doch im Besitz einer wesentlichen Erfahrung, die mich unter anderem davor schützt, hier zu versinken. Übrigens bin ich neugierig, Deutschland wiederzusehen, ich meine jetzt nicht Kampen, sondern die Städte.

Lieber Herr Suhrkamp, ich hoffe Sie wohlauf. Daß ich nicht eher schrieb, ist nicht sehr nett, aber erklärlich, und ich hoffe, Sie bald zu sehen – hier oder in Frankfurt.

Bis dahin mit lieben Wünschen
herzlich Ihr
Max Frisch

Dürrenmatt

Dürrenmatt imponiert mir, und ich bin gerne in Neuenburg; es schmeichelt, glaube ich, meiner Eitelkeit, daß er mir imponieren will. Eine komische Freundschaft! Ich liege vormittags in einer Hängematte, lese die zwei ersten Akte seines neuen Stückes (»Der Besuch der alten Dame«) und staune wie vor seinem ersten Stück. Größe! Sein Haus, sein Garten, seine Familie; er tut immer, als schreibe er nur, um Geld zu verdienen, und macht sich, wenn ich dann beim Mittagessen meine Bewunderung ausspreche, fast lustig über mich in herzlicher Wurstigkeit, die meine Bewunderung nicht widerlegt, aber in Verlegenheit erstickt: Wir spielen nochmals ein Pingpong. Sein Ehrgeiz, im Pingpong siegreich zu bleiben, ist komisch, sogar ärgerlich; ich bin neugierig auf den Schluß seines neuen Stückes, aber zuerst muß er das Pingpong gewonnen haben, um davon erzählen zu wollen. Am meisten erfahre ich von seinem Vorhaben, wenn ich mich verstiegen habe, von eignen Vorhaben zu reden, dann unterbricht er in einer Abruptheit, die so unbewußt ist, daß sie belustigt, und erzählt von seinem dritten Akt, von einer Novelle, die er im Sinn hat, von einem Film, der vorher noch zu machen ist, und seine Frau, die den Kaffee bringt, erkundigt sich, wer beim Pingpong gewonnen habe, alles ganz ungezwungen, so daß ich mir verkrampft vorkomme, beschämt, wenn er ungefähr alles, was außer uns noch in Schriftstellerei macht, seinem homerischen Gelächter preisgibt. Das letzte Mal, als ich in seinem gastlichen Haus gewesen bin, habe ich, exhibitionistisch vor Hilflosigkeit, von meiner Ehe berichtet; sonst lassen wir das Private beiseite. Seine Männlichkeit imponiert mir. Wenn er Balzac gelesen [hat], ist es eine stundenlange Wonne, wie er von Balzac erzählt (während unsereiner nur von seinem eignen Kram erzählt); es tut keinen Abbruch, wenn man erfährt, daß nicht er, sondern seine Frau den Balzac liest. Man bekommt Lust, sofort nachhause zu fahren und Balzac zu lesen. Ich habe gerade etwas anderes (»Anna Karenina«) gelesen, aber es liegt an mir, daß Tolstoi nicht gegen Balzac aufkommt, jedenfalls kein Tolstoi, den Dürrenmatt seinerseits nicht kennt; veranlaßt durch seine köstlichen Glossen, seine hinreißende Erzählung ganzer Komödien von Aristophanes, seinem Lehrmeister, habe ich inzwischen Aristophanes gelesen, aber seither sprechen wir nicht mehr von Aristophanes; Dürrenmatt ist ein Erzähler von Geblüt, er braucht Zuhörer, die gewillt oder gezwungen sind, sich unterrichten zu lassen, und ich spüre, die großen Bezirke meiner erstaunlichen Unkenntnis sind anregender für ihn, dessen Kenntnisse auch lückenhaft sind, aber blühend noch

Mit Friedrich Dürrenmatt in der Kronenhalle, Zürich, 1963

»Unser Umgang: das Handwerkgespräch – schwierig, da meine Meinungen selten Gehör finden ... Im übrigen: Gesten der Versöhnung mehr als Teilnahme; Männerzärtlichkeit, die Zigarren anbietet und den allerbesten Wein aus dem Keller holt –«

über den Lücken, als das wenige, was ich etwa über Karl Kraus zu bemerken habe. Ein Bezirk, wo Dürrenmatt mich nicht zum Zuhörer macht, ist die Architektur und die Welt; ich erzähle aber schon auf Abbruch, während er schweigt, und es ist meine Schwäche, daß ich mich schon von der ersten oder zweiten Mine, die sein Witz ins fremde Feld legt, stoppen lasse. Dürrenmatt ist von einer imposanten Ungezogenheit. Ein Mann wie er, der die Reiserei nicht nötig hat, da ihm so vieles zustürzt aus Tiefen, die kein Reisender je findet, warum fühlt er sich bedrängt, wenn man von Wegen spricht, die er nicht kennt? Er fühlt sich bedrängt. Eine Ansichtskarte aus Mexiko, höre ich, hat ihn deprimiert und zum Entschluß geführt, demnächst auch zu reisen. Aber jetzt, im Augenblick, hat er Lust auf ein Boccia, und ich bin dafür, einen Bummel zu machen, bloß um mich nicht immerfort zu fügen. Ich habe Glück: Der Hund ist auch für einen Bummel. »Die Panne«, finde ich, ist ein bestechender Einfall; es soll ein Einakter werden, eine Nebenarbeit, es sprudeln ihm die Einfälle nur so, und wenn man auch den einen und anderen schon kennt, ich bewundere, wie ursprünglich er seine Einfälle jedesmal wiedererzählt, es ist eine Wonne, Dürrenmatt anzuhören in seinem eigenen Lachen. Nur beim Spazieren habe ich es nicht sehr gern, wenn er, um sich Gehör und Gelächter zu erzwingen, immerzu stehen bleibt; ich bin ganz Gehör auch im Gehen, ohne mich hündisch seinem Gehen oder Stehen zu fügen; aber auch dann, wenn ich es in meiner Albernheit drauf ankommen lasse, ist er der Stärkere: Er bleibt stehen, wenn ich zwanzig Schritte weitergehe, und erzählt an Ort. Wozu ein Mann wie Dürrenmatt den Hörer braucht, ist mir nie ganz klar. Finde ich, da meine Antenne für das Groteske nicht so kräftig ist, an dem neuen Hörspiel keinen rechten Geschmack, so ist Dürrenmatt natürlich nicht gekränkt; er kichert sich aus, als sei man nicht vorhanden, und ich bin auch nicht vorhanden, wenn ich von der andern Geschichte entzückt bin, wenn ich finde: Das solltest du aber wirklich machen! Dann wirft er's mit Vorliebe weg; zuerst muß er den Film machen, wie er behauptet, um Geld zu verdienen. Ich sage: Es geht Dir aber in diesem Jahr nicht schlecht! Ich –

...

Dürrenmatt hat Kraft. Er ist eine Kraft. Das ist nicht das Mühsame; Brecht ist auch eine Kraft. Daß er den Partner (jedenfalls mich) zur Humorlosigkeit verdammt, das ist das Mühsame; Dürrenmatt lacht über den Partner, und es kann so sein, daß man mitlacht; aber mit dem Partner lacht er fast nie. Dann ist er zerstreut, dann ist's der Hund, der gerufen werden muß, oder aber sofort der Wettbewerb: er übertrifft dich an Witz. Er muß übertreffen, wie es sonst nur die Manie der Zukurzgekommenen ist; und er hat das Zeug, um zu überbieten, weiß Gott, es imponiert mir immer wieder. Wenn ihm nichts einfällt, dann ist Dürrenmatt überhaupt nicht da.

...

Er erkundigt sich, was man macht. Ich habe stets das Gefühl der Belanglosigkeit (was nicht sein Fehler ist!) und verwirre mich im Bestreben, kurz zu sein; ich unterschätze sein Interesse. Vers im Theater. Seine Antwort ist spontan: Film verkauft (eine Art bekümmertes Prahlen, abschätzig vorgetragen), eine plötzliche Meldung, die nichts mit meinem Versuch, aber mit seiner Karriere zu tun hat. Pumps! Ich gratuliere, aber Dürrenmatt ist kein Erfolgsnarr; Aufführungen in Paris oder Übersetzung ins Japanische oder was es nun gerade ist, es ist ihm nur so eingefallen, im Grunde nicht der Rede wert; im Grunde ist alles Humbug, Literatur, aber im neuen Stück wird er auch einmal Verse machen, Eliot und der Vers: Quatsch; und was er dazu sagt, ist plötzlich wieder von Format; er kommt auf Eddington zurück, den ich lesen soll, überhaupt Physik, Biologie, Mathematik; es folgt die umwerfend lustige Geschichte von einem Professor in Bern und so weiter, wir rauchen Zigarren. Warum er mich zur Verlängerung meines Besuches auffordert, ist mir rätselhaft, seine Herzlichkeit dabei bezwingend. Es gebe, sagt er, so wenig vernünftige Menschen, mit denen man reden könne. Ich fühle mich geschmeichelt, was nicht seine Absicht war;

er redet meistens absichtslos, naiv, er reagiert ohne Kontrolle. Er wirkt dadurch robust, was einen verleiten kann, ebenfalls kein Blatt vors Maul zu nehmen.

...

Was mühsam ist: er nimmt keine Initiative ab. Spielen wir ein Boccia! sage ich; aber er muß Schifferli anrufen. Ich spiele mit den Kindern. Schifferli ist nicht zu erreichen, er ruft sonst jemand an: wegen Reparaturen im Haus. Ich habe mich zurückgezogen und lese in einem Buch, das mich zu interessieren anfängt; Dürrenmatt sieht es, gibt mir ein anderes Buch über Astronomie, das viel besser ist, und ich stelle fest, daß es voll Formeln ist, die ich nicht lesen kann. Ob er's kann? Ich stelle fest, daß ich von der Infinitesimal-Rechnung, die man einmal gelernt hat, soviel wie nichts mehr weiß, aber Dürrenmatt will mir das Buch trotzdem schenken. Überhaupt seine Gastfreundschaft! Sie ist bäuerlich-fürstlich; er will mir, da ich Freude an Sinfonien habe, ein ganzes Bündel von Sinfonien schenken, obschon die Musik, wie er mehr und mehr findet, erst bei den Quartetten anfängt, und holt Wein aus dem Keller, drei Flaschen, die ich mit Freude sehe; ich spreche von Mathematik, Dürrenmatt von Wein, und da meine Mathematik nicht weit reicht, gehe ich auch zur Weinkennerei über, worauf Dürrenmatt, indem er sich einen leichteren Stumpen ansteckt, die Führung übernimmt, indem er (ich weiß nicht mit welchem Sprung) vom Theater spricht. Ich spreche, um das Thema aufzunehmen, obschon ich eigentlich das erste Astronomie-Buch ansehen möchte, von Brecht, ich berichte meine Eindrücke von einem Gastspiel chinesischer Schauspieler, das Dürrenmatt nicht gesehen hat; dafür hat er etwas anderes gesehen, eine ganz verrückte Sache; ich bleibe, das Astronomie-Buch auf dem Knie, bei meinen Chinesen. Machen wir ein Boccia? fragt er, und jetzt machen wir unser Boccia. Herrlich ist der Blick auf den Neuenburgersee! Seine Frau erkundigt sich nach unserem Befinden. Ich finde es köstlich hier. Dürrenmatt: Weil er einmal gewinnt! Er hat heute nicht seine glückliche Hand, das heißt, er hat ganz einfach keine Lust und ist, bevor die Partie zu Ende gespielt ist, dafür, daß wir einen Aperitif genehmigen. Ich bin einverstanden, da man Boccia nicht allein spielen kann; und wir sitzen, und Dürrenmatt kommt auf die verrückte Sache zurück, die er im Wald erzählt hat, er erzählt sie anders, so daß meine Bedenken teilweise hinfällig sind; er gibt nicht zu, daß meine Bedenken irgendwie berechtigt gewesen sind, er kichert halb über meine Einwände, halb über seine Einfälle, die meine Einwände hinfällig machen; er imponiert mir; er sprudelt von Einfällen, die mich bezwingen; wir trinken unseren Campari, und es ist köstlich, wie es bei Dürrenmatt immer köstlich ist, sobald man auf einen Dialog verzichtet. Ich bleibe drei Tage. *ca. 1954*

SCHWEIZERISCHER
SCHRIFTSTELLER-VEREIN
Eingang: – 6. DEZ. 1952
Reg.-Z.:

Zürich, 5. 12. 52

Max Frisch

Zollikerstr. 265

An die

Gesellschaft Schweizer Dramatiker

Sehr geehrte Herren Kollegen !

Ich bitte um Entschuldigung, dass ich versehentlich meine Beiträge nicht gezahlt habe, ich werde es so bald als möglich nachholen.

In den internen und öffentlichen Kundgebungen der Gesellschaft, soweit sie mir zu Gesicht gekommen sind, wird die Ansicht vertreten, dass das ernsthafte Schweizer Drama leider nicht aufgeführt wird, es sei denn durch Selbsthilfe der Gesellschaft, und wenn die Gesellschaft sich anschickt, die Schweizer Dramatik zu repräsentieren vor Behörden oder Publikum, geschieht es regelmässig in einem Ton, der jene Schweizer Dramatiker, die im Inland und Ausland aufgeführt werden, von der Schweizer Dramatik auszuschliessen. Ich protestiere nun keineswegs gegen diesen Ausschluss, ich nehme ihn nur an, und bitte Sie, mich als Mitglied der Gesellschaft Schweizer Dramatiker zu streichen.

Mit besten Grüssen

Ihr

Max Frisch

An die Gesellschaft Schweizer Dramatiker, einer Sektion des Schweizerischen Schriftsteller-Vereins

Ludwig Hohl, Juni 1945

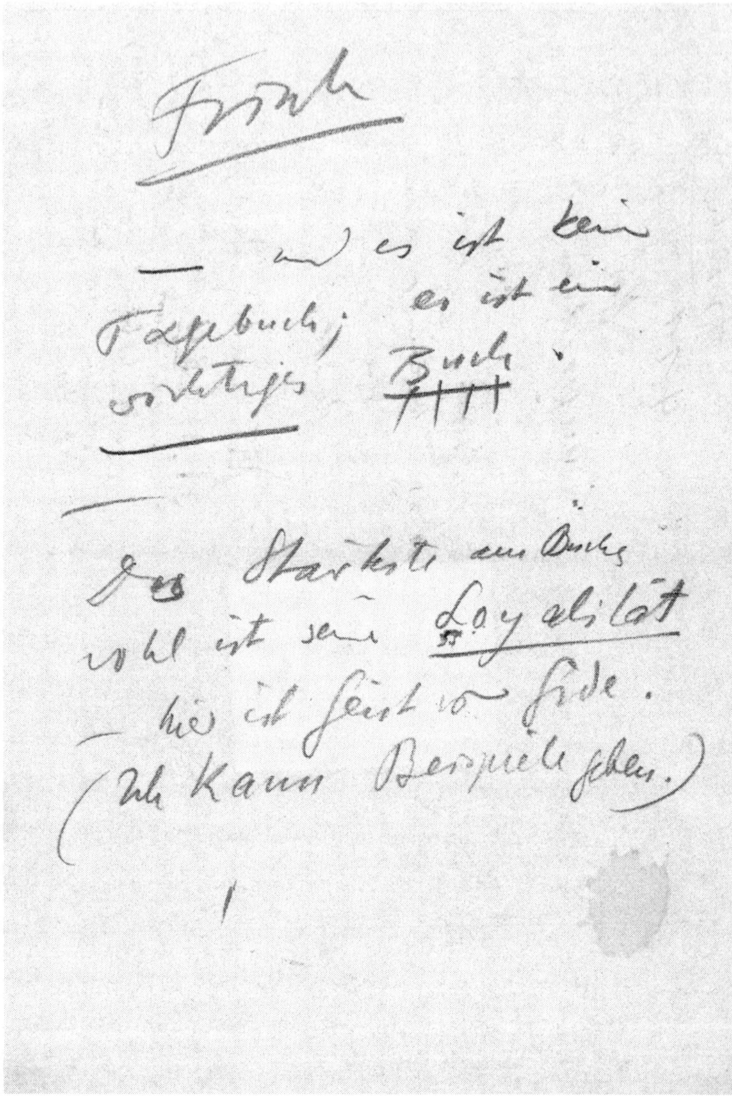

Frisch

— und es ist kein Tagebuch; es ist ein wichtiges Buch.

Das Stärkste am Buche wohl ist seine Loyalität
— sie ist [illegible] vorhanden.
(Ich kann Beispiele geben.)

Lesezettel Ludwig Hohls zu Frischs »Tagebuch 1946-1949«

Betrifft: Ludwig Hohl

Im Dienst, am 14. 6. 43

Sehr geehrter Herr Hohl!

Ich danke Ihnen für die Zusendung Ihrer neuen, leider nur so fragmentarischen Veröffentlichung, – danke Ihnen umso freundlicher, als ich Ihre Aufmerksamkeit eigentlich kaum verdient habe, da ich ja, nachdem ich nach Ihren Arbeiten fragen ließ, nichts mehr von mir habe hören lassen. Obwohl von Ihren Arbeiten, von deren Ernst und klaren Schönheit des Denkens gefesselt (und Ihnen durch die Rede an Albin Zollinger, Ihrem Freund, so plötzlich verbunden und verpflichtet), habe ich bisher den Rank nicht gefunden zu einer öffentlichen Anzeige; nun aber habe ich mir auch die beiden ersten Bände in den Dienst kommen lassen und hoffe, sie an irgendeinem Orte anzeigen zu können; ein Durchdringer, ein Deuter Ihres Schaffens, dessen zwingende und unerbittliche Eigenart so beglückend – auch wo sie nicht rundum begriffen wird – über unseren landesüblichen Durchschnitt aufragt, werde ich Ihnen nicht sein können; gelänge es mir aber, indem ich vor allem Sie selber zum Wort kommen lassen möchte, die Berufeneren aufzubieten, wäre ich wohl zufrieden. Ein wenig schäme ich mich Ihnen gegenüber, ein Gedruckter zu sein, eine Lanze brechen zu müssen für den Älteren und Reifen! Es sieht irgendwo so nach einem Dünkel aus, der mir in diesem Falle, wie ich meine, ferne liegt.

Mit freundlichen Grüßen
Max Frisch

Zürich, am 14. 3. 1949
Zollikerstraße 265

An Herrn Dr. Walter Bächi
Rechtsanwalt
Stampfenbachstraße, Zürich

Betrifft: LUDWIG HOHL

Sehr geehrter Herr Doktor Bächi!

Herr Ludwig Hohl, den ich als Kollege seit einigen Jahren kenne, hat mich am vergangenen Freitag von seiner katastrophalen Lage unterrichtet und dabei auch erwähnt, daß er sich, da er keinen möglichen Ausweg mehr sieht, an Sie gewendet habe, beziehungsweise an Herrn Gottlieb Duttweiler, mit dem Gesuch um ein größeres Darlehen, das er aus seiner Erbschaft hofft decken zu können.

Gestatten Sie mir, daß ich, selber ein schweizerischer Schriftsteller, mich mit einigen Zeilen an Sie wende. Ich weiß nicht, ob Sie das schriftstellerische Werk von Ludwig Hohl kennen; es sind nur sehr wenige, die es kennen, und das kommt teils daher, daß Hohl auch geistig ein kompromißloser Außenseiter ist, ein Phänomen, das in unserem Lande immer auf fast tödliche Schwierigkeiten stößt, für unser Geistesleben aber außerordentlich wertvoll wäre, ich meine als Regulativ gegenüber der Herrschaft des Durchschnittlichen und Braven, die in staatsbürgerlicher Hinsicht sicher ein Vorteil ist, aber sicher nicht in künstlerisch-schöpferischer Hinsicht. Meines Erachtens ist Ludwig Hohl ein wirklicher Schriftsteller, wie wir ganz wenige haben, ein Künstler der Sprache und einer, der etwas zu sagen hat. Sein Unbekanntsein kommt zum andern Teil daher, daß er mit dem Artemis-Verlag, wie Sie wohl wissen, in ein unglückliches Verhältnis kam, das ihn vor der Öffentlichkeit einfach zur Stummheit verdammt und das schon seit Jahren. Sicher wird es für keinen Verleger leicht sein, mit Hohl umzugehen; auch seinen Freunden und Helfern macht er es nicht immer leicht, und vieles, vermute ich, wurde auch [auf] unnötige Weise verdorben. Das aber ändert ja nichts an dem Ergebnis, nämlich an der gegenwärtigen Lage von Ludwig Hohl, die nun wirklich, auch wenn wir vorsichtig sein wollen mit diesem Wort, katastrophal ist und nur noch durch eine großzügige Hilfe, wie das genannte Darlehen, gerettet werden kann.

Ich weiß, daß Herr Duttweiler mit zahllosen Anliegen überhäuft ist; ich hoffe dennoch, daß Hohl vor dem Schlimmsten bewahrt werden kann, und schreibe Ihnen, sehr geehrter Herr Doktor, diese Zeilen im Sinne einer dringenden Bitte, Ihr Mögliches zu tun.

Mit besten Grüßen und vorzüglicher Hochachtung
Max Frisch, Schriftsteller und Architekt, Zürich

10. 2. 50

An Herrn Dr. Friedrich Witz
Artemis Verlag, Zürich

Betrifft: LUDWIG HOHL

Sehr geehrter Herr Doktor.

Dieser Tage hatte ich Gelegenheit, die Klage-Antwort Proz. Nr. 257/1949, verfaßt von Dr. René Niederer, der den Artemis Verlag vertritt, zu lesen. Es drängt mich nach dieser Lektüre, Ihnen in aller Form meinen Protest anzumelden gegen diese ungeheuerliche Verunglimpfung eines literarischen Werkes, das, auch wenn es keinen richtigen Verleger gefunden hat, zu den wenigen wesentlichen gehört, die unser Land zurzeit vorzulegen hat. Das literarische Urteil des Herrn Doktor Niederer, den ich nach diesem Zeugnis für einen geistigen Hanswurst halte, würde mich keineswegs aufregen; das erwähnte Schriftstück bleibt aber nicht sein persönliches Urteil, sondern es vertritt die Haltung des Verlages, und darum wende ich mich an Sie, den literarischen Leiter dieses Verlages, der sich diese Beleidigung jeder intellektuellen Existenz nicht verbittet, der sie sogar bezahlt. Ganz abgesehen von der Infamie der Darlegung, die sich nicht scheut, einen Intellekt an seiner Selbstanklage aufzuhängen, und sich inquisitorischer Allüren bedient, um den Klienten von einem Schadenersatz zu entbinden, abgesehen von der sittlichen Minderwertigkeit, die dieses Schriftstück offenbart, kann ich mir nicht vorstellen, wie Sie, der Sie dieses geschmähte Werk vor unseren Augen und Ohren ausgiebig bejaht haben, vor einem intellektuellen Forum sich verantworten wollen. Es steht mir nicht an, Ihnen einen Vorwurf zu machen, daß Sie als Verleger langsam den Mut verloren haben; auch in unserem Land ist es schwierig, intellektuellen Mut zu haben, und die allermeisten, die sich das leisten, verstummen in der Versenkung oder schreiben im Ausland. Auch Sie sind ja nicht unabhängig; auch ein Verlag braucht Geld, und das Geld kommt nicht vom Himmel, darüber sind wir uns langsam im Klaren, ja, in diesem Betracht finde ich es ganz in Ordnung, daß Sie das sehr freie Werk von Ludwig Hohl nicht verlegen können, nicht mit diesem Geld; doch was ich nicht verstehe, ist dieses: daß Sie den Rückzug, den Sie antreten müssen, begründen wollen mit einer Verunglimpfung des literarischen Werks, dessen besonderen Wert Sie vor Jahren schon erkannt haben, und dabei handelt es sich ja, selbst wenn der Verfasser im Irrenhaus oder im Gefängnis oder im Penklub säße, nach wie vor um das selbe Werk. Damit, scheint mir, verleugnen Sie sich selbst. Das ist es, was mich betroffen hat, nur das, nicht die geistige Physiognomie des Herrn Doktor Niederer, dem ich die ahnungslose Biedermännerei durchaus glaube. Zur juristischen Seite habe ich wohl kein Recht, mich zu äußern. Darf ich immerhin meine Verblüffung ausdrücken, was die Vorabdrucke betrifft, die Ihrem eifrigen Anwalt als ein Vergehen erscheinen? Als Autor bin ich bei folgenden Verlagen gewesen: Deutsche Verlagsanstalt Stuttgart, Atlantis Verlag Zürich, Benno Schwabe Basel, neuerdings beim Suhrkamp Verlag, vormals S. Fischer Verlag, Frankfurt und Berlin; keinem dieser Verlage ist es jemals eingefallen, Vorabdrucke einzelner Werkteile zu beanstanden oder gar als Schädigung anzusehen. Dies nebenbei. Gleichviel wie das Handelsgericht entscheiden mag, das sich selbst nicht anmaßen wird, ein literarisches Gericht zu sein, es bleibt dieses Dokument, das wir, da es von grundsätzlicher Bedeutung ist, nicht zu vergessen gedenken; von grundsätzlicher Bedeutung: wir werden daran sehen, ob der Schriftsteller und Künstler in unserm Land wirklich vogelfrei ist – denn das ist wohl klar, daß ich mir beispielsweise als Architekt eine solche Fach-Schmähung, wie sie hier gegenüber einem Schriftsteller vorliegt, nicht müßte gefallen lassen, das heißt, Sie würden sie gar nicht wagen …

Mit dem Ausdruck des Protestes:
Max Frisch

Kopie an: Ludwig Hohl, Schriftst., Genf
Dr. Beidler, Schweiz. Schriftstellerverein.

28. 2. 53

Lieber Ludwig Hohl!
Dein Brief macht mich verlegen und freut mich – wie mich schon die Eckstein-Begegnung gefreut hat. Einen nicht eben meisterhaften (darum vielleicht verständlichen und nützlichen) Brief, den ich der Leih-Kommission schrieb, lege ich Dir bei. Ärgere Dich nicht daran! ... Daß Du, wie mir scheint, das *Tagebuch* überschätzest, ist nicht der Grund, warum ich mich freue über unser Du, das mir übrigens (so blöd ich mich anstellte) von Herzen selbstverständlich ist, dabei ungewohnt, anders als die Menge jener Duzungen, die sich leider auf Schritt und Tritt ergeben, die ich hinnehme, um ja nicht »arrogant« zu sein; wo Leute sich überhaupt nicht begegnen, merken sie ja meistens auch nicht die Distanz, dann ist das Du die angemessene Form perfekter Beziehungslosigkeit. – Es ist einfach sehr schade, daß Du nicht in unserem Städtchen lebst, öfter auftauchst; im Bewußtsein, daß unser Gespräch nur kurz sein wird, habe ich immer eine Scheu, es bis zum Streiten kommen zu lassen; darin, empfinde ich, ist noch etwas Unwirkliches an unsrer Begegnung (vielleicht das, was Dich nachher etwas unsicher macht?). – Don Juan beschäftigt mich weiter, obschon das Stück zu Ende geschrieben und im April auf den Bühnen zu besichtigen ist; ich sollte (und wollte) ein paar »Notizen« dazu schreiben; das Beste, was bei diesem Krampf bisher gewonnen worden ist: daß ich Dich neuerdings und aufs Frischeste um Deine Prosa beneide!

Auf Wiedersehen hoffentlich in Bälde

sehr herzlich dein
Frisch

Brecht ist tot

Die ersten Zeitungen lesend, die im Lexikon-Ton bestätigen, daß Brecht, dessen Gesicht mich nun einmal verfolgt, ein politischer Schweinehund war und blind – was ihn von uns allen unterscheidet – sitze ich vor meinem Aschenbecher: Stummel von drei Havannas, die er, Freund der guten Zigarre, geschätzt hätte in seinem lausigen Osten, dazu fünf Rössli-Stumpen, das ist zuviel! Das zeugt von Erregung. Muß man mit einem Dichter einverstanden sein, um zu sehen, daß er einer ist, und um zu verehren? Ich frage die Flasche, die ich zur Hälfte geleert habe, um diese paar Zeilen zu schreiben, und nichts wird mich hindern, langsam zu Ende zu trinken –

Laßt euch nicht verführen!
Es gibt keine Wiederkehr.
Ihr sterbt mit allen Tieren,
Und es kommt nichts nachher.

Das ist (ungefähr) Brecht, von dem ich gestern träumte: ich bewunderte eine Mechanik, die er eben gebastelt hatte, und er gestand mit fast weiblicher Zärtlichkeit, er halte das Ding, wiewohl es funktioniere, natürlich nicht für die Wahrheit. Kennt man eigentlich Brecht? Man sage es laut vor sich hin, natürlich nicht allzu laut; seine Stimme war alles andere als fanfarenhaft, eher ängstlich, daß der eigene Klang ihn erweiche, und dann bis zur Klanglosigkeit verschämt, aber rhythmisch, aber bestimmt:

Von diesen Städten wird bleiben:
der durch sie hindurchging, der Wind!

Oder wenn man es trotz Stalin-Preis und Herbert Lüthy, der den armen B. B. durchschaut hat, noch besitzt:

Mein Essen aß ich zwischen den Schlachten
Schlafen legte ich mich unter die Mörder
Der Liebe pflegte ich achtlos
Und die Natur sah ich ohne Geduld.
So verging meine Zeit,
Die auf Erden mir gegeben war.

Dabei wissen wir doch:
Auch der Haß gegen die Niedrigkeit
Verzerrt die Züge.
Auch der Zorn über das Unrecht

Macht die Stimme heiser. Ach, wir
Die wir den Boden bereiten wollten für Freundlichkeit
Konnten selber nicht freundlich sein.

Ihr aber, wenn es so weit sein wird
Daß der Mensch dem Menschen ein Helfer ist
Gedenkt unsrer
Mit Nachsicht.

Der mitternächtliche Tod von Brecht (er sollte an jenem Abend verreisen) berührt mich außerordentlich wenig – habe ich ihn nicht geliebt? – wenig wie die letzten Gespräche mit Brecht, die larvenhaft waren. Konnten sie denn anders sein? Der Westen lauerte auf seine Ergebung. Was mich an Brecht stets erschreckt hat: sein kurzes klirrendes Lachen. Hinreißend war es, Brecht an der Arbeit zu treffen und durch seine Fragen sofort beteiligt zu werden, hinreißend zu Wonnen der Nüchternheit. In der Arbeit war er wie keiner bereit, Einwände zu hören, zu prüfen, das Gegenteil zu erproben, zu verwandeln, hier war er lebendig in beispielhafter Art, rauschlos, aber freudig, wo irgendetwas gelang, und von besonnener Ratlosigkeit, wenn das Erwünschte nicht herzustellen war, nicht nervös, aber von beharrlicher Ratlosigkeit. Das Größte, was ich an Theater bisher erlebt habe, fand ich in Aufführungen des Berliner Ensembles. Vor einem Jahr, als ich Brecht zuletzt sah, wirkte er nicht krank, doch erschöpft, er aß vorsichtig und beschränkte sich auf Fragen betreffend ein stilles Haus am Genfersee, und seine Höflichkeit, eine höchsteigene Art von graziler Höflichkeit, die er auch nach Streitgesprächen hatte, begleitete mich nur noch zur Schwelle, so daß ich im Flur allein den Ausweg suchen mußte. Das wirkliche Gespräch, das Streitgespräch, das offene, war lange schon begraben. Mag sein, daß darum sein Tod mich nicht bestürzt. Aber daß Brecht nicht mehr arbeitet, das bestürzt mich. Galileo Galilei, das Spiel von der Schlauheit und Feigheit eines Mannes, der zu seiner Zeit nicht sagen darf, was er denkt, hat Brecht nicht mehr selber inszenieren können. Wer wird es können? Und vor einem Monat starb Benn, den man nicht nach seiner politischen Einsicht, sondern allein nach seinen Versen wertet. Es räumt auf, es räumt auf unter den Meistern deutscher Sprache, und ins vordere Glied treten nicht ohne Verlegenheit, so denke ich, die Nächsten, der Sense näher als der Meisterschaft.

(1956)

Mit Oskar Wälterlin (Regie) anläßlich der Proben zu »Biedermann und die Brandstifter«, 1958

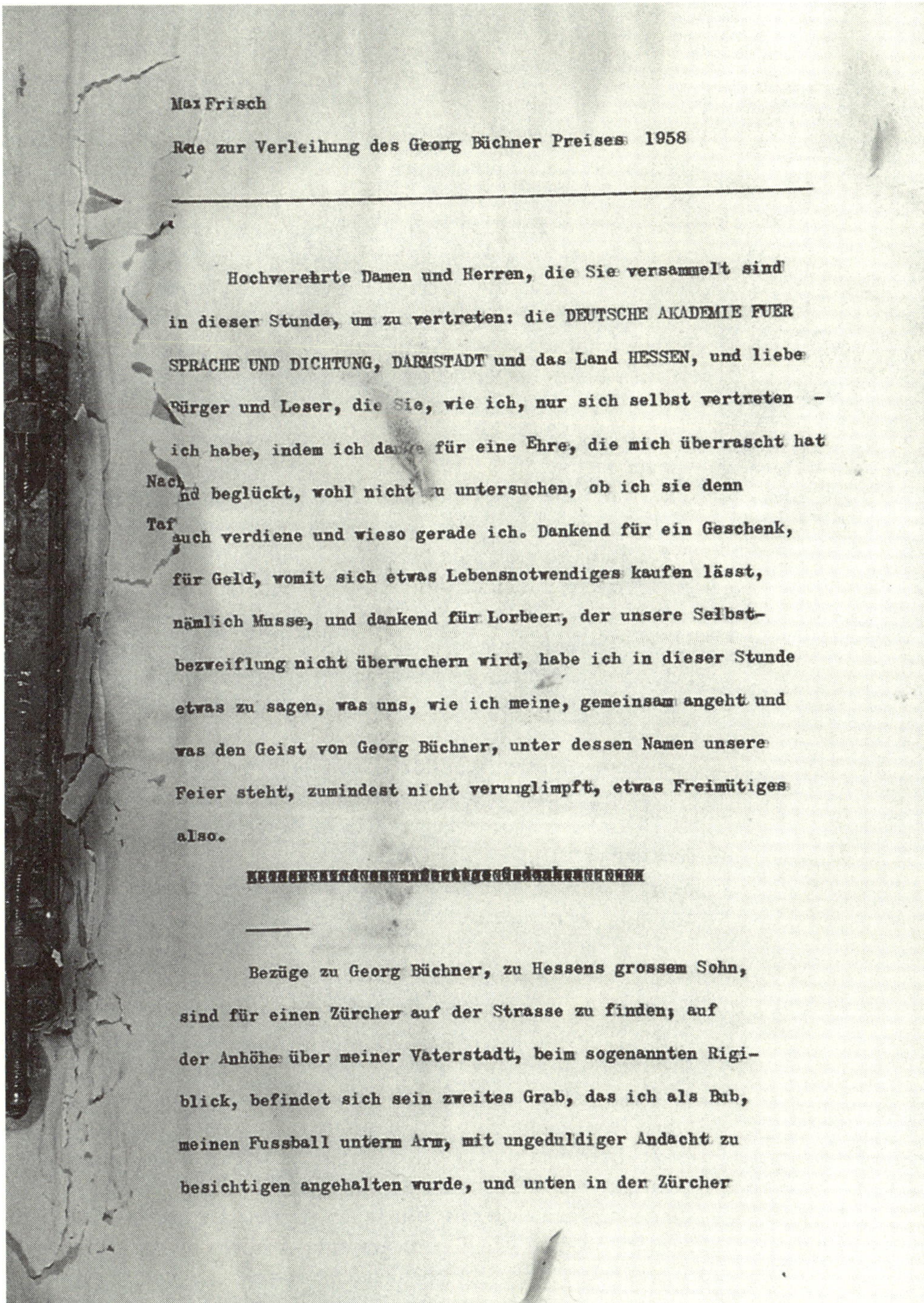

Max Frisch

Rede zur Verleihung des Georg Büchner Preises 1958

Hochverehrte Damen und Herren, die Sie versammelt sind in dieser Stunde, um zu vertreten: die DEUTSCHE AKADEMIE FUER SPRACHE UND DICHTUNG, DARMSTADT und das Land HESSEN, und liebe Bürger und Leser, die Sie, wie ich, nur sich selbst vertreten – ich habe, indem ich danke für eine Ehre, die mich überrascht hat
Nach und beglückt, wohl nicht zu untersuchen, ob ich sie denn
Taf auch verdiene und wieso gerade ich. Dankend für ein Geschenk, für Geld, womit sich etwas Lebensnotwendiges kaufen lässt, nämlich Musse, und dankend für Lorbeer, der unsere Selbstbezweiflung nicht überwuchern wird, habe ich in dieser Stunde etwas zu sagen, was uns, wie ich meine, gemeinsam angeht und was den Geist von Georg Büchner, unter dessen Namen unsere Feier steht, zumindest nicht verunglimpft, etwas Freimütiges also.

~~[illegible]~~

Bezüge zu Georg Büchner, zu Hessens grossem Sohn, sind für einen Zürcher auf der Strasse zu finden; auf der Anhöhe über meiner Vaterstadt, beim sogenannten Rigiblick, befindet sich sein zweites Grab, das ich als Bub, meinen Fussball unterm Arm, mit ungeduldiger Andacht zu besichtigen angehalten wurde, und unten in der Zürcher

Erste Seite der Rede zur Verleihung des Georg-Büchner-Preises, 1958

Uetikon, 3. 11. 59
nicht gesendet

Paul Celan, um 1959

Lieber Paul Celan!
Das ist der vierte Versuch eines Briefes, der Ihnen antworten soll, es kann also kein guter mehr werden. Haben Sie Nachsicht! Der erste war herzlicher, aber man kann Herzlichkeit nicht abschreiben. Sind wir Freunde? Ich weiß gar nicht, wieweit Sie mich ernstnehmen können, wahrnehmen können außerhalb des Zirkels, der der Ihre ist. Unsere kurze Begegnung in Sils: ich war froh darum, Ihr Gesicht und Ihre Stimme wahrzunehmen, nachdem doch Ihr Name, lange schon der Name eines Dichters, ein Name in meinem eigenen Leben geworden ist durch Ingeborg. Was ich weiß: Sie geben mir Kredit, kein Antisemit zu sein. Allein damit kann ich mich noch wenig bewegen. Verstehen Sie, was ich meine? Ich fürchte ein wenig, daß Sie mich auf die Rolle eines verläßlichen Anti-Nazi reduzieren. Oder eines unverläßlichen, wenn ich auf diese Blöcker-Kritik nicht so reagiere, wie Sie es erwarten. Ob Sie zu einer Freundschaft bereit sind, wenn ich nicht mit Ihnen einverstanden bin? Ich lebe mit einer Wunde, die freilich nicht Sie mir geschlagen haben, auch nicht Hitler, aber auch mit einer Wunde, sensibilisiert bis zur Krankhaftigkeit, allzu leicht fühle ich mich verraten, ausgeliefert, verhöhnt, ausgestoßen, preisgegeben, Zwischentöne vergiften mich, und Nachlässigkeiten genügen, um mich zu schinden, und oft, allzu oft brauche ich alle Kraft, um nicht verletzt zu sein von meiner bloßen Einbildung, um nicht meinen Verstand umzusetzen in brillante Selbstgerechtigkeit aus Notwehr. Wozu sage ich das! Der Verwundete, der sich an mich wendet wie Sie, muß wissen, daß er zu einem Verwundeten kommt; auch Ihnen gegenüber, lieber Paul Celan, fühle ich mich unfrei durch das Bedürfnis, geachtet zu werden, zu geneigt, einverstanden zu sein mit Ihnen. Ich bin aber nicht einverstanden mit Ihrer Haltung in dieser Sache. Ich habe Ihre neuen Gedichte in diesem Sommer oft gelesen, schon im Krankenhaus; später wieder und wieder, weil ich mit einem Teil davon Mühe habe. Dann denke ich immer, es liegt an mir, wenn die Kommunikation nicht gelingt; ich fühle mich unzuständig und schweige. Was nun Herr Blöcker, den ich nicht kenne, dazu schreibt, ist nicht mein Urteil, immerhin nehme ich es als Versuch eines Urteils. Es sind ja viele Urteile gestattet. Ich finde seinen Text nicht gut, nicht frei von zwielichtigen Wendungen. Das muß ich Ihnen zugeben. Aber es geht Ihnen ja nicht darum, daß der Kritiker sich negative Meinungen gestattet, sondern um Symptome politischer Art. Wahrscheinlich haben Sie, diesbezüglich, leider recht. Ist der Freundesdienst, den Sie von mir und andern erwarten, damit geleistet, daß wir Ihnen, vom Scharfsinn Ihrer Entgegnung ge-

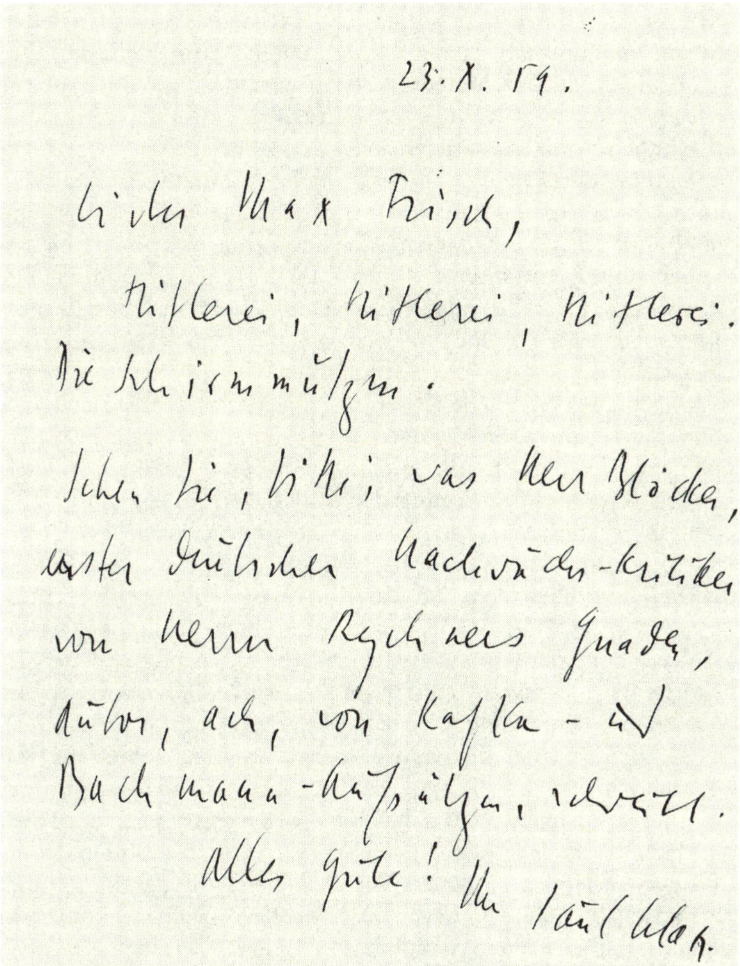
23. X. 59.

Lieber Max Frisch,

Hitlerei, Hitlerei, Hitlerei.
Die Schirmmützen.

Sehen Sie, bitte, was Herr Blöcker,
erster deutscher Nachwuchs-Kritiker
von Herrn Rychners Gnaden,
Autor, ach, von Kafka- und
Bachmann-Aufsätzen, schreibt.

Alles Gute! Ihr Paul Celan.

Brief von Paul Celan, 23. Oktober 1959:

Lieber Max Frisch,
Hitlerei, Hitlerei, Hitlerei.
Die Schirmmützen.
Sehen Sie, bitte, was Herr Blöcker, erster deutscher Nachwuchs-Kritiker von Herrn Rychners Gnaden, Autor, ach, von Kafka- und Bachmann-Aufsätzen, schreibt.
Alles Gute! Ihr Paul Celan.
(© Eric Celan und Suhrkamp Verlag)

Günter Blöcker hatte im Berliner Tagesspiegel (11. Oktober 1959) Paul Celans Gedichtband »Sprachgitter« besprochen.

führt, recht geben? Ich kenne Sie zu wenig, lieber Paul Celan, ich weiß zum Beispiel gar nicht, wie Sie in einem Fall, wo der Verdacht auf Antisemitismus ausgeschlossen ist, auf eine einschränkende Kritik an Ihrem dichterischen Werk reagieren. Ich will Sie keineswegs gleichsetzen mit mir; ich weiß nicht von Ihnen, aber von mir, wie ich mitunter froh bin festzustellen, daß ein Kritiker, der mich nicht lobt, politisch oder auch sonstwie eine trübe Figur ist. Meistens sind es ja trübe Figuren, leider. Da bei mir der Verdacht, daß ich aus Antisemitismus getadelt oder mißverstanden werde, nicht anzuwenden ist, wohin soll ich mich wenden? Ich muß mit mir selbst fertigwerden, was immer wieder eine mühsame und leidige Arbeit ist; dabei habe ich die Erfahrung gemacht, daß ein wilder Verriß mich weniger trifft als die Zwischentöne einer Anerkennung, die mir zeigt, wo der Kritiker meine momentane Schwäche oder meine Grenze überhaupt sieht. Meistens ist es nicht allzu schwer, ihn mit seinen eignen Un-Stimmigkeiten zu schlagen, aber was habe ich davon? Mein Scharfsinn wird der Complice meiner Selbstgerechtigkeit, das ist alles. Von einem gewissen Lebensalter an, nämlich wenn man durch einige Leistungen schon ausgesteckt ist, leidet man ja weniger an einem Fall von Mißlingen als an den deutlich werdenden Grenzen seiner Möglichkeiten überhaupt, und ich könnte mir denken, daß auch jemand daran leidet, dessen Möglichkeiten groß und ungewöhnlich sind, also auch jemand wie Sie. Die Nennung der Todeslager, in diesem Zusammenhang, ist mir nicht geheuer. Sie zwingt mich zu glauben, daß Ihre Empörung über die Kritik von Blöcker vollkommen frei ist von allen anderen Regungen, die eine solche Kritik in einem Verfasser auslösen kann. Ich will es glauben. Sie zwingen mich dazu. Denn wäre in Ihnen, mit Bezug auf diese Kritik, auch nur ein Funke gekränkter Eitelkeit, so wäre ja die Nennung der Todeslager, scheint mir, unerlaubt, ungeheuerlich. Mißdeuten Sie mich nicht, lieber Paul Celan, ich zweifle, nicht an Ihrem Entsetzen über Symptome der Hitlerei, die auch mich entsetzen, und wäre Ihr Ausruf HITLEREI, HITLEREI, HITLEREI, DIE SCHIRMMÜTZEN! nicht erfolgt im Zusammenhang mit einer literarischen Kritik, die Ihnen auch sonst ärgerlich sein mag, so wäre ich auf das politische Problem eingegangen. So ist es mir nicht möglich, denn das Einverständnis im Politischen, das Sie zu Recht bei mir voraussetzen, würde nur verdecken, was zwischen uns nicht stimmt, durch Verschweigen nicht stimmt. Darum ist mir nicht wohl dabei. Sie nötigen mich zu einem Brief, der dazu führen mag, daß Sie mich abschreiben wie Böll und viele und fast alle, oder zu einem Verschweigen, was das Ende einer Freundschaft bedeutet, bevor man sie begonnen hat. Vielleicht brauchen Sie gar keine Freundschaft, aber es ist das einzige, was ich anzubieten vermag.

Herzlich grüßt Sie
Ihr Max Frisch

Uetikon, 6. 11. 59

Lieber Paul Celan!

Ich habe Ihnen schon vier Briefe geschrieben, lange, dann auch noch einen fünften, kurzen, alle gehen nicht. Aber ohne Antwort kann ich Sie nicht lassen. Was soll ich Ihnen nur schreiben? Das politische Einverständnis, das Sie bei mir voraussetzen können, würde nur verdecken, was mich an Ihrem kurzen Brief sonst bewegt, Ihr persönliches Problem, worüber zu sprechen mir nicht zukommt, zumal Sie es nicht als solches, sondern als ein politisches, objektives, vor mir hinstellen. Ich bin in echter Verlegenheit, glauben Sie mir das, und der Brief an Sie beschäftigt mich seit Tagen, ich habe ganze Vormittage und ganze Abende darauf verwendet. Sie geben mir den Kredit, kein Antisemit zu sein. Verstehen Sie, was ich meine, wenn ich Ihnen sage, daß ich mich damit noch wenig bewegen kann? Ich habe keine Ahnung, welchen Kredit sonst Sie mir geben. Ich habe die Erfahrung gemacht, daß es zwischen Menschen so, wie es zwischen Ihnen und mir kommen würde, wenn ich Ihnen einfach recht gebe, nicht geht, und ich bin besorgt, wenn ich mich auf die Rolle eines verläßlichen Anti-Nazi reduzieren lasse. Ihr Brief, lieber Paul Celan, fragt mich nicht, Ihr Brief gibt mir die Chance, mich zu bewähren, wenn ich auf die Kritik von Blöcker so reagiere wie Sie. Das ist es, was mich aufreizt. Ich wollte, nach so vielen gescheiterten Briefen, nur noch schreiben: Sie haben recht, Sie haben recht. Ich wollte resignieren. Wie schwer es mir fällt, lieber Paul Celan, zu resignieren. Unsere Begegnung in Sils: ich war so froh, Ihr Gesicht und Ihre Stimme wahrzunehmen, nachdem doch Ihr Name, lange schon der Name eines Dichters, ein Name in meinem eigensten Leben geworden ist. Ich hatte Angst vor Ihnen, jetzt habe ich sie wieder. Ob Sie zu einer Freundschaft bereit sind? Und auch dann, wenn ich nicht mit Ihnen einverstanden bin? Ich könnte Ihnen versichern, daß mich Symptome von Hitlerei ebenfalls entsetzen, ferner darauf hinweisen, daß die neuen Bedrohungen, wie wir ja wissen, sich kaum in Ähnlichkeiten mit der alten Hitlerei werden erkennen lassen. Aber wenn wir ins Politische denken wollen, so müßten wir uns, glaube ich, ablösen von allen Fällen, die sich vermischen können mit dem Problem, wie wir uns zur literarischen Kritik überhaupt verhalten. Ich weiß nicht von Ihnen, aber von mir, wie froh ich mitunter bin festzustellen, daß der Kritiker, der meinen Ehrgeiz verletzt, politisch eine trübe Figur ist. Und was mich, zum Beispiel, am meisten verletzt, das ist nicht ein wilder Verriß, sondern das sind die Zwischentöne einer Anerkennung, die mir zeigt, daß der Kritiker (wie miserabel er sich auch ausdrücken mag) meine momentane

Schwäche oder meine Grenze überhaupt gewittert hat. Von einem gewissen Alter an, nämlich wenn wir durch einige Leistungen ausgesteckt sind, leiden wir ja weniger an einem Fall von Mißlingen als an den deutlicher werdenden Grenzen unsrer Möglichkeiten überhaupt, und ich könnte mir denken, daß auch jemand daran leidet, dessen Möglichkeiten groß und ungewöhnlich sind, also auch jemand wie Sie. Seien Sie nicht böse, lieber Paul Celan, wenn ich mich daran erinnere, wie kränkend das öffentliche Mißverständnis ist auch dann, wenn der Verdacht, daß es aus Antisemitismus kommt, nicht anwendbar ist. HITLEREI, HITLEREI, HITLEREI, DIE SCHIRMMÜTZEN! schreiben Sie. Ich finde die Kritik von Blöcker nicht gut, nicht frei von zwielichtigen Wendungen, das gebe ich Ihnen zu, wenn ich das andere auch sagen darf: Ich finde Ihre Entgegnung, obschon sie ein Meisterstück sprachlichen Scharfsinns ist, auch nicht gut. Sie zwingt mich (und ich verehre Sie ja freiwillig), Sie zu verehren, nämlich ohne Frage zu glauben, daß Sie, lieber Paul Celan, vollkommen frei sind von Regungen, die mich und andere heimsuchen, Regungen der Eitelkeit und des gekränkten Ehrgeizes, denn sollte auch nur ein Funke davon in Ihrem Zorn sein, so wäre die Anrufung der Todeslager, scheint mir, unerlaubt und ungeheuer. Wem sage ich das! Wenn Sie aus einer Kritik, wie der von Blöcker, ein politisches Phänomen machen, so stimmt das zum Teil, glaube ich, zum andern Teil aber nicht, und ein Problem fälscht das andere. Es fällt mir nicht leicht, einen Brief abzuschicken, der dazu führen kann, daß Sie mich aufgeben, oder zu einem Verschweigen, was das Ende einer Freundschaft bedeutet, bevor sie begonnen hat. Vielleicht können Sie auch das, was ich unter Freundschaft verstehe, gar nicht brauchen, nicht wünschen, aber es ist das Einzige, was ich anzubieten vermag.

Von Herzen Ihr
Max Frisch

An das Lektorat des Suhrkamp Verlags (Siegfried Unseld, Hans Magnus Enzensberger, Karlheinz Braun):

Rom, 10. 1. 61

Herrn Dr. S. Unseld
Herrn Dr. H. M. Enzensberger
Herrn Dr. K. Braun

Liebe Doktoren!

Ich danke Ihnen sehr herzlich. Wenn ich jetzt, nach Ihren drei Briefen, meine Pfeife stopfe – was ich sowieso tun würde, jetzt aber wie einer, der den Hirsch erlegt hat – und die Beine von mir strecke, im Augenblick gleichgültig, wieviel Enden das Geweih nun wirklich habe, etwas zu gleichgültig vielleicht, denken Sie nicht, daß ich Ihre genauen Einwände, inbegriffen die verschwiegenen, die zu den schwersten gehören, nicht ernsthaft zur Kenntnis genommen habe. Darf ich Ihnen sagen, daß Sie sich höchlich bewährt haben? Mein Wunsch, Ihre Urteile einzeln kennenzulernen, mag etwas anmaßend gewesen sein; es ist aber für mich, im Hinblick auf spätere Arbeitsgänge, tatsächlich sehr wertvoll, die Diskrepanz und die Kongruenz Ihrer Eindrücke zu sehen. Werde ich den Spruch von Herrn Boehlich auch noch kennenlernen? Da ich ein Brieflein, unterzeichnet von Boehlich, adressiert an Falckenberg, bekommen habe, fürchte ich ein wenig, daß Herr Boehlich sich mit Herrn Falckenberg über mein Stück unterhält und dies mit dem ganzen Aufwand an Takt, als unterbreite er seine Kritik geradezu dem Verfasser selbst. Besteht eine Kopie des Briefes, den Herr Falckenberg bekommen hat? Natürlich bin ich froh, daß Sie mein Stück, als Vorhaben, so freundlich begrüßt haben. Was ich mit Ihren guten Einwänden und Gedanken anfangen werde, müssen wir abwarten; es hängt ja nicht nur davon ab, wieweit sie mich überzeugen, sondern auch davon, wieviel ich vermag oder nicht vermag. Am meisten, und zugleich am peinlichsten, überzeugen mich natürlich die Einwände, die sich mit den eignen decken oder zumindest berühren. Sie dürfen es mir nicht verargen, wenn ich jetzt nicht in eine schriftliche Diskussion eintrete, im Gespräch würde ich es wohl tun, und wenn ich nur im großen ganzen antworte:

Die Vorgeschichte, d.h. die Figur des Lehrers, der die Fabel startet, war die Crux von Anfang an; ich glaube, es läßt sich hier (teils im Sinn Ihrer Anregungen) noch einiges abfangen, ohne daß es zu

6.

STUBE DES LEHRERS

Die Mutter sitzt und stickt, der Doktor untersucht Andri im Hals mit einem Löffel. Der Doktor raucht einen Zigarillo, Andri sitzt.

ANDRI Andorra !

DOKTOR Aber lauter, mein Freund, ganz laut !

ANDRI Andorra !

DOKTOR Aaaaaandorra.

ANDRI Aaaaaandorra.

Andri hustet.

DOKTOR Was gibt es hier zu husten ?

ANDRI Ihr Rauch, Herr Professor, Ihr Rauch . . .

MUTTER Ist es schlimm ?

Die Untersuchung wird fortgesetzt.

Andri Andorra.

DOKTOR Noch mehr !

ANDRI Aaaaaaaandorra.

DOKTOR - Andorra ist ein kleines Land, aber ein freies Land. Kein Vaterland der Welt, und euer Professor ist weit in der Welt herumgekommen, mein junger Freund, kein Vaterland der Welt - Sag's noch einmal !

ANDRI Aaandorra.

Faksimiles aus dem Typoskript einer frühen Fassung von »Andorra«

- 2 -

DOKTOR — kein Vaterland der Welt, sag ich, hat einen so schönen Namen, junger Freund, und kein Volk in der Welt ist so frei - Mund auf, sag ich, Mund auf !

ANDRI Aaaandorra. Aaaaandorra. Aaaaaandorra.

DOKTOR Wo kann man den Mund noch so aufmachen wie hier ?

Er nimmt den Löffel heraus:

Ein bisschen entzündet.

ANDRI Ich ?

DOKTOR Hast du Kopfschmerzen ?

Andri schüttelt den Kopf.

DOKTOR Schlaflosigkeit ?

ANDRI Manchmal.

DOKTOR Aha.

ANDRI Aber nicht deswegen !

Der Doktor steckt ihm wieder den Löffel in den Hals.

ANDRI Andorra.

DOKTOR Aaaaaandorra !

ANDRI Aaaaaaaaaandorra.

DOKTOR So ist's gut ! So muss es tönen, dass jeder Jud in den Boden versinkt, wenn er den Namen unsres Vaterlands hört - Verschluck mir den Löffel nicht !

Andi nimmt selbst den Löffel heraus.

Was denn ? Was denn ?

Andri erhebt sich.

ANDRI Kann ich jetzt gehn ?

einer vollen Lösung kommt; man müßte das Stück neu erfinden, dazu ist es für mich zu alt. Was Herr Braun sagt, scheint mir nützlich: daß der Lehrer früher von seinem wirklichen Motiv her glaubhaft werden müßte. Richtig (wichtig) auch, was Herr Enzensberger sagt von der blinden Stelle: die Enthüllung, daß Andri kein Jud ist, kommt gar nicht zum Austrag, und die nicht nur berechtigte, sondern vor der Pause ausdrücklich aufgeworfene Frage, wie sich die Andorraner dazu stellen werden, bleibt in der Schwebe. Wie soll der Lehrer, da Andri auf seinem Judsein besteht, vors Volk gehen? Dennoch wäre das, was fehlt, möglich gewesen als groteske Szene: der Lehrer sagt es den Andorranern, sie verhalten sich teils so, teils so, hinzukommt Andri, der die Enthüllung annulliert. Das ist, in dem jetzigen Stück, nur in verborgener Weise enthalten. Das Stück dreht sich um; es kommt nicht zu dem, was zu erwarten stand, und darin lag für mich immer ein besondrer Reiz: wie die Andorraner sich verhalten, wenn sie die »Wahrheit« vernehmen müssen, wird irrelevant, da es die Wahrheit, wie der Lehrer meint, nicht mehr gibt, da Andri tatsächlich kein Andorraner mehr ist. Die Frage, die jene erste (dramaturgisch anvisierte) Frage überholt, nämlich: Wie verhält Andri sich zur »Wahrheit« seiner Herkunft und Person? ist im Stück mit Absicht nicht so vorbereitet, daß man sie im Mittelpunkt erwartet. Sie sollte uns überraschen, nicht als Kniff, sondern als Vorstoß zum Ganzen des Problems. Im ersten Teil sehen wir es, ohne mit den Andorranern einverstanden zu sein, von den Andorranern her. Was Herr Enzensberger ausführt von der Verlagerung des Schwerpunkts, trifft zweifellos zu, beunruhigt mich aber nicht. DER JUD VON ANDORRA, als Titel, wäre besser, aber in unseren Landen unmöglich; ich will ja nicht alle davor warnen, daß ich sie auf den Kopf hauen will. Viel Bedenkenswertes haben Sie mir unterbreitet, Herr Unseld mit Ihrer Frage: Judensuche oder Mördersuche. Was den Überfall der Schwarzen betrifft, so merke ich plötzlich wieder einmal, daß ich Schweizer bin; der Gedanke, eines Morgens überfallen zu werden, wurde uns so vertraut, daß ich als Dramatiker diesen Teil der Fabel so wenig begründe wie den Geschlechtstrieb einer Person. Sehen Sie diese Perversion durch Herkunft! Ich übergehe nicht, was Sie mir als Unbefriedigtsein melden, betreffend die Schwarzen als die Überschuldigen; Sie warnen mich vor möglichen Mißdeutungen, die abgeschirmt werden sollten womöglich. Was ich meine und weswegen für mich in diesem Punkt nichts zu ändern ist, nichts umzubauen, ist dies: Das Stück handelt (soweit es nicht nur das Stück von Andri ist), nicht von den Eichmanns, sondern von uns und unsern Freunden, von lauter Nichtkriegsverbrechern, von Halbspaß-Antisemiten, d.h. von den Millionen, die es möglich machten, daß Hitler (um schematisch zu reden) nicht hat Maler werden müssen. Die Andorraner, denen ich

Mit Kurt Hirschfeld während der Proben zur Uraufführung von »Andorra« im Schauspielhaus Zürich, November 1961.

nicht ohne Noblesse mehr schweizerische als deutsche Töne verliehen habe, werden nie einen Jud abschlachten, nicht einmal regelrecht foltern; das mit dem kleinen Finger geht ihnen schon zu weit. Ein Steinwurf, mag sein, das kommt in der besten Gemeinde einmal vor. Daß sie, schuldig durch diesen anonymen Steinwurf, den Schwarzen einen Sündenbock abzuliefern haben, ist das nicht klar? Die Schwarzen sind hier nichts als eine Maschine, stumm, es interessiert mich überhaupt nicht, wer die sind; die haben keine Sprache. Schuld? Hauptschuld? Keine Spur. Das würde der FAZ so passen: Eichmann als der Schuldige. Drum ziehen sie die Eichmann-Sache doch so groß auf, diese FAZ-Andorraner. Darum schiene es mir vollkommen verkehrt, was Herr Braun (ich verstehe seine Gründe dafür schon richtig) diesbezüglich vorschlägt, nämlich verkehrt in der Wirkung: Die Andorraner erschlagen ihren Jud. Schweine! sagt sich jeder Zuschauer und ist ausgenommen, denn die meisten Zuschauer haben ja keinen Jud umgelegt. Bitte! Dank dieses Endes geht das Ganze sie nichts an, d.h. es befriedigt sie der Unterschied, der denn doch da ist zwischen diesen Andorranern und ihnen selbst. Für mich, wenn ich das sagen darf, gehört es zum Wesentlichen des Einfalls, daß die Andorraner ihren Jud nicht töten, sie machen ihn nur zum Jud in einer Welt, wo das ein Todesurteil ist. So sehr ich dafür wäre, daß die Eichmanns, die Vollstrecker, gehängt werden, so wenig interessieren sie mich, genauer: ich möchte die Schuld zeigen, wo ich sie sehe, unsere Schuld, denn wenn ich meinen Freund an den Henker ausliefere, übernimmt der Henker keine Oberschuld. Kann sein, daß ich hier mißverstanden werde vom Zuschauer, ich glaube es aber nicht einmal, da ich ihm weder den Gefallen erweise, Interesse zu haben für Eichmann, noch den Gefallen, einen Unterschied zu machen zwischen Zuschauer und Andorraner, indem ich die Andorraner eigenhändig töten lasse. Ich möchte das so lassen. – Wichtig als Warnung ist mir, was Herr Unseld sagt wegen Mauscheln; sollte keinesfalls sein, ausgenommen die Stelle, wo Andri vor dem Lehrer den Verkäufer imitiert, und kommt daher, daß ich in diesem Stück, dessen Sprache mir eine Not war, bewußter denn je auf unsere Mundart zurückgegriffen habe. Sie wissen, daß Schweizerdeutsch wie das Jiddische, eine Abzweigung vor der Hochsprache ist, daher gewisse Ähnlichkeiten. Wie geht es Ihnen übrigens mit den Namen? Ich werde, wenn es zur letzten Durchsicht kommt, auch beachten, was Herr Enzensberger meint mit dem Balladenhaft-Volkstümlichen. Und noch einiges, was Sie notiert haben. Wichtig für mich sind ja auch Dinge, die Sie nicht zur Diskussion stellen; daß Sie sie nicht zur Diskussion stellen. Zum Beispiel die Inzest-Liebe Andri-Barblin. Ferner, was Herr Braun als gelungen erwähnt: mit sieben Männchen ein ganzes Volk darzustellen. Gibt es keinen Bürgermeister in Andorra? Wer regiert in Andorra? Wie? Jedes Stück besteht ja auch aus enormen Auslassungen, die nicht als solche bewußt werden dürfen. Ferner: die Judenschau (Sie diskutieren sie vom dramaturgischen Gesichtspunkt her) als Erfindung, die der Zuschauer, wenn die Erfindung als solche gut ist, hinnehmen soll wie einen Brauch, den nur er nicht gekannt hat. Man könnte vorher darauf anspielen, gewiß, ich tue es mit Absicht nicht: es ist, meine ich, stärker im erwähnten Sinn, wenn die Juden[schau] plötzlich einfach da ist, sich in sich selbst erläutert; jede dramaturgische Vorbereitung (man hört, die Schwarzen machen's so und so) entblößt die Erfindung als eine solche, ich brauche hier die Überraschung, um die Judenschau zu einer Gegebenheit zu machen. –

Ich habe das Stück jetzt weggelegt.

Ihre Briefe liegen im Manuskript, damit sich die beiden, Manuskript und Briefe, miteinander befreunden mögen.

Ich danke Ihnen aufrichtig
Ihr Frisch

Mit Fritz Kortner in Frankfurt, 1956.

»Es gehört zu Ihrem Ruhm, ein Gewaltsamer zu sein. Das gehört zum produktiven Temperament (daß Gewaltsamkeiten vorkommen, auch wo kein produktives Temperament am Werk ist, das ist eine andere Sache!)«

Rom, 2. 3. 62
via de Notaris 1 F

Verehrter und lieber Herr Kortner!

Schröder erzählte mir von seinem Gespräch mit Ihnen, und das mahnt mich an mein Vorhaben, Ihnen zu schreiben. Zu sagen wäre (zumal nach Ihrem Witz in den Vierjahreszeiten: Der einzige dunkle Punkt bin ich) eigentlich nur: ich empfinde es als eine Auszeichnung, daß Sie nochmals einen Frisch machen, mir Ihre Kraft zur Verfügung stellen gerade für dieses Stück, das, wie ich weiß, leicht auch befreundete Geister trennt. Andorra ist ja ein Juden-Stück für die Nichtjuden; während der langen und schwierigen Arbeit hatte ich oft Sorge, nicht daß die Mörder es mir nicht abnehmen, das ist nicht mein Verlangen, aber daß die Juden (die ja von sich aus mehr sind als nur eine Fiktion der Nichtjuden) sich dagegen verwahren. Sie verstehen mich, denke ich. Ich warte eben auf die Nachrichten aus Israel, wo ja nun das Optimum an Verfremdung stattfindet: ein Stück, das vom Jud handelt und in dem kein Jude vorkommt, gespielt von lauter Juden und vor Juden. Als nach der Münchner Aufführung, wie ich hörte, jemand auf der Straße sagte, es sei eine Zumutung, daß dieses Stück gezeigt werde, dachte ich: Vielleicht, ja, aber für die Juden. Im allgemeinen (Ausnahme Torberg) zeigte sich, daß die Juden, die Opfer also, minder empfindlich sind als die Mörder, die potentiellen und die faktischen. Ich bin gespannt, wie Berlin reagiert, eigentlich noch gespannter, wie Sie es machen. Es sind Gründe sehr privater Natur, die mich hindern an die Premiere zu kommen; ich hoffe die Aufführung später zu sehen. Vor allem möchte ich sehen, wie Sie die Judenschau inszenieren. Im übrigen scheint mir, nach den bisherigen Erfahrungen, den guten und den schlechten, besonders wichtig, daß der Pater über den andern steht, ein möglichst anständiger Christ; nur so hat sein Versagen das historische Format. Ich weiß nicht, wen Sie für den Doktor haben; sein Antisemitismus ist der gefährlichste, weil er der »eleganteste« ist. Überhaupt ging es mir ja darum, keinen Radau-Antisemiten auftreten zu laßen, außer dem Soldaten, der aus Natur und begreiflicher Angst der gröbste ist; die Eichmänner wären ja nie zum Zug gekommen ohne die »harmlosen« Leute, die nicht zu fassen sind. Das alles wissen Sie aus Erfahrung. Wenn man so sagen darf: was ich das Entsetzliche finde und als solches zeigen möchte, ist die Harmlosigkeit der Schwätzer. Ich wünschte mir alle diese Volksgenossen so, daß sich die im Parkett nicht von ihnen distanzieren können. Die glimpflichen Anfänge des Ungeheuerlichen, das ist es, was mich interessiert, und es wäre wichtig, kein Andorra von besessenen Bösewichtern zu haben; keiner sinnt auf Mord, sie reden nur so, daß Mord halt möglich ist, und dann ertragen sie ihn, ohne ihn gewollt zu haben, nur haben sie ihn ermöglicht. Ich monologisiere, weil wir nicht zusammen gesprochen haben, verzeihen Sie! Ich grüße Sie in großer Erwartung und mit herzlicher Sympathie

Ihr Frisch

Anhang

Nachwort

Dieser Band enthält nachgelassene Schriften im gewohnten Sinn des Wortes; für Frisch waren es wohl eher Arbeiten, die im eigentlichen Sinn nachgelassen haben, an denen er irgendwann das Interesse verlor. Sie blieben liegen, wurden allenfalls von einer späteren Arbeit überholt, bestenfalls in eine spätere Arbeit integriert. Nur wenige der vorliegenden Texte sind keine Erstveröffentlichungen, sondern erschienen einmal in vollem Umfang an entlegenem Ort, um dann ebenfalls liegenzubleiben. Ob sie es verdienen, nun in einem Band versammelt zu werden? Die Frage ist zulässig – beantworten müssen sie die Texte selbst, vielleicht nicht jeder für sich genommen, aber die Texte in ihrer Abfolge. Zwar wurden nur Arbeiten berücksichtigt, die man in den autorisierten Gesammelten Werken vergeblich sucht. Dennoch ist es nicht das törichte Ziel dieser Auswahl, der Auswahl in den Gesammelten Werken ihre Lücken vorzuführen. Das Unternehmen wurde vielmehr in Absicht auf das Gegenteil gewagt: es will mit den Gesammelten Werken korrespondieren, sie hie und da ergänzen, sie auch vermissen lassen.

Den Frisch-Kenner, der sich nicht gern überraschen läßt, mag das Buch zunächst befremden. Es mag ihm ergehen wie mit einem sehr vertrauten Gesicht, das ihm auf einer Fotografie hingehalten wird und im ersten Moment fast unscharf wirkt, weil die Brille im Gesicht des Abgelichteten fehlt. Es mag im ersten Eindruck auch dem einen oder anderen Text dieses Bandes etwas fehlen, was sich als Unschärfe auslegen ließe. Die Arbeiten geben ja vorwiegend Momentaufnahmen. Dem wäre beizufügen, daß Frisch in jüngeren Jahren tatsächlich nur zum Arbeiten seine Brille aufhatte.

Als ein vergleichsweise zuverlässiges Markenzeichen bieten sich die hier zum ersten Mal vorgestellten blauen Notizhefte an. Frisch trug sie überall mit sich. Die Selbstdiagnose lautete auf »Graphomanie«; er habe damals nicht spazieren, nicht reisen können, ohne sich Notizen zu machen. Im Nachlaß dürfte sich nur ein Bruchteil dieser Gedankenanhäufungen erhalten haben, rund 130 Hefte an der Zahl, die meisten datiert zwischen 1943 und 1952. Darin finden sich Romanplots, Szenenentwürfe, Zeitdiagnosen, Leseeindrücke, Eintragungen auf Reisen. Sie sind die Keimzellen nicht nur der frühen Stücke und der Romane *J'adore ce qui me brûle oder Die Schwierigen* und *Stiller*, sondern auch des *Tagebuches 1946-1949*, das bislang als der Keimzellenhort galt. Die Notizhefte dokumentieren die Durchbruchsjahre des Autors. Es ersteht daraus kein völlig »neuer« Frisch, so wenig wie aus den anderen Texten des Bandes. Das war auch nicht die Absicht ihrer Veröffentlichung. Aber diese Aufzeichnungen erlauben unbekannte Einblicke in Leben und Werk eines Schriftstellers, der uns möglicherweise durch seine vermeintliche Nähe etwas abhanden gekommen ist.

Kein deutschsprachiger Autor, der die Zeit des Nationalsozialismus ohne Emigration überstand, hat nach 1945 mit der Insistenz Max Frischs das besetzte Deutschland erkundet, sich ein Bild von den vernichteten Städten gemacht, Gespräche mit Deutschen notiert. Da holte einer das Beobachten nach, dekretierte: »Jetzt ist Sehenszeit.« Dieser Beobachter fiel auf, irritierte die Beobachteten. Es erging ihm dabei wie anderen ausländischen Berichterstattern, die sich sogleich als Fremde entlarvten, wenn sie wachen Blicks die zerstörten deutschen Städte besichtigten. Wer sah denn nur schon von den in Deutschland verbliebenen Schriftstellern genau hin? Sie flüchteten sich lieber in verworrene pseudometaphysische Spekulationen. Die Ausnahmen, Hans Erich Nossack oder Heinrich Böll, bestätigen nur die Regel. Auch namhafte deutsche Autoren erhoben hingegen Zuständigkeitsansprüche, wenn andere das Thema aufgriffen. Arno Schmidt bestritt noch in den späten fünfziger Jahren den »Schweizern«, die ja nichts »durchgemacht« hätten, das Mitspracherecht.

Hans Magnus Enzensberger und zuletzt W. G. Sebald in seiner Zürcher Poetikvorlesung 1997 haben sich der deutschen Nachkriegsamnesie gestellt, die der begreiflichen schweren Apathie im unmittelbaren Anblick totaler Vernichtung folgte. Sebald schreibt: »Der quasinatürliche Reflex, bedingt von Schande und von dem Trotz gegen die Sieger, war es, zu schweigen und sich abzuwenden.« War die allgemeine Bewußtlosigkeit, die emphatische Proklamation und Zelebration eines Neuanfangs, einer Stunde Null unter unpolitischen und ahistorischen Vorzeichen nicht gerade ein Erfolgsgeheimnis des sogenannten deutschen »Wirtschaftswunders«? Enzensberger geht in *Europa in Trümmern* dieser Frage nach.

Als Frisch nach 1945 die kriegsversehrten Länder bereiste, um sich ein eigenes Urteil über das Geschehene zu bilden, irritierte er freilich auch im eigenen Land. Hier glückte die Abwendung von der jüngsten Vergangenheit nicht minder und gleichfalls mit günstigen Auswirkungen auf die Wirtschaftskonjunktur. Wiederholt glaubten gute Freunde, Frisch ermahnen zu müssen: er dürfe so nicht weiterfahren. In einer sarkastischen »Kleinen Rede« an die befreundeten Mahner entschied er sich 1947 gleichwohl für das Weiterfahren.

Schon 1943 hatte man in der Schweiz damit begonnen, sich auf die Nachkriegsperiode einzustellen. Der Buchhandel, um nur ein Beispiel zu nennen, verschaffte sich über ein Gesetz zum »Schutz des Schweizerbuches gegen Überfremdung« Wettbewerbsvorteile gegenüber der ausländischen Konkurrenz. Eine Kriegsgewinnlerlogik überzog das Land. Hinter den humanitären Gesten lauerte Profitstreben. Und die Deutschen sollten nach 1945 am schweizerischen Wesen genesen. Man war auf ungehinderten Export aus, dichtete den Binnenmarkt jedoch gegen unwillkommene Außeneinflüsse ab.

Ansonsten reagierte man weniger aufmerksam. Der weitgehende Dispens vom Zeitgeschehen war vor allem der prekären Lage der Schweiz geschuldet, ihrer zunehmenden Isolation nach 1933. Die oft bemühte Metapher von der Zuschauerloge versperrt allerdings die Sicht auf die faktischen Zustände, statt sie freizulegen. Zu sehen gab es in Tat und Wahrheit kaum etwas außer den Flüchtlingen, und die wollte man vielerorts nicht sehen. Von den konkreten Vorgängen in Hitlerdeutschland erfuhr man nur aus (selbst-)zensierten Zeitungen und aus dem Radio. »Nicht Loge, sondern Mausefalle«, umschrieb Frisch denn auch zutreffender die helvetische Lage *(GW 4, S. 231)*. Die Schweiz war eine bedrohte »Leere zwischen Krieg und Frieden« *(GW 2, S. 286)*, eine aus heutiger Sicht vielleicht nicht ganz zufällig vergessene Fuge.

Der Abstand zu den bedrängenden Ereignissen ringsum, anderseits das nach Frisch »Peinlich-Familiäre« der Beziehungen allein schon innerhalb des einheimischen Literatur-»Klüngels«, wo man jeden »von vornherein in Pantoffeln und Schlafmütze« kannte – diese Turbulenzen zwischen Distanz und Distanzlosigkeit beförderten auf die Dauer einen Realitätsverlust beträchtlichen Ausmaßes. Kulturleute, Bildungseliten, Medien, Armee und die Zensurpolitik der Landesregierung trugen dazu bei; erstere, indem sie die Politik den herrschenden Politikern überließen und den Blick statt dessen auf vermeintlich tiefere, essentiellere, geistigere Bezirke lenkten. So setzte sich ein entpolitisierter, aber regierungsnaher Diskurs fast ohne staatlichen Druck durch.

Wie der Armeealltag beitrug, läßt sich Frischs Soldatentagebuch *Blätter aus dem Brotsack* entnehmen. Der straff geregelte, öde Dienst in der Truppe betäubte nicht nur die Angst vor einem deutschen Einmarsch, sondern leistete einer viel weitergehenden Abstumpfung der Wahrnehmungssensorien Vorschub.

Die staatliche Kulturpolitik wiederum bündelte die Aktivitäten unter dem Etikett »geistige Landesverteidigung«. Ein Schirm, unter dem vieles Platz hatte. Diese Ideologie war auf Kontrolle, nicht Uniformität der Denk- und Ausdrucksweisen aus. Ob germanophil oder antinazistisch, orthodox oder modernistisch, konservativ oder liberal: Hauptsache, die verschiedenen Lager hielten sich an die rigide politische Neutralität. Zwangsläufig neutralisierten sich all die Fraktionen auf dem engen Raum auch gegenseitig. Diese doppelte Neutralisierung ersparte den Zensurstellen viel Arbeit.

Die »geistige Landesverteidigung« trat eine Lawine von Fest- und Gedenkanlässen mit inflationär vielen Reden und noch mehr Possessivpronomen los. Es läßt sich nicht verschweigen, daß manchem Künstler, manchem Akademiker diese überschaubaren Verhältnisse als Inbegriff von »Geist« galten und ihnen ihre glücklichste Schaffensphase bescherten. Jede Gruppe hatte ihr Stammcafé und ihren Maskenball. Man richtete sich ein dank staatlicher Protektion in Form von Zuschüssen und Aufträgen (beispielsweise für die bombastisch aufgezogene Landesausstellung 1939).

Und Frisch? Er schrieb bereits 1940: »Wir stehen da, gefesselte Betrachter, zum Denken verdammt, zum Urteilen verdammt, zum Sehen verdammt.« *(Schweiz als Heimat, S. 104)* Doch insgesamt fand er sich erstaunlich leicht zurecht. Er gehörte nirgends ganz dazu, war aber allerorts gelitten, unter den antifaschistischen Emigranten des Schauspielhauses wie im Kreis des eher exilfeindlichen Literaturprofessors Emil Staiger, im Umfeld der *Neuen Zürcher Zeitung* wie in den frankophilen Le Corbusier- und Existentialistenzirkeln, die sich im Café Select trafen oder in der Albin-Zollinger-Gemeinde, zu der auch Ludwig Hohl im fernen Genf Kontakt hielt. Unter diesem Aspekt ist es nicht mehr erstaunlich, wenn für Frisch Begriffe wie Höflichkeit und Diskretion wichtig wurden. Auch er kam von den zwölf Jahren in der verbunkerten Schweiz nicht ohne weiteres los, zumal seine Laufbahn exakt in dieser Zeit begann. Auch er war auf Gedeih und Verderb dieser Gesellschaft hinter verschlossenen Türen ausgeliefert, die es fertig brachte, sogar ihre sozialen Spannungen zu kaschieren.

Gäbe es wenigstens Texte und Bilder aus dieser Zeit, in denen die Alltagsängste der Menschen ungeschönt zur Kenntlichkeit kommen. Das heißt: Genaugenommen entstanden eindrückliche Aufnahmen im Bereich der Fotografie, die aber nicht als vollwertige Kunstform galt. War es dieser Kunstzwang, dieser hehre Gültigkeitsanspruch, Kunst müsse sich über die Alltagswirklichkeit erheben, der uns heute an den Artefakten aus der Epoche der »geistigen Landesverteidigung« verzweifeln läßt, da sie häufig Ausdruck, aber selten Gestaltung ihrer Zeit sind?

Aufschlußreich könnte es sein, in diesem Zusammenhang einstige Weggefährten Frischs genauer ins Blickfeld zu nehmen, jene nämlich, die keinen Grund sahen, ihre Kunst nach 1945 zu hinterfragen und am Nachkriegs-Frisch dann begreiflicherweise immer weniger Freude hatten. Ein Beispiel soll genügen. Zu Frischs Freundeskreis zählten in den vierziger Jahren Eugen und Yoshida Früh; sie galten als Künstlerpaar wie aus dem Bilderbuch. Jeden Samstag um die Mittagszeit traf man sich mit anderen Künstlern im Café de la Terrasse. Doch spätestens ab 1950 gehörte es zum Ritual, Frischs Fernbleiben zu bedauern.

Bald nahm man es mit Gleichgültigkeit hin. Er war halt wieder im Ausland. Weshalb er jede Gelegenheit zum Reisen nützte, wurde nicht nachgefragt, weder von den Frühs noch von anderen Bekannten. Die allmähliche Entfremdung geschah im übrigen durchaus in gegenseitigem Interesse.

Eugen Früh konnte im Kulturkosmos Zürich leben von seiner Kunst. Heute beschäftigen seine Werke höchstens noch die Verwalter zürcherischer Kunstdepots. Er starb 1975. Danach trug das Zürcher Kunsthaus die letzte Dankesschuld in Form eines Werkkatalogs ab. Dieser dokumentiert eine Ästhetik, die der Maler selbst eine »höfliche Modernität« nannte. Die demütige Verbeugung vor den Begriffen Anmut & Grazie & Maß & Takt könnte den Büchern Emil Staigers, einzelnen Geleitworten des Zürcher Schauspielhausdirektors Oskar Wälterlin oder dem damaligen Feuilleton der *Neuen Zürcher Zeitung* entnommen sein. Im wesentlichen das Einstehen für die Kontinuität einer Kunstauffassung, der die Zeit nichts anhaben konnte.

In ihrem Tagebuch, Anfang 1945, schilderte Yoshida Früh, wie sie und ihr Mann einen schönen Februartag nützten, um auf einer Anhöhe zu skizzieren. Die unter ihnen liegende Stadt versank bereits in der Dämmerung, als von allen Seiten das Heulen der Sirenen losging und kurz darauf das eintönige Geräusch von Flugzeugen einsetzte. Auf den Bildern der Frühs aber immer nur idyllische Sujets und dekorative Farben, geeignet für die gute Zürcher Stube. Das Angstgefühl, das sie beschlich, teilt sich in ihren Werken nicht mit.

Frisch hatte Eugen Früh 1941 bei einem gemeinsamen Auftrag für die Kunstzeitschrift *Du* kennengelernt. Der Maler illustrierte Frischs *Kunst der Erwartung. Anmerkungen eines Architekten*. Ein Aufsatz, der den Zielsetzungen und Ausblendungen dieser »höflichen« Moderne geradezu programmatischen Ausdruck verlieh. Bedenkenlos bestätigt Frisch darin eine Isolationsästhetik, die der Beschränkung Gutes abgewinnt und sich der diffusen Fülle von äußeren Eindrücken eher zu erwehren sucht als annähert. Sprossenfenster werden empfohlen, um der »Ökonomie des inneren Lebens« Genüge zu tun.

Die Texte aus den letzten Kriegsjahren signalisieren dann eine Emanzipation von der »höflichen« zur kritischen Moderne. Aber diese Entwicklung vollzog sich keineswegs geradlinig. Noch die berühmten Briefentwürfe an den deutschen Obergefreiten im *Tagebuch 1946-1949* erinnern recht treuherzig die Position des Verschonten: »Wer in jenen Jahren schrieb und zu den Ereignissen schwieg, die uns zur Kenntnis kamen und manches teure Vertrauen erschütterten, am Ende gab natürlich auch er eine deutliche und durchaus entschiedene Antwort dazu; er begegnete der Zeit nicht mit Verwünschungen, nicht mit Sprüchen eines Richters, sondern mit friedlicher Arbeit, die versucht, das Vorhandensein einer andern Welt darzustellen, ihre Dauer aufzuzeigen. Er äußerte sich zum Zeitereignis, indem er es nicht, wie andere fordern, als das einzig Wirkliche hinnahm, sondern im Gegenteil, indem er ihm alles entgegenstellte, was auch noch Leben heißt.« *(GW 2, S. 474)* Immerhin war sich Frisch inzwischen bewußt, wie unmerklich solche Kompensationsästhetik in eine bloße Ausflucht umschlug. *Santa Cruz* (1944) und *Bin oder Die Reise nach Peking* (1944/45) hatten noch mehr die Gefahr als das Bewußtsein vorgeführt.

Der dichterische Aufweis einer andern Welt, die als Traum oder »seelische Wirklichkeit« aufschien, hätte auch nicht ausgereicht, um Frischs Literatur schließlich international zu etablieren. Was war aber dann der springende Punkt? Er schaffte es, diese andere Welt in ein Verhältnis zu bringen zur Kriegsrealität. Noch ganz unbedarft 1943 im Feuilleton *Von der guten Laune und vom Ernst der Zeit*: »Man pfeift. Man macht Feierabend, man holt die Post, die eben geläutet hat, die Zeitung; das andere Auge auf die Milchpfanne gerichtet, die jeden Augenblick meine Geistesgegenwart erfordern kann, lese ich, daß Kassel vernichtet ist –.« *(GW 1, S. 220)*

Die bedeutenden Werke Frischs werden dann in unzähligen Variationen die Gleichzeitigkeit und das Ineinander von Inkommensurablem bezeugen, die Konfrontation erlebter, beobachteter und virtueller Realitäten – nicht zuletzt auch die Möglichkeiten, wie innerhalb einer festgelegten Ordnung eine Geschichte, eine Biografie, eine Beziehung anders hätte verlaufen können. Mit und ohne Hilfe einer Axt. Diese Werke werden sich einem restaurativen Kulturbegriff verweigern, der frei nach dem Abstoßprinzip nur alles tilgte, was nicht genehm war.

Mancher Text dieses Bandes läßt sich als Befreiungsversuch des »gefesselten Betrachters« lesen, als Erprobung eines synoptischen Blicks, der »vieles zusammensieht« und sich »angenehme Selbsttäuschungen« nicht mehr vergibt. *Über die Grenze* (April 1945) ist in dieser Hinsicht ein Schlüsseldokument. Frisch beschreibt, wie sich ihm in den letzten Grenzdiensttagen die durchs Fernrohr wahrgenommenen Bilder von Zwangsarbeitern und ihren deutschen Bewachern einprägten, auch Bilder von Flüchtlingen, die sich über die Grenze retten konnten. Es blieben zwar »Bilder hinter Glas«. Der »Widerspruch von augenscheinlicher Nähe und lautloser Ferne« blieb bestehen. Aber die vordem schemenhaft präsenten, tiefenlosen Bilder erhielten plötzlich Gesichter: von Opfern, von mutmaßlichen Tätern, von Mitmachern. Die Wahrnehmung dieser Gesichter und die gleichzeitig eintreffenden neusten Zeitungsberichte über Buchenwald ließen Frisch in der »hilflosen Gewißheit« zurück, kein Denken und Schreiben, das um Buchenwald, um Auschwitz, um die Massenvernichtung der europäischen Juden herumgeht, könne wirklich weiterführen.

Als der Autor 1946 von der ersten längeren Deutschlandreise nach dem Krieg heimkehrte, mußte er zur Kenntnis nehmen, daß weder sein Anliegen, geschweige denn seine Perplexität als Zeitgenosse in der Schweiz verstanden wurde. In *Death is so permanent* begründete er sehr einfach, weshalb er trotzdem reiste und beobachtete: »weil man die Dinge, die man mit Augen gesehen hat, auch weiß, wenn wir an anderes denken, wenn wir anderes ahnen und über anderes sprechen, was wirklich nach einer Viertelstunde bereits der Fall ist«.

Es kam Gefälle in Frischs Schreiben, nicht von der Art der frühen Landschaftsschilderungen und selbstredend des 1937 erst- und letztmals veröffentlichten Buches *Antwort aus der Stille. Eine Erzählung aus den Bergen.* Das Gefälle erfaßte nunmehr auch soziale und ästhetische Topografien, wirkte untergründig, wie in *Stiller* dargestellt (Episode von der Entdeckung der Carlsbad-Kavernen). Frisch entdeckte Gefälle von ganz unterschiedlicher Ausformung: Gefälle zur Erwartung beziehungsweise Gefälle zum Tod, das jeder Sehnsucht in der Erfüllung drohe, Gefälle des Schweizer Bürgertums zum Faschismus, Gefälle zur Frau, Gefälle zur Eifersucht, Gefälle zur Flucht, Gefälle zum Meer. Er wollte anderseits in Erfahrung bringen, »warum man dem eigenen Gefälle nicht gehorcht«. *(Notizheft H. 89: 1947)* Sein Schreiben hatte fortan ohne festen Halt zu bestehen gegen verlockende Ausgeglichenheit, gegen die Harmonisierung des Unvereinbaren. Und angesichts des Unvereinbaren war das immer ein Schreiben auf die Gefahr hin, abzustürzen.

Wenn außer Frisch zunächst kein Schweizer Schriftsteller sich Deutschland zuwandte, hatte das auch damit zu tun, daß literarische Texte nach 1945 zwei disparaten Klimazonen ausgesetzt waren, die bezeichnenderweise erst in der Zeit des Nachkriegsaufschwungs und der Denkschablonen des Kalten Kriegs partiell zur Deckung kamen. Andere Räume, andere Stimmen: Wo Schweizer sich kaum angesprochen fühlten, konnten Deutsche höchst empfindlich reagieren und umgekehrt. Wo der Verleger Martin Hürlimann schlicht kein empfängliches Publikum für Frischs *Tagebuch 1946-1949* sah, war für Peter Suhrkamp just der Tagebuchschreiber Frisch Ausgangspunkt einer lebenslangen Zusammenarbeit.

Schreiben in und für beide Kulturräume stellte sich als riskantes Unterfangen heraus. Durchschnittliche Autoren lieferten sich jedenfalls den drohenden Mißverständnissen hüben wie drüben nicht freiwillig aus. Es setzte eine Fähigkeit voraus, die Elias Canetti in seinen Notaten 1944 festhielt: »Die schlechten Dichter verwischen die Spuren der Verwandlung; die guten führen sie vor.« Es setzte im weiteren die Fähigkeit voraus, »Wirklichkeit unserer Zeit aufzuzeigen«, wie Frisch sie an den Filmen des italienischen Neorealismus bewunderte. Und diese Fähigkeit bestand darin, verschiedene Realitäten, solange sie noch »glühende« Objekte sind, abzubilden, sie in ihrer Verschiedenheit und Gleichzeitigkeit in eine Konstellation zu bringen, die zumindest für den Augenblick stimmt.

Im Brief an Peter Suhrkamp vom 8. Oktober 1948 bemerkte Frisch zu seiner ersten Polenreise, »daß unsere Beschäftigung mit Deutschland, das uns am nächsten vor Augen steht, unfruchtbar wird, irreal oder sogar sentimental, wenn man nicht aus den andern Ländern, die der deutschen Eroberung zum Opfer fielen, ebenso persönliche Eindrücke hat; ich verliere sonst die Maßstäbe, und für die wenigen, die heute noch reisen können, wird es ja geradezu eine Pflicht, es zu tun«. Kurz darauf schrieb er *Als der Krieg zu Ende war* (1949). Das heute vergessene vierte Stück steht einigermaßen erratisch in der Nachkriegsliteratur. Es rührte an ganzen Tabumassiven: seien es die Judenvernichtungen in Warschau, die Verbrechen der Wehrmacht und die kontrastiv aufgeworfene Frage der Befehlsverweigerung, sei es das Zusammenleben mit einem NS-Täter oder allgemein das Leben in der Ruinenstadt Berlin, sei es im besonderen die Liebe einer verheirateten Berlinerin zu einem russischen Offizier oder sei es grundsätzlich die Bühnendarstellung von Ereignissen einer eben erst verdrängten Vergangenheit. Sogar Peter Suhrkamp riet von Aufführungen in Deutschland ab, da das deutsche Publikum noch nicht zwischen erlebter Wirklichkeit und Dichtung unterscheiden könne. Doch Frisch setzte das Stück durch, und statt des befürchteten Bebenherdes löste es unverhofft Diskussionen aus, auch unter jenen Deutschen, die sich sonst behende hinter dem Standardsatz versteckten, ihnen sei über all die Geschehnisse noch der Mund verschlossen.

Vielleicht fiel *Als der Krieg zu Ende war* nicht durch, weil sein Autor sich der Distanz zum Dargestellten eingedenk blieb. In einem geplanten Vorwort hatte er sich auf Entfremdung von den Lebenden und Überlebenden eingestellt, »obschon er ihnen eigentlich helfen möchte, indem er ihnen eine andere Perspektive, seinen unpersönlichen Vorteil an Distanz, zur Verfügung stellt«. *(Notizheft H. 48, November 1948)*

Distanz zum Dargestellten: Schreiben nach 1945 stieß allenthalben an Grenzen, reichte nicht aus. Wie sollte noch über das Unvorstellbare, aus jedem »erlebbaren Verhältnis« Entbundene geschrieben werden können? Schreiben konnte nur noch heißen, sich der eigenen Grenzen klarzuwerden. In der ersten Hälfte des *Tagebuches 1946-1949* steht der Satz: »... irgendwie ist man immer ein Ausländer«, nämlich wenn man beschreibt, was man nicht persönlich erlebt hat; und in den Schlußabschnitten steht der Satz in radikalisierter Form wieder da: »... man ist sehr rasch ein Emigrant.« Die Rede zur Verleihung des Büchner-Preises von 1958 nahm sich dieses »Gefühls der Unzugehörigkeit«, das zum

Schreiben gehört, dann umfassend an. Es ließe sich darüber diskutieren, ob die positive Bewertung des emigrantischen Standorts den Zwangscharakter jeder Exilierung von Schriftstellern nicht zu sehr in den Hintergrund rücke. Spannend ist das literarische Resultat allemal, die Art und Weise, wie Frisch die Dynamik der Entfremdung des Menschen in der Nachkriegsgesellschaft gestaltet hat: in *Graf Öderland* und *Stiller*, in *Homo faber* und *Andorra*.

Auch in vielen Notaten und Briefen dieses Bandes spricht sich ein »Gefühl der Fremde« aus, das den Autor oder seine Protagonisten heimsucht. Es berührt dann am meisten, wenn Frisch dagegen aufbegehrt, wie in den Auseinandersetzungen um das Zürcher Schauspielhaus, dessen kombattante Tradition als Exiltheater immer wieder korrumpiert zu werden drohte im »Land der Nachkriegsgewinnler« – das heißt: wenn Frisch aufbegehrt, weil die emigrantische Position nicht mehr als Position des Widerstands erkennbar ist.

Quellennachweise und Anmerkungen

Sofern in den Anmerkungen nicht anders angegeben, handelt es sich bei den Texten um Erstveröffentlichungen.

Es werden die folgenden Kürzel verwendet:
MF: Max Frisch
MFA: Max Frisch-Archiv, Zürich
GW: Max Frisch, Gesammelte Werke in zeitlicher Folge, Bände 1–7, hrsg. von Hans Mayer unter Mitwirkung von Walter Schmitz, Suhrkamp Verlag, Frankfurt am Main 1976/1986
NZZ: Neue Zürcher Zeitung
ETH: Eidgenössische Technische Hochschule Zürich
SuA: Archiv Suhrkamp Verlag, Frankfurt am Main

Seite 7
AN WERNER CONINX,
25. 7. 43, Originalbrief MFA

Bildtext Seite 8: Von der guten Laune und vom Ernst der Zeit (1943), GW 1, S. 220.

mit dem Chef: MF arbeitete damals im Architekturbüro von Professor William Dunkel (1893 bis 1980), seinem Lehrer während des Studiums an der ETH. Nachdem MF den Wettbewerb für das Freibad Letzigraben gewonnen hatte, machte er sich im Herbst 1943 selbständig.

Faksimile Seite 8: Notizheft H. 127: 1943, MFA.

Seite 11
AN DEN VERLEGER MARTIN HÜRLIMANN,
13. 12. 43, Zentralbibliothek Zürich, Nachlaß Martin Hürlimann

für den Almanach: Im Atlantis-Almanach für das Jahr 1944 erschienen von Martin Hürlimann (1897–1984) »Randbemerkungen eines Verlegers«.

unsere »Schwierigen«: Den Roman »J'adore ce qui me brûle oder Die Schwierigen« hatte MF 1942/1943 geschrieben. Da sein Verleger Hürlimann trotz kriegswirtschaftlicher Hemmnisse weiterhin in Deutschland drucken ließ, verzögerte sich das Erscheinungsdatum. Erst im Frühjahr 1944 kam das Buch auf den Markt.

Seite 13
AN DIE MUTTER LINA FRISCH UND DEN BRUDER FRANZ FRISCH,
25. 2. 44, Originalbrief, MFA

Franz Frisch (1903–1978) war Farbenchemiker. Er lebte seit 1941 in einem von MF entworfenen Einfamilienhaus in der Basler Vorortsgemeinde Arlesheim.

nach Witikon: Ende 1940 mietete MF ein eigenes Zimmer in Zürich-Witikon; dort lebte er, von zahlreichen Militärverpflichtungen unterbrochen, bis 1942. Später (1944/45) bezog seine Mutter an gleicher Adresse eine kleine Wohnung.

Projekt für den Letzigraben: MF mußte sein Projekt Freibad Letzigraben kostensenkend überarbeiten, ehe der Stadtrat von Zürich den Bau im Juni 1944 genehmigte.

Wettbewerb für das Kunsthaus: Am Wettbewerbsprojekt für den Erweiterungsbau des Zürcher Kunsthauses errang MF 1944 den 6. Preis.

Bildtext Seite 14, links: Aus einem Brief an die Literaturkommission der Stadt Zürich vom 28. 1. 1936, Stadtarchiv Zürich.

Bildtext Seite 14, rechts: Aus einem Brief an Werner Coninx, 27. 2. 1944, MFA.

nach dem Buch: Gemeint ist der Roman »J'adore ce qui me brûle oder Die Schwierigen«, Atlantis-Verlag, Zürich 1944.

auf der Schipf: Herrschaftsgut der Eltern von Trudy Frisch-von Meyenburg am Zürichsee. Es beherbergte einst Goethe und im September 1946 Winston Churchill nach seiner vielbeachteten Zürcher Rede über die vereinigten Nationen von Europa.

Tobruk: Mit der nordafrikanischen Garnison Tobruk eroberten die deutschen und italienischen Divisionen unter Rommel am 21. Juni 1942 eine Schlüsselstellung der britischen Verteidigung.

In Which We Serve: Englischer Propagandafilm von Noël Coward aus dem Jahr 1943.

Bildtext Seite 15: Aus einem Brief an Franz Frisch vom 6. August 1953, MFA.

Seite 16
ÜBER DIE GRENZE,
Manuskript (= Notizheft H. 130: Scuol, 21. 4. 45), MFA
Vgl. die »Reminiszenz« im *Tagebuch 1946–1949*, GW 2, S. 704-710.

Lidice, Oradour: Zwei Ortschaften, die bei Vergeltungsmaßnahmen der deutschen Besatzer völlig ausgelöscht wurden. Nach der Ermordung Heydrichs erschossen die Deutschen am 10. Juni 1942 in Lidice, westlich von Prag, 191 Männer und sieben Frauen und brachten die überlebenden 195 Frauen ins Konzentrationslager. Im französischen Dorf Oradour-sur-Glane massakrierte die SS im Juni 1944 642 Menschen. Die Männer wurden in Scheunen, Frauen und Kinder in der Kirche eingesperrt und alle Gebäude in Brand gesteckt.

Grand Meaulnes: Von Alain-Fourniers Roman »Le grand Meaulnes« war 1944 in Basel eine deutsche Übersetzung erschienen unter dem Titel »Meaulnes, der große Freund«.

Seite 20
AN TRUDY FRISCH,
4. 5. 45, Originalbrief im Besitz von Trudy Frisch-von Meyenburg, Herrliberg

Bildtext Seite 20: Brief an Trudy Frisch vom 22. April 1945. Im Besitz von Trudy Frisch-von Meyenburg, Herrliberg.

drunten bei Martinsbruck: Martina/Martinsbruck, an der schweizerisch-österreichischen Grenze gelegener Ort im Unterengadin.

Titelzitat Seite 22: Notizheft H. 50, September 1947, MFA.

Seite 22
DEATH IS SO PERMANENT.
Notizen einer kleinen deutschen Reise, Erstveröffentlichung in: »Neue Schweizer Rundschau« N. F., Juni 1946, H. 2, S. 88-110. Auszüge daraus hat Frisch ins »Tagebuch mit Marion« (1947) beziehungsweise ins »Tagebuch 1946-1949« aufgenommen (GW 2, S. 367-384).

Bildtext Seite 23: Notizheft H. 111, München, Eintrag vom 17. April 1946.

Buch von den Moorsoldaten: So manche, die das wahre Ausmaß des nationalsozialistischen Terrorregimes und den Alltag in den deutschen Gefangenenlagern nicht wahrhaben wollten, hat der 1935 erschienene KZ-Erfahrungsbericht »Die Moorsoldaten« von Wolfgang Langhoff aufgeweckt. Das Buch erlebte in neun Wochen neun Auflagen. Der Kommunist Langhoff (1901-1966) gehörte von 1934 bis 1945 zum Ensemble des Schauspielhauses Zürich.

Bildtext Seite 33: »Tagebuch 1946-1949«, GW 2, S. 369. Es handelte sich um einen PR-Flug der Swissair für Maler und Schriftsteller. Vgl. auch: GW 2, S. 383-393.

Der Film: Im April 1946 reiste MF mit dem Regisseur Leopold Lindtberg nach München zur deutschen Premiere des Flüchtlingsfilms »Die letzte Chance« (1945). Leopold Lindtberg (1902 bis 1984) führte 1967 Regie in der Zürcher Uraufführung von »Biografie: Ein Spiel«.

Seite 46
AUS EINEM BRIEF AN WALTER MUSCHG,
22. 9. 46, Nachlaß Walter Muschg, Universitätsbibliothek Basel

Bildtext: Brief an Walter Muschg vom 28. Dezember 1945, Nachlaß Walter Muschg, Universitätsbibliothek Basel.

Walter Muschg (1898-1965): Literaturprofessor an der Universität Basel und Essayist. Seine wichtigsten Werke: »Psychoanalyse und Literaturwissenschaft« (Antrittsrede 1929/30), »Gotthelf. Die Geheimnisse des Erzählers« (1931), »Tragische Literaturgeschichte« (1948/1953), »Die Zerstörung der deutschen Literatur« (1956). In der von ihm herausgegebenen »Sammlung Klosterberg« erschienen die ersten vier Frisch-Stücke »Nun singen sie wieder« (1946), »Santa Cruz« (1947), »Die Chinesische Mauer« (1947), »Als der Krieg zu Ende war« (1949), ebenso Friedrich Dürrenmatts Bühnenerstling »Es steht geschrieben« (1947).

Seite 47
AUS DEN NOTIZHEFTEN I,
Notizheft H.84, Eintrag vom 24. Oktober 1946, MFA

Seite 48
AN ANNEMARIE UND PETER SUHRKAMP,
2. 6. 48, SuA

Peter Suhrkamp (1891–1959): MF lernte Peter Suhrkamp nach der Premiere von Zuckmayers »Des Teufels General« am 25. November 1947 in Frankfurt kennen.

Eppelsheimer: Hanns Wilhelm Eppelsheimer (1890-1972), Literaturwissenschaftler und Direktor der Deutschen Bibliothek in Frankfurt, begründete 1957 die »Bibliographie der deutschen Literaturwissenschaft«. Er war sowohl mit Peter Suhrkamp als auch Kurt Hirschfeld befreundet. In seiner Wohnung lernten sich im November 1947 Suhrkamp und MF kennen.

am Ende meiner Berlin-Notizen: Gemeint ist der Text »Notizen aus Berlin und Wien«, NZZ Nrn. 425 und 482, 21. 2. 1948 und 6. 3. 1948. Leicht verändert erschien der Text unter dem Titel »Ferngesteuerte Ruinen« in der Zeitschrift »Athena«, 2. Jg., Heft 8, Mai 1948; abermals verändert im »Tagebuch 1946-1949«, GW 2, S. 526ff. und S. 547ff. Der inkriminierte Schlußsatz lautet: »Ein Gefühl, das sich jetzt bei jeder Heimkehr nicht nur wiederholt, sondern von Mal zu Mal verdichtet: das Gefühl von der Irrelevanz unserer schweizerischen Existenz.« Vgl. zum weiteren Kontext Frischs Text »Irrelevanz – Suffisanz«, in: »Schweiz als Heimat? Versuche über 50 Jahre«, hrsg. von Walter Obschlager, Suhrkamp Verlag, Zürich 1990, S. 119-122.

Fehling: Der von seinen Zeitgenossen oft mit dem Etikett des Genies bedachte Jürgen Fehling (1885–1968) erhitzte im Herbst 1947 die Gemüter mit einer wuchtigen Inszenierung von Sartres »Die Fliegen« im Hebbel-Theater Berlin.

Bildtext S. 49: Notizheft H. 67: Kampen, Juli 1949, MFA; weitgehend identisch mit einer Briefäußerung Frischs an Peter Suhrkamp vom 20. Juli 1949 (SuA).

Benno Schwabe: Benno Schwabe & Co in Basel verlegte die ersten vier Theaterstücke Frischs.

Seite 50
AUS DEN NOTIZHEFTEN II,
Notizheft H. 54: Portofino I, 15.-20. 9. 47, Eintrag vom 16. 9. 47. »Jünger (Fortsetzung)« in: Notizheft H. 99: (August 1949)

Kriegstagebuch von Jünger: Die erste Jünger-Reflexion bezieht sich auf »Gärten und Straßen«. Diese Tagebücher 1939-1940 erschienen 1942. Frischs spätere Bemerkungen dürften sich dann auf »Strahlungen« stützen, die umfassende Veröffentlichung der Tagebücher Jüngers aus den Jahren 1939 bis 1948.

Seite 51
AUS DEN NOTIZHEFTEN III,
Notizheft H. 92: Portofino II, 20. 9. 47, MFA

André Gide in seinem letzten Tagebuch: Die Stelle ist nicht exakt bestimmbar, zumal sich MF möglicherweise auf eine Teilpublikation von Gides »Journal« in einer deutschsprachigen Zeitung oder Zeitschrift bezieht. Vgl. zum Verhältnis von Christentum und Kommunismus/Marxismus Gides Tagebucheintrag vom 9. Januar 1933 sowie die »Blätter« vom Sommer 1937, vor allem aber die Aufzeichnungen vom 7. Februar 1940, wo André Gide unter anderem schreibt: »So habe ich mich nach und nach überzeugen müssen, daß ich, während ich mich für einen Kommunisten hielt, Christ war [...].«

Seite 54
AUS DEN NOTIZHEFTEN IV,
Notizheft H. 99, Eintrag im Café Odeon, August 1949, MFA

Der italienische Film: Gemeint ist »Paisà« von Roberto Rossellini, ein Hauptwerk des italienischen »Neorealismus«, 1946 entstanden (wobei der Film aus sechs Episoden besteht). Am Drehbuch arbeitete ursprünglich Klaus Mann mit.

was diese Filme leisten, auch jener, der die verwahrloste Jugend in Rom schildert: Neben »Paisà« beeindruckte MF auch »Sciuscià« von Vittorio De Sica, ebenfalls 1946 gedreht.

Abgesehen vom 20. Juli: Gescheiterter Anschlag auf Hitler am 20. Juli 1944, bis heute ein Symbol des innerdeutschen Widerstands gegen den Nationalsozialismus.

Seite 56
AN KURT HORWITZ,
18. 8. 48, MFA

Kurt Horwitz (1897-1974): Vor 1933 Kammerspiele München, dann Emigration, zwischen 1933 und 1946 am Schauspielhaus Zürich tätig als Schauspieler und Regisseur, 1938/39 am Stadttheater Basel. 1946 wurde Horwitz Schauspieldirektor in Basel, 1953 Intendant am Bayerischen Staatsschauspiel (Residenztheater) in München.

über Gins: Ernst Ginsberg (1904-1964), Schauspieler und Regisseur. 1933 Emigration, von 1933 bis 1962 am Schauspielhaus Zürich.

Kurt Hirschfeld (1902-1964): 1930-1933 Dramaturg und Regisseur am Landestheater Darmstadt, 1933 Emigration, bis 1934 am Schauspielhaus Zürich, danach Lektor im Europa Verlag Zürich, 1935-1938 Regieassistent in Moskau, ab 1938 Dramaturg und intellektueller Kopf des Schauspielhauses Zürich unter Oskar Wälterlin. Kurt Hirschfeld ermunterte MF 1944 zum Stückeschreiben und vermittelte ihm unzählige Kontakte; vor allem aber war er neben Brecht und Peter Suhrkamp der wichtigste Bezugspunkt für Frischs Theaterarbeit.

Steckel: Leonard Steckel (1901-1971), Schauspieler und Regisseur. 1933, nach seiner Flucht aus Deutschland, kam er ans Schauspielhaus Zürich. Steckel inszenierte zwei Uraufführungen Frischs: »Die Chinesische Mauer« (1947) und »Graf Öderland« (1951).

Oskar: Oskar Wälterlin (1895-1961), von 1938 bis 1961 Direktor des Schauspielhauses Zürich. Wälterlin führte Regie in den Zürcher Uraufführungen von »Don Juan« (1953) und »Biedermann und die Brandstifter« (1958).

durch den Zeltweg: Straße, die am Schauspielhaus Zürich vorbeiführt.

Viertel: Berthold Viertel (1885-1955), Regisseur in Berlin, Wien, Düsseldorf, von 1928 bis 1932 in Hollywood, emigrierte 1933 über Prag, London in die USA. 1947 kehrte er zurück, inszenierte in London, Zürich, 1949 mit dem Berliner Ensemble, dann vor allem am Burgtheater Wien. Brecht hatte Viertel als Regisseur von »Als der Krieg zu Ende war« empfohlen, doch die Zusammenarbeit konkretisierte sich nicht.

einen Lear schluckt: Aufführung von Shakespeares »König Lear« am Schauspielhaus Zürich (Premiere: 22. Mai 1948), Regie Oskar Wälterlin, Bühnenbild Caspar Neher.

Die Brock: Elisabeth Brock-Sulzer (1903-1981), vielbeachtete Zürcher Theaterkritikerin nach dem Krieg. Sie zeigte sich beeindruckt von »Nun singen sie wieder«. Stücke wie »Die Chinesische Mauer« und »Graf Öderland« behagten ihr dagegen weniger.

über den »Schatten«: »Der Schatten« von Evgenij Švarc wurde im Juli 1948 in der Inszenierung von Leopold Lindtberg am Schauspielhaus Zürich gezeigt.

Judith: Das Stück »Als der Krieg zu Ende war« trug zuerst den Titel »Ihr Morgen ist die Finsternis«, dann »Judith«. Vgl. zum Judith-Thema den Brief Brechts an MF vom Juli 1948, in: GW 2, S. 766-767.

Seite 59-62
FAKSIMILE PETER SUHRKAMP
AN MAX FRISCH,
11. 12. 1948, MFA, Veröffentlichung mit freundlicher Genehmigung von Siegfried Unseld, Suhrkamp Verlag

Seite 63
AN PETER SUHRKAMP, 16. 1. 49, SuA

Nun ist es also vorüber, das besagte Stück: Die Uraufführung von »Als der Krieg zu Ende war« am Schauspielhaus Zürich fand am 8. Januar 1949 statt.

Brigitte Horney (1911-1988): Sie trat schon vor 1933 in Inszenierungen von Max Reinhardt und Heinz Hilpert auf; in den dreißiger und frühen vierziger Jahren verhalfen ihr ihre Hauptrollen in zahlreichen UFA- und Bavaria-Filmproduktionen zu einem klangvollen Namen. Im März 1946 spielte Brigitte Horney die Elvira in der Uraufführung von »Santa Cruz« am Schauspielhaus Zürich (Regie Heinz Hilpert). Die gleiche Rolle unter dem gleichen Regisseur übernahm sie ein weiteres Mal im April 1957 am Deutschen Theater Göttingen. In der Uraufführung von »Als der Krieg zu Ende war« gab sie die Agnes. Ende 1951, in New York, kam es zum zufälligen Wiedersehen und einer kurzen Liaison zwischen ihr und MF.

Biggy, Mirl: Kosenamen von Brigitte Horney bzw. von Annemarie Suhrkamp-Seidel (1894-1959), die ebenfalls Schauspielerin war.

Bildtext Seite 66: Notizheft H. 92, September 1947, MFA.

Seite 68
AUS DEN NOTIZHEFTEN V:
Notizheft H. 120, August 1948, MFA.
Der Friedenskongreß dauerte vom 25. bis 28. 8. 1948. Vgl. die Aufzeichnungen im »Tagebuch 1946-1949«, GW 2, S. 601-620.

Seite 71
AN DIE REDAKTION DER NEUEN ZÜRCHER ZEITUNG (URS SCHWARZ),
9. 9. 48, Durchschrift, MFA. Den gleichen Brief schrieb MF an die NZZ-Redakteure Eduard Korrodi und Edwin Arnet.

Urs Schwarz (1905-1997): von 1934 bis 1965 Redakteur der NZZ. 1936/37 berichtete er über den Spanischen Bürgerkrieg, nicht ohne Sympathien für Franco. 1940/41 war er Korrespondent in Berlin. Urs Schwarz gehörte seit den späten vierziger Jahren zum Bekanntenkreis Frischs. Im Herbst 1950 hielt er sich in den USA auf. Nach eigenen Angaben kam er in dieser Zeit in Kontakt mit der Rockefeller-Foundation und empfahl MF für ein Rockefeller-Stipendium. Im Gegensatz zu seinen Redaktionskollegen empfand Schwarz die Behandlung Frischs in der NZZ als unfair. Am 14. 9. 48 ließ er MF wissen, er finde es »höchst unglücklich, daß von unserer Zeitung die Beziehungen zu Persönlichkeiten wie Ihnen in unnötiger und ungeschickter Weise getrübt und zuletzt gestört werden sollen«. Eduard Korrodi dagegen wies am 10. 9. 48 Frischs Schreiben entrüstet zurück: »Es ist mir unerklärlich, wie Sie mich in eine Angelegenheit verflechten, die mit meinem Aufgabenkreis in der ›N.Z.Z‹ nichts zu tun hat. [...] Sie sind, nach der Tonart Ihrer verletzenden Schreibweise, in keiner Weise berechtigt, inquisitorisch meine Stellungnahme erforschen zu wollen, nach der Sie, wie Sie drohend bemerken, die Ihre mir gegenüber bestimmen.« Alle Dokumente aus dem MFA.

Herr Bieri: Ernst Bieri (geb. 1920), Redakteur im NZZ-Inlandteil und Gemeinderat der Freisinnigen, später Bankier. Bieri denunzierte MF erstmals 1945 als Nazi-Fürsprecher. 1948 forderte er die Teilnehmer des Wroclawer Friedenskongresses auf, über ihr Verhalten in Polen Rechenschaft abzulegen. Aus Frischs hier wiedergegebenem Antwortbrief vom 6. September 1948 publizierte Bieri nur den zweitletzten Satz und fügte hinzu: »Sapienti sat!«

Faksimile Seite 72: Durchschlag, MFA

Seite 73
AUS EINEM BRIEF AN ANNEMARIE UND PETER SUHRKAMP,
8. 10. 1948, SuA

Faksimile Seite 74: Zeitschrift »Atlantis«, hrsg. von Martin Hürlimann, Heft 12, Dezember 1948, S. 3.

Seite 76
AN KARL BARTH,
21. 4. 1949, Karl Barth-Archiv, Basel.
Erstveröffentlichung mit freundlicher Genehmigung der Karl Barth-Stiftung, Basel

Karl Barth (1886-1968): Der protestantische Theologe und prominente Vertreter der Bekennenden Kirche opponierte nach 1933 gegen die faschismusbegeisterten »Deutschen Christen«. 1935 verlor er seinen Bonner Lehrstuhl. Zurück in der Schweiz, lehrte der Sozialdemokrat Barth bis zu seiner Emeritierung 1962 an der Universität Basel. Nach 1945 positionierte er sich politisch ähnlich wie MF zwischen den alsbald sich verhärtenden Fronten des Kalten Krieges. Die vielbesprochene Rede »Die Kirche zwischen Ost und West« von 1949 zeugt davon.

Faksimile Seite 77: Original-Postkarte, 15. 5. 49, MFA

Seite 78
ENTWURF EINES BRIEFES AN DAS SCHAUSPIELHAUS ZÜRICH,
3. 7. 47, Notizheft H. 89, MFA. Der Brief konnte in den Akten des Schauspielhauses nicht aufgefunden werden.

Seite 81
AN EDUARD KORRODI, 12. 3. 48, MFA

Bildtext S. 81: Aus einem Brief von Eduard Korrodi an MF, 10. 8. 45, MFA.

Eduard Korrodi (1885-1955), Leiter des Literaturteils der NZZ, einflußreichster Schweizer Kritiker in den dreißiger und vierziger Jahren. Korrodi machte MF, der 1932, nach dem Tod des Vaters, seinen Lebensunterhalt selber verdienen mußte, zu einer festen Größe des NZZ-Feuilletons. Im Rückblick urteilte MF über Korrodi: »damals das literarische Bundesgericht, heute vergessen«.

Aufsätze über Berlin und Wien: Gemeint sind die »Notizen aus Berlin und Wien«, NZZ Nrn. 425 und 482, 21. 2. und 6. 3. 1948.

Seite 83
AUS DEN NOTIZHEFTEN VII,
Notizheft H. 52, Oktober 1948, MFA

Gewissen eines Bührle: Der Waffenproduzent Emil G. Bührle offerierte dem Schauspielhaus Zürich mitten im Krieg vier Millionen Franken für einen Neubau. Die Theaterleitung sowie die Stadt Zürich gingen zunächst auf den Deal ein. Direktor Oskar Wälterlin sah das Projekt Bührle im Februar 1942 unmittelbar vor der Realisierung, doch die Verkaufsverhandlungen mit Ferdinand Rieser, dem in die USA emigrierten Eigentümer und früheren Leiter des Hauses, verzögerten das Vorhaben. Rieser vermutete nicht von ungefähr handfeste steuertechnische Interessen hinter dem Angebot Bührles. Die Theaterleute am Schauspielhaus, insbesondere die aus Deutschland geflüchteten, waren gegen einen Pakt mit diesem Kriegsprofiteur, der die Nazis so hemmungslos mit Kanonen belieferte. Beim Kunsthaus Zürich war man da weniger wählerisch und ließ sich von dem anonym bleibenden »Zürcher Kunstfreund« einen Erweiterungsbau finanzieren. Das Geschäft wurde hinter verschlossenen Türen abgewickelt. Der ahnungslose Architekt MF errang 1944 am Wettbewerb für diesen Erweiterungsbau den sechsten Preis.

Seite 84
AN DIREKTOR HUBER, MASCHINENFABRIK OERLIKON,
24. 8. 50, Archiv des Schweizerischen Schriftsteller-Verbandes, Zürich;
Erstdruck: Schweizer Lesebuch, hrsg. von Charles Linsmayer, 1994, S. 328-329.

Antwortbrief Frischs auf die Einladung der Maschinenfabrik Oerlikon, für das Firmenjubiläum des Unternehmens ein Festspiel zu schreiben. MF verwechselte freilich die in der Elektrobranche tätige und 1970 von Branchenleader Brown, Boveri & Cie. übernommene Maschinenfabrik Oerlikon mit der benachbarten Werkzeugmaschinen- und Waffenfabrik Oerlikon/Bührle. Eine Verwechslung, die öfter vorkam und die Aussagekraft des Briefes von Frisch letztlich auch nicht mindert. Immerhin sandte ihm die zu Unrecht angeprangerte Maschinenfabrik eine firmenhistorische und politische Klarstellung, die sich im Nachlaß leider nicht erhalten hat. Ich verdanke den Hinweis Peter Bichsel, dem Frisch die Nachgeschichte zu diesem Brief anvertraute.

Pestalozzi-Dörflein: Gemeint ist das nach dem Krieg gegründete Kinderdorf Pestalozzi für Waisen und Flüchtlingskinder; es liegt in der idyllischen Appenzeller Gemeinde Trogen und genoß lange Zeit einen Vorzeige-Status.

Seite 86
EINE LANZE FÜR DIE FREIHEIT,
Hörspiel, August 1954; Typoskript-Durchschlag, MFA, 63 Seiten, Auszug der Ts.-Seiten 48-49

Seite 88
AN KURT HORWITZ, 30. 7. 49, MFA

jenem jüngeren HERBERT: Figur im Stück »Nun singen sie wieder«.

Faksimile Seite 92: Original-Typoskript »Graf Öderland«, Frühling 1949, Privatbesitz Trudy Frisch-von Meyenburg, Herrliberg.

Was Sie diesbezüglich mit Kaiser und Pirandello sagen: Horwitz fragte in seinem Brief vom 23. 7. 49 (MFA): »Was soll das Stück und was ist Graf Öderland?« Er fühlte sich bei der Lektüre in die expressionistische Theaterzeit zurückversetzt. Den lebensphilosophischen Ansatz, der im Stück angelegt ist, fand er pueril. Daß Frisch verschiedene Figuren durch den gleichen Darsteller oder die gleiche Darstellerin spielen läßt, taxierte Horwitz als abgenütztes dramaturgisches Mittel seit Georg Kaiser und Pirandello. Dabei brauche namentlich die Darstellerin der Hilde-Figur starke schauspielerische Fähigkeiten, um nicht überfordert zu sein.

Liebeneiner und Krahl: An der Hamburger Aufführung von »Als der Krieg zu Ende war« (Kammerspiele, September 1950) sollten ursprünglich Wolfgang Liebeneiner und Hilde Krahl mitwirken, doch sagten schließlich beide ab. Unter der Regie von Otto Kurth spielte Ruth Hellberg die Agnes.

Helene Ritscher? Jetzt die Frau von Scharff: Die aus Ungarn stammende Schauspielerin Helene Ritscher hatte ihre große Zeit in den zehner und zwanziger Jahren (Burgtheater Wien, Schiller-Theater Berlin, Staatstheater München). Seit 1919 war sie mit dem Bildhauer Edwin Scharff verheiratet. Die nationalsozialistischen Judenverfolgungen überlebte sie in ihrem Domizil in Kampen auf Sylt.

Seite 94
KLEINES MEMORANDUM, MÄRZ 1951,
Durchschlag, MFA; identische Abschrift im Stadtarchiv Zürich (Akten Schauspielhaus Zürich). Teilabdruck: Ludwig Mennel, Max Frisch. Aufrichtigkeit gegenüber dem Lebendigen, in: Literatur-Revue, Heft 9, 1961, Würzburg 1961

Oberer: Walter Oberer (geb. 1911), war zunächst am Stadttheater Basel tätig, ab 1948 Verwaltungsdirektor und künstlerischer Mitarbeiter am Schauspielhaus Zürich.

Gustav Knuth (1901–1987): Knuth war seit 1946 am Schauspielhaus Zürich engagiert. Zuvor war er an verschiedenen Bühnen in Hamburg und Berlin tätig gewesen.

»Der Eismann kommt«: Die deutschsprachige Erstaufführung dieses Stücks von O'Neill fand am 9. Dezember 1950 im Schauspielhaus Zürich statt (Regie Kurt Hirschfeld).

die zwei nachfolgenden Inszenierungen: Am 22. Januar 1951 hatte »Maria Stuart« Premiere (mit Maria Becker, Lilian Westphal, Will Quadflieg, Leopold Biberti, Heinz Woester, Erwin Kalser u. a.), am 1. März »Iphigenie auf Tauris« (mit Maria Becker in der Titelrolle, Heinz Woester und Will Quadflieg u. a.); beide Klassiker inszenierte Leopold Lindtberg.

in einem durchaus flegelhaften Ton: Das Stück, das, vehementer als seine bisherigen Texte, Frischs Kritik an einer verbürgerlichten Gesellschaft offenlegt, wurde von der bürgerlichen NZZ insgesamt positiv beurteilt (12. 2. 51), allerdings waren der inhaltlichen Ausdeutung des Stücks nur gerade neun Zeilen gewidmet. Das sozialdemokratische »Volksrecht« entdeckte in »Graf Öderland« eine »furchtbare Verzeichnung der Wirklichkeit« (23. 2. 51). Die Rezension des politisch neutralen »Tages-Anzeiger« vermißte vor allem ein klares theaterästhetisches »Für oder Wider« des Autors (12. 2. 51).

Ich erinnere an Sartre: Die deutschsprachige Erstaufführung von Sartres Résistance-Stück »Die Fliegen« ging unter der Regie von Leonard Steckel am 12. Oktober 1944 über die Bühne des Schauspielhauses Zürich. »La putain respectueuse« wurde Mitte März 1951 in einem Gastspiel der Basler Komödie unter dem Titel »Die ehrbare Dirne« gezeigt, zusammen mit dem Stück »Huis Clos«. Während das Publikum begeisterten Beifall spendete, reagierten die lokalen Rezensenten unterschiedlich. Die NZZ beschrieb »Die ehrbare Dirne« als gut gemachten und gut gespielten »Reißer«, vermißte indes die geistige Überredungskraft des Philosophen. Die »Weltwoche« fragte sich »in echter Besorgnis«, was die Jugend mit der »ausweglosen Problematik« beider Stücke anfangen solle. Der »Tages-Anzeiger« lobte die Aufführung.

Herr Professor von Salis: Den Historiker und Publizisten Jean Rodolphe von Salis (1901-1996) machten vor allem seine wöchentlichen Radiokommentare während des Zweiten Weltkrieges bekannt. An einem Diskussionsabend, zu dem der Zürcher Theaterverein und die Studentenschaft beider Hochschulen am 23. Februar 1951 eingeladen hatten, setzte sich von Salis für »Graf Öderland« ein. Er warf den Zeitungskritikern vor, sie würden sich nicht ernsthaft auf das Stück einlassen.

Herr Welti, Herr Boesch, Herr Zimmermann, Herr Seelig: Gemeint sind die Zürcher Theaterrezensenten Jakob Welti »NZZ«, Walter Boesch »Tages-Anzeiger«, Wilhelm Zimmermann »Neue Zürcher Nachrichten«, Carl Seelig. Seelig schrieb in der Basler »National-Zeitung« über »Graf Öderland«.

Edwin Arnet (1901-1962): Der Schriftsteller und NZZ-Lokalredakteur hatte Frischs feuilletonistische Karriere in den dreißiger Jahren noch maßgeblich gefördert.

Prof. Dr. D. Brinkmann: Donald Brinkmann (1909-1963) war Philosoph und wie Jean Rodolphe von Salis Professor an der ETH Zürich.

Herr Dr. Weber: Werner Weber (geb. 1919), Feuilletonredakteur der NZZ und Nachfolger Korrodis. Ihm schien, MF sei mit »Graf Öderland« an ein Limit gestoßen. Ein Weiterfahren Frischs in der eingeschlagenen Richtung konnte sich Werner Weber damals nicht vorstellen. Er legte dem Autor einen Neuanfang ans Herz.

Hans Oprecht bis Ernst Morgenthaler: Der bekannte sozialdemokratische Politiker und Gewerkschaftsführer Hans Oprecht (1894-1978) schrieb MF am 23. Februar 1951, er halte »Graf Öderland« für eines der besten Stücke der Nachkriegszeit. Der Maler Ernst Morgenthaler (1897-1962) gratulierte MF am 9. März 1951. Frisch habe in seinem Stück etwas »Allgemeingültiges in neuer, aktuellster Form auszudrücken« vermocht. Beide Briefe liegen im MFA.

Seite 102
AN GUSTAF GRÜNDGENS,
19. 5. 52, MFA

Seite 103
AN DIE DIREKTION DES SCHAUSPIELHAUSES ZÜRICH,
1. 10. 52, Durchschrift, MFA

Uraufführung in Deutschland: Die Uraufführung von »Don Juan« fand am 5. Mai 1953 gleichzeitig im Schauspielhaus Zürich (Regie Oskar Wälterlin) und im Schiller-Theater Berlin (Regie Hans Schalla) statt.

Seite 105
AN DEN ZÜRCHER STADTPRÄSIDENTEN EMIL LANDOLT,
6. 12. 52, Durchschlag, MFA

Emil Landolt: 1949 als Freisinniger zum Stadtpräsidenten von Zürich gewählt; mit seiner Wahl ging eine 21 Jahre währende Regierungsmehrheit der Sozialdemokraten zu Ende. Die Literaturkommission der Stadt Zürich hatte Frischs Werke zwischen 1945 und 1952, obwohl oder weil sie inzwischen international beachtet wurden, nicht mehr unterstützt; die Kommission konnte sich auch 1952 nur zu einem halben Werkjahr durchringen.

Seite 107
AUS DEN NOTIZHEFTEN VIII,
Notizheft H. 9, Eintrag vom 15. 12. 50, MFA

Jouvet: Stiller besucht in Paris eine Aufführung von Molières »L'école des femmes« im Theater Louis Jouvet (GW 3, S. 652). Mit diesem Stück hatte Jouvet während eines Gastspiels am 9. Februar 1941 im Schauspielhaus Zürich einen überwältigenden Erfolg erzielt.

Projekt Horgen: MF gewann 1950 den Wettbewerb für ein Schwimmbad in Horgen am Zürichsee. Im Juli 1951 sprachen sich auch die Stimmberechtigten der Gemeinde für Frischs Projekt aus. Zur Realisierung kam es gleichwohl nicht. Ein lokaler Gewerbebetrieb setzte sich erfolgreich gegen den Bau zur Wehr.

Stiller: vgl. Stillers »Paris-Bericht« (GW 3, S. 651f.), aber auch »Homo faber« (GW 4, S. 98).

Jeanne au bûcher: Gemeint ist Paul Claudels Oratorium »Jeanne d'Arc au bûcher« mit der Musik von Arthur Honegger.

Seite 113
AN EDUARD D'ARMS, ROCKEFELLER FOUNDATION,
Dezember 1950, MFA

Seite 115
AN KURT HIRSCHFELD,
15. 8. 51, MFA

Uta Hagen: Amerikanische Schauspielerin, die MF über Kurt Hirschfeld kennengelernt haben dürfte. MF plante ein Radio-Feature über sie, das aber vom Schweizer Radiosender abgelehnt wurde.

Eva geht es gut: nicht ermittelt.

zehn Tage bei Benno: Wie MF im »Tagebuch 1946-1949« ausführt, lernte er den amerikanischen Theateroffizier Benno Frank im November 1947 auf der Fahrt nach Berlin kennen. Die in »Als der Krieg zu Ende war« gestaltete Geschichte »aus der Russenzeit« geht nach MF auf eine Schilderung Franks zurück. In den USA gründete Benno Frank das »Karamu Theatre« in Cleveland/Ohio, wo ihn MF 1951 besuchte; vgl. Frischs »Glossen zum amerikanischen Theater« in diesem Band. Die Eindrücke sind auch in »Begegnung mit Negern« (GW 3, S. 252-253) geschildert.

Seite 117
AMERIKA, 1951,
Typoskript, ohne Titel, insgesamt 30 Seiten,
MFA

Gespräch mit einem Motel-Wirt: Diese »Anekdote« erzählte MF noch in der 1985 aufgezeichneten Fernsehdokumentation »Max Frisch, Erzähler« (Realisation Philippe Pilliod), wo von einem spezifisch »kalifornischen Faschismus« die Rede ist.

das Buch »Die Amerikaner«: Geoffrey Gorer, Die Amerikaner. Eine völkerpsychologische Studie (1947). 1949 erschien die Übersetzung ins Deutsche im Zürcher Manesse Verlag. Das erste Kapitel handelt vom Verhältnis zu Europa und trägt den Titel »Europa und die Verwerfung des Vaters«.

Staiger berichtet: Der Zürcher Germanistikprofessor Emil Staiger (1908-1987) weilte 1951, zur gleichen Zeit wie Frisch, in den USA. Im Sommer, als MF sich in Berkeley aufhielt, unternahmen sie einen gemeinsamen Wochenendausflug in die Redwoods.

Seite 121
GLOSSEN ZUM AMERIKANISCHEN THEATER,
Typoskript-Durchschrift, Zürich, Mai 1952,
MFA

Brooks Atkinson: Der führende amerikanische Theaterkritiker der »New York Times« brachte am 27. Dezember 1950 eine Besprechung von »A House in Berlin«, der amerikanischen Broadway-Erstaufführung von »Als der Krieg zu Ende war«. Er bemängelte in erster Linie die schauspielerische Leistung des von Erwin Piscator gegründeten »Dramatic Workshop«. Das Stück selber, so Atkinson, »might be a whale of a play if it were acted«. 1951 begegneten sich Atkinson und MF in New York.

Trudi Schoop: Die 1903 in Zürich geborene Tänzerin, Regisseurin und Pionierin der Tanz- und Bewegungstherapie ließ sich nach dem Krieg in Los Angeles nieder, wo MF sie Anfang Oktober 1951 besuchte. MF beschreibt in »Amerika, 1951« die Zusammenkunft mit Trudi Schoop als eine der reizvollsten Begegnungen während seines USA-Jahres. Trudi Schoop arbeitete damals fürs Fernsehen.

Senator Taft: Der republikanische Senator Robert A. Taft aus Ohio galt als »chief spokesman« in der amerikanischen Innenpolitik und als Exponent des rechtskonservativen Flügels seiner Partei.

Arthur Miller (geb. 1915): Frischs Besuch bei Miller fand Anfang Dezember 1951 statt. Zugegen war noch der Bühnenbildner Mordecai Gorelik, der soeben von einer Europareise für die Rockefeller Foundation zurückgekehrt war und sich ein Bild über die europäische Theaterkultur verschafft hatte. Nach Frischs Angaben an anderer Stelle interessierte sich Miller mehr für die Frage der Zensur im eigenen Land, wobei er die Meinung vertrat, ein Stück mit einem sogenannten »Underdog« als Helden habe keine Chance mehr am Broadway (vgl. »Amerika, 1951«). Frisch zog nach dem Besuch etwas voreilig den Schluß, Miller verberge seine Angst für das weitere Schaffen hinter einer Siegerpose. Im Januar 1953 legte Miller »The Crucible« (»Hexenjagd«) vor. Das Stück reagierte eindrücklich auf die von Senator McCarthy lancierte Kommunistenverfolgung, unter der Arthur Miller persönlich zu leiden hatte.

Elinor Morgenthau: Am 12. Februar 1952 besuchte MF eine Produktion des »Elinor Morgenthau New Dramatists Workshop« in New York. Die Theatersituation in dieser Stadt mache ihn zum Prosaautor, konstatierte er später. Frisch mißfiel die Haltung des New Dramatists Workshop, der sich zu sehr nach den Besucherzahlen und dem breiten Publikumsgeschmack richte. Zudem lehnte MF den platten Realismus des aufgeführten Stücks »Starfish« von William Noble ab. Seine Kritik teilte er dem New Dramatists Workshop in einem Brief vom 13. Februar 1952 mit (Durchschlag MFA).

Seite 133
AN BRIGITTE HORNEY,
17. 11. 52, Originalbrief, Akademie der Künste Berlin, Kopie MFA.
Erstdruck in: Brigitte Horney, So oder so ist das Leben, aufgezeichnet von G. H. Heyerdahl, Bern/München/Wien 1992, S. 204-206

auf der Liberté: Name des Schiffes, mit dem MF im April 1952 nach Europa zurückkehrte.

Waverly Place: Wohnadresse Frischs in New York während der letzten Monate seines Amerika-Aufenthaltes 1951/52.

Vor zwei Wochen boten wir es den Bühnen an: Nicht Gustaf Gründgens, nicht Boleslaw Barlog oder Hans Schweikart, auch nicht Will Quadflieg hießen schließlich die Regisseure der Uraufführung von »Don Juan oder Die Liebe zur Geometrie« (5. Mai 1953), sondern Oskar Wälterlin (Schauspielhaus Zürich) und Hans Schalla (Schiller-Theater Berlin).

Unsere Arroganz gegenüber Amerika: Zuerst erschienen in: »Neue Schweizer Rundschau«, Bd. 20, Heft 10, Februar 1953, S. 584-590. Der Text ist auch enthalten im Sammelband »Öffentlichkeit als Partner«; vgl. ferner: GW 3, S. 222-229.

Leider habt Ihr sehr verkehrt gewählt: Am 4. November 1952 wurde der ehemalige General der US-Streitkräfte und Republikaner Dwight D. Eisenhower mit großer Mehrheit zum neuen Präsidenten der Vereinigten Staaten gewählt.

The Silver Tassie: Die deutschsprachige Erstaufführung von O'Caseys »Der Preispokal« hatte am 8. November 1952 im Schauspielhaus Zürich Premiere, in einer Inszenierung von Berthold Viertel.

Seite 135
AUS EINEM BRIEF AN HELGA ROLOFF,
15. 8. 51, Original im Privatbesitz
von Helga Roloff, München, Kopie MFA

Helga Roloff: deutsche Schauspielerin. Sie stieß 1948 zum Ensemble des Zürcher Schauspielhauses. Im gleichen Jahr begann eine längere Freundschaft mit MF.

Seite 137
AN PETER SUHRKAMP,
11. 3. 54, SuA

Ankauf von 3000 Fr.: Es handelt sich um das Wettbewerbsprojekt Kantonsschule Freudenberg in Zürich-Enge.

Seite 138
AN PETER SUHRKAMP,
30. 6. 54, SuA

Faksimile Seite 139: Typoskript »Stiller«, MFA (Leihgabe von Karlheinz Braun)

Seite 140
CORTEZ UND MONTEZUMA,
[1951], Typoskript ohne Titel, MFA.
Einige Sequenzen des Textes über Cortez und Montezuma hat MF in das Reisealbum »Orchideen und Aasgeier« (GW 3, S. 196-221) eingearbeitet.

Die »Cortez und Montezuma«-Geschichte war ursprünglich in die Begegnung zwischen Julika, Stiller und dem Verteidiger in Davos integriert, vgl. »Stiller«, Erstes Heft (GW 3, S. 419). Es heißt dort:

> »Da kein Gespräch entstehen will, erzähle ich von Mexiko, die Berge ringsum, obzwar sehr klein, erinnern an den Popocatepetl, an den Cortez-Paß, und die Eroberung von Mexiko halte ich nach wie vor für eine der faszinierendsten Geschichten.

›Mag sein‹, sagt mein Verteidiger, ›aber wir sind ja nicht hier, damit Sie uns von Cortez und Montezuma erzählen!‹«

Seite 151
AN EMIL STAIGER,
9. 11. 54, Zentralbibliothek Zürich,
Nachlaß E. Staiger

Bildtext Seite 150: Brief Emil Staigers an MF vom 8. 11. 54, MFA. Veröffentlichung mit freundlicher Genehmigung von Sibylle Staiger, Horgen.

Seite 151
AN EMIL STAIGER,
18. 11. 54, Zentralbibliothek Zürich,
Nachlaß E. Staiger

in die Arena gesprungen bist: Staigers »Stiller«-Rezension erschien am 17. 11. 54 in der NZZ. Sie ist enthalten in den »Materialien zu Max Frisch ›Stiller‹«, Band 2, hrsg. von Walter Schmitz, Suhrkamp Verlag, Frankfurt am Main 1978, S. 391-395.

Seite 152
AN PETER SUHRKAMP,
19. 4. 56, SuA

Bildtext Seite 153: Zitat aus einem Brief an den Maler Viktor Aerni, Kilchberg, vom 19. Dezember 1954, MFA.

Frau Dürrenmatt: gemeint ist Dürrenmatts erste Frau Lotti Dürrenmatt-Geissler.

Schifferli: Peter Schifferli (1921-1980), Gründer und langjähriger Leiter des Arche Verlags in Zürich.

Höchenschwand: Peter Suhrkamp weilte öfter zur Kur im Sanatorium Höchenschwand.

Ronchamp: von Le Corbusier (1887-1965) zwischen 1952 und 1955 erbaute Wallfahrtskapelle in Ronchamp, einem kleinen Industrieort zwischen Belfort und Lure.

Why do we not have the cities we need (1956): Vortrag, erschienen in: Reyner Banham (Hg.), The Aspen Papers. Twenty Years of Design Theory from the International Design Conference, New York 1974, S. 41-46.

Seite 155
AN PETER SUHRKAMP,
21. 4. 57, SuA

Seite 156
AN PETER SUHRKAMP,
24. 4. 57, SuA.
Teilveröffentlichung (inklusive Kompositionsskizze) in: Walter Schmitz (Hg.), Frischs Homo faber, Suhrkamp Verlag, Frankfurt am Main 1983, S. 63-68.

Faksimile Seite 157: Original-Typoskript »Homo faber«, Titelseite, gewidmet der langjährigen Freundin Madeleine Seigner-Besson, datiert vom 20. August 1957, MFA.

Bild Seite 158: Aufnahme von Josef Müller-Brockmann (1914-1996), in: Atlantis, Heft 9, September 1957, S. 401. Müller-Brockmann war wie MF an den Designer-Kongreß nach Aspen geflogen und reiste anschließend mit Frisch nach Mexiko weiter.

Seite 159
TAGEBUCH: GRIECHENLAND,
Frühling 1957, Notizheft H. 129, 26. April 1957 bis 18. Mai 1957, Typoskript-Durchschlag, MFA

Reise mit M: MF fuhr mit Madeleine Seigner-Besson nach Griechenland. Er hatte sie 1950 kennengelernt. Sie war die Schwester des Regisseurs Benno Besson. Gemeinsam mit Philippe Pilliod übertrug sie unter anderem das »Tagebuch 1946-1949« ins Französische.

Aufruf der 18 Atom-Professoren in Göttingen: Führende deutsche Atomwissenschaftler protestierten am 12. April 1957 gegen eine atomare Aufrüstung der Bundeswehr. Das sogenannte »Göttinger Manifest« wurde am 24. 4. 57 im Nachrichtenmagazin »Der Spiegel« publiziert.

Prof. Mayer aus Leipzig: Frischs Bekanntschaft mit dem Literaturwissenschaftler und Juristen Hans Mayer (geb. 1907) begann in den letzten Kriegsjahren; Mayer lebte als Exilant in der Schweiz und stand mit dem Schauspielhaus Zürich in enger Verbindung. Nach dem Krieg ging er nach Ostdeutschland. Am Intellektuellenkongreß in Wroclaw kam es 1948 zu einem eher steifen Wiedersehen; Mayer vertrat damals, im Gegensatz zu MF, eine prosowjetische Linie. Hans Mayer ist der Herausgeber von Frischs »Gesammelten Werken in zeitlicher Folge« (1976/1986).

Besuch vor 23 Jahren: Nachdem MF Prag, Ungarn, den Balkan und die Türkei bereist hatte, weilte er im Hochsommer 1933 in Korinth und Delphi. Über die verschiedenen Stationen seiner achtmonatigen Wanderschaft legen zahlreiche Feuilletons und der Erstlingsroman »Jürg Reinhart. Eine sommerliche Schicksalsfahrt« (1934) Zeugnis ab.

Titelzitat Seite 171: Notizheft H. 77, Eintrag vom 16. 6. 45, MFA.

Seite 171
AUS DEN NOTIZHEFTEN IX,
Auszüge aus den Notizheften H. 77, Eintrag vom 16. 6. 45; H. 84, Eintrag vom 7. 10. 46; H. 87, Eintrag vom 28. 1. 47, MFA

Seite 172
DÜRRENMATT. ES STEHT GESCHRIEBEN,
Einführung einer Lesung von
Friedrich Dürrenmatt im Zunfthaus Zur Meise, Zürich 1947, Typoskript, MFA

Die Lesung dürfte am Vorabend der Zürcher Uraufführung von Dürrenmatts Bühnenerstling »Es steht geschrieben«, also am 18. April 1947, stattgefunden haben. MF stand zu diesem Zeitpunkt zwar bereits in Briefkontakt mit Dürrenmatt, hatte ihn aber noch nicht persönlich kennengelernt. Frisch lag vermutlich ein Regiebuch vor; seine Dürrenmatt-Zitate weichen geringfügig vom Wortlaut der Buchausgabe ab.

Die Novelle, die Sie bald hören werden: »Pilatus« erschien 1949 in den Veröffentlichungen der Vereinigung Oltner Bücherfreunde, Nr. 42.

Albin Zollinger (1895-1941): Seine Bedeutung für das Frühwerk Frischs ist schon oft, auch von MF selbst, hervorgehoben worden. Der letzte öffentliche Anlaß, an dem MF Zollinger sprechen hörte, war der Autorenabend »Lob der deutschen Sprache« des Atlantis-Verlages am 6. März 1941 im Zunfthaus Zur Meise. Zollingers Vortrag trug die Überschrift »Sprache und Wesen« und ist in Band 6 seiner Werkausgabe (S. 160-163) nachzulesen.

Seite 181
AN GOTTFRIED HONEGGER,
29. 5. 52, MFA
Die Veröffentlichung erfolgt mit freundlicher Zustimmung von Gottfried Honegger, Paris.

Gottfried Honegger (geb. 1917). MF hat verschiedentlich über seinen Freund geschrieben, vgl. die »Kabusch«-Abschnitte im »Tagebuch 1966 bis 1971« (GW 6, S. 258-260; S. 263-271) oder das Kurzporträt »G. H. Zur Person«, in: GW 6, S. 507-508.

der junge Wurm: Der Lyriker Franz Wurm (geb. 1926 in Prag) kam 1948/49 aus England in die Schweiz.

Mississippi-Stück: Dürrenmatts »Die Ehe des Herrn Mississippi« entstand 1950. Die Komödie wurde am 26. März 1952 an den Münchner Kammerspielen uraufgeführt und brachte Dürrenmatt den Durchbruch in Deutschland.

zum Beispiel Selma: Selma Gessner (geb. 1913), die Tochter des Schweizer Schriftstellers Jakob Bührer, war mit dem Bildhauer Robert S. Gessner verheiratet.

Hans Zbinden (1893-1971): Kultursoziologe und Essayist, Präsident des Schweizerischen Schriftstellervereins 1953-1967. Er fand nach dem Krieg mit Schriften zur geistig-moralischen Neubesinnung Beachtung (»Der Flüchtling und die Humanität«, 1945; »Um Deutschlands Zukunft«, 1946; »Welt im Zwielicht«, 1951). Zbinden war auch Präsident der vom Waffenfabrikanten Emil G. Bührle ins Leben gerufenen schweizerischen »Goethe-Stiftung«.

Seite 183
AN PETER SUHRKAMP,
22. 6. 52, SuA

Mexiko-Notizen: Vermutlich handelt es sich um den Text »Orchideen und Aasgeier« (GW 3, S. 196 bis 221).

mein Prozeß gegen den Haaröl-Millionär: 1950 erhielt MF den Auftrag, für den Haarwasser-Hersteller Karl Ferster ein Landhaus im liechtensteinischen Schaan zu errichten. Weil MF ohne Zustimmung des Bauherrn die Maße einer Treppe abgeändert haben soll, verklagte ihn Ferster. Der Prozeß zog sich dahin und endete mit einem Vergleich. Frischs Gottfried Biedermann ist nicht ganz zufällig Haarölfabrikant.

die Komödie: Manuskript von »Don Juan oder Die Liebe zur Geometrie«.

der Plan, daß Dürrenmatt und ich: Das Projekt einer Monatsschrift war schon fast bis zur Maquette gediehen, als der junge Basler Historiker Markus Kutter (geb. 1925) feststellen mußte, daß das Wichtigste noch fehlte, nämlich eine genügende Anzahl brauchbarer Texte. Das Vorhaben scheiterte. Besser gedieh die Zusammenarbeit zwischen Kutter und Frisch in der Städtebaudiskussion Mitte der fünfziger Jahre (»achtung: die Schweiz«).

Bürde von Hesse-Feiern: Am 2. Juli 1952 feierte Hermann Hesse seinen 75. Geburtstag.

Seite 185
DÜRRENMATT,
Typoskript, MFA; Passagen daraus hat MF im »Tagebuch 1966-1971« (GW 6, S. 232-233) verwendet.

Frisch datierte den Text handschriftlich mit »ca. 1954«. Dürrenmatts Agendanotizen, die im Schweizerischen Literaturarchiv in Bern liegen, ist zu entnehmen, daß MF tatsächlich vom 27. bis 29. August 1954 sein Gast in Neuenburg war. Ein weiterer dreitägiger Frisch-Besuch ist in Dürrenmatts Agenden nicht vermerkt. Die Entstehung des erwähnten Stücks »Der Besuch der alten Dame« ließ sich bislang freilich erst für das Frühjahr 1955 belegen. An dieser Stelle muß offen bleiben, ob bereits im August 1954 eine Fassung der »Alten Dame« (mindestens der ersten beiden Akte) vorlag oder ob Frisch seinen Text in Wirklichkeit 1955/56 niederschrieb und darin auch Episoden späterer Begegnungen mit Dürrenmatt komprimierte.

Bildtext Seite 186: Zitat aus den Notizen über Dürrenmatt im Notizblock H. 21, undatiert, nach 1960 entstanden, MFA.

Faksimile Seite 189: Archiv des Schweizerischen Schriftstellerinnen- und Schriftsteller-Verbandes SSV, Zürich

Faksimile Seite 190: Schweizerisches Literaturarchiv, Bern

Seite 191
AN LUDWIG HOHL (1904–1980),
14. 6. 43, Schweizerisches Literaturarchiv, Bern. Frisch besprach 1943 den *Notizen*-Teil »Vom Arbeiten« (GW 1, S. 214-219).

Hohl nahm MF erstmals 1937 wahr, als er »von einem gewissen Max Frisch, jedenfalls Frisch« in der Basler »National-Zeitung« einen Auszug aus dessen Erzählung »Antwort aus der Stille« las. Der Text inspirierte Hohl zu einigen Notizen (vgl. Ludwig Hohl, Von den hereinbrechenden Rändern/Nachnotizen, Suhrkamp, Frankfurt am Main 1986). In den Kriegsjahren lernten sich die beiden in Zürich persönlich kennen.

Seite 192
AN WALTER BÄCHI,
14. 3. 49, MFA

Gottlieb Duttweiler (1888-1962): Gründer und Leiter der Schweizer Konsumgenossenschaft (Migros), die mit ihren Verkaufswagen selbst kleinste Ortschaften erreichte. Der sozial denkende Duttweiler gründete 1936 die Mittepartei »Landesring der Unabhängigen« und wurde ins Eidgenössische Parlament gewählt.

Seite 193
AN FRIEDRICH WITZ (ARTEMIS VERLAG),
10. 2. 50, Originalbrief MFA/Abschrift im Nachlaß Ludwig Hohl, Schweizerisches Literaturarchiv, Bern. Der Brief, kurz vor dem Urteilsspruch verfaßt, wurde auf Wunsch Hohls und seines Anwaltes nicht abgeschickt.
Teilveröffentlichung in: Jürg Zbinden, Sternstunden oder verpaßte Chancen, Chronos, Zürich 1995, S. 200-201.

Klage-Antwort: Zum Prozeß kam es 1950, nachdem der Artemis-Verleger Friedrich Witz trotz vertraglicher Vereinbarung die Veröffentlichung des zweiten Bandes von Hohls »Notizen oder Von der unvoreiligen Versöhnung« verweigert hatte. 1944 hatte Friedrich Witz den ersten Band der »Notizen« herausgebracht und den Autor noch emphatisch verteidigt. Das Zürcher Handelsgericht und später auch das Bundesgericht in Lausanne entschieden zu Hohls Gunsten.

René Niederer: Anwalt des Artemis Verlags in der Streitsache Ludwig Hohl. Niederer war im Winter 1940 Unterzeichner der deutschfreundlichen »Eingabe der Zweihundert« gewesen, die eine Anpassung der schweizerische Pressepolitik an die Zensurforderungen der Nazis verlangt hatte. Sein Name figurierte auch auf der »Schwarzen Liste« jener über hundert Schweizer Rechtsanwälte, die von der US-Botschaft verdächtigt wurden, als Strohmänner deutsche Vermögenswerte getarnt zu haben.

das Geld kommt nicht vom Himmel: Die Finanzspritzen für Projekte des Artemis-Verlags kamen verschiedentlich vom Waffenfabrikanten Emil G. Bührle. Dessen Sohn Dieter Bührle kaufte 1956 das ganze Verlagsunternehmen auf.

Seite 195
AN LUDWIG HOHL,
28. 2. 53, Nachlaß Ludwig Hohl, Schweizerisches Literaturarchiv, Bern

Einer Agenda Ludwig Hohls ist zu entnehmen, daß er den Samstag, 7. Februar 1953, zwischen 11 und 15 Uhr mit MF im »Eckstein« verbracht hatte.

Seite 196
BRECHT IST TOT.
Zuerst erschienen in: *Die Weltwoche* Nr. 1189, 24. 8. 1956. Brecht war am 14. August 1956 in Berlin gestorben.

Laßt euch nicht verführen: MF zitiert aus dem Gedicht »Gegen Verführung« (»Hauspostille«), wobei er die ersten beiden und die letzten beiden Zeilen zu einer eigenen Strophe zusammenzieht.

Von diesen Städten wird bleiben: Aus dem Gedicht »Vom armen B. B.« (»Hauspostille«), Strophe 8.

Herbert Lüthy: Sein Nachruf »Abschied vom armen B. B« erschien am 23. August 1956 in der »Zeit«. 1952 hatte der Schweizer Geschichtsprofessor bereits einen kaltkriegerischen Aufsatz mit der Überschrift »Fahndung nach dem Dichter Bertolt Brecht« veröffentlicht. Unter dem gleichen Titel erschienen 1972 im Arche-Verlag seine gesammelten Brecht-»Enthüllungen«.

Mein Essen aß ich zwischen den Schlachten: Aus dem zweiten und dritten Teil des Gedichts »An die Nachgeborenen«, das Brecht im April 1948 an einer von MF eingeführten Lesung in Zürich vorgetragen hatte.

Faksimile Seite 199: Typoskript, MFA

Seite 200
AN PAUL CELAN,
3. 11. 59, nicht abgeschickter Briefentwurf, MFA

Faksimile Seite 201: Brief von Paul Celan (1920 bis 1970) an MF, 29. 5. 60, MFA. Veröffentlichung mit freundlicher Genehmigung von Eric Celan.

Der Literaturkritiker Günter Blöcker urteilte im Berliner »Tagesspiegel« vom 11. Oktober 1959 über Celans Band »Sprachgitter«:

> »Celans Verse sind vorwiegend graphische Gebilde. Ihr Mangel an dinghafter Sinnlichkeit wird auch durch Musikalität nicht unbedingt wettgemacht. Zwar arbeitet der Autor gern mit musikalischen Begriffen: die vielgerühmte ›Todesfuge‹ aus ›Mohn und Gedächtnis‹ oder, in dem vorliegenden Band, die ›Engführung‹. Doch das sind eher kontrapunktische Exerzitien auf dem Notenpapier [...].«

Und an anderer Stelle:

> »Celan hat der deutschen Sprache gegenüber eine größere Freiheit als die meisten seiner dichtenden Kollegen. Das mag an seiner Herkunft liegen. Der Kommunikationscharakter der Sprache hemmt und belastet ihn weniger als andere. Freilich wird er gerade dadurch oftmals dazu verführt, im Leeren zu agieren.«

In Paul Celans Erwiderung an den »Tagesspiegel« vom 23. Oktober 1959, die Frisch zugeschickt erhielt, heißt es:

> »Auschwitz, Treblinka, Theresienstadt, Mauthausen, die Morde, die Vergasungen: wo das

Gedicht sich darauf besinnt, da handelt es sich um *kontrapunktische Exerzitien auf dem Notenpapier.*

Es war tatsächlich hoch an der Zeit, denjenigen, der – das mag an seiner Herkunft liegen – nicht ganz gedächtnislos deutsche Gedichte schreibt, zu entlarven.«

Am 29. Mai 1960 dankte Paul Celan Frisch für ein Gespräch in Uetikon am Zürichsee mit den Worten:

»Vieles, ich weiß, wollte nicht ins Wort, ließ sich nicht greifen. Vielleicht war aber gerade *das* unser beider Gewinn: das so scharfe Hervortreten der Konturen, das wir dem Psychologischen – es gehört zweifellos zum Unumgänglichen – verdanken, hat, glaube ich, seine Kehrseite –: die Entfernungen, die Räume, das In-der-Zeit-stehen der Dinge, das alles wird dabei aufgehoben. (In unserm Gespräch blieb es unaufgehoben.)
Ich glaube wirklich, daß es etwas gibt, das hier ›mitspielt‹, uns allen – so oder so – mitspielt; ich meine dabei das, was ich im Gespräch mit Ihnen ›objektive Dämonie‹ nannte – ohne es durch diese Bezeichnung wirklich benannt zu haben. ›Zufall‹ wäre vielleicht ein anderes Hilfswort dafür, in dem Sinne etwa, daß es das uns Zugefallene und Zufallende ist; auch ein Wort wie ›Schicksal‹ mag hier mitunter ›helfend‹ hinzutreten. Mit all dem haben wir wohl Berührung, wenn wir schreiben.«
(Brief MFA)

daß Sie mich abschreiben wie Böll: Nach einem für ihn niederschmetternden Brief von Heinrich Böll hatte Celan am 14. April 1959 Ingeborg Bachmann und Max Frisch um ein Gespräch gebeten.

Seite 203
AN PAUL CELAN,
6. 11. 59, Durchschrift, MFA

Seite 205
AN DAS LEKTORAT
DES SUHRKAMP VERLAGS,
10. 1. 61, SuA

Faksimiles Seite 206-207: Typoskript, MFA; vgl. GW 4, S. 488-490

Seite 210
AN FRITZ KORTNER,
2. 3. 62, MFA

Bildtext Seite 211: Zitat aus einem Brief an Fritz Kortner (1892-1970) vom 3. November 1955, Akademie der Künste, Berlin/MFA. Kortner inszenierte in Frankfurt die deutsche Erstaufführung von »Graf Öderland« (4. Februar 1956).

Schröder: Ernst Schröder (1915-1994), Schauspieler, gehörte 1958-1967 zum Ensemble des Schauspielhauses Zürich. In der Uraufführung von »Biedermann und die Brandstifter« spielte Schröder den Schmitz, in jener von »Andorra« den Lehrer. Besonders hatte es ihm aber »Graf Öderland« angetan. Er setzte sich 1960 für eine Aufführung ein; Frisch schrieb dazu eine dritte und letzte Fassung, die 1961 im Berliner Schiller-Theater uraufgeführt wurde (Regie Hans Lietzau) – mit Ernst Schröder in der Rolle des Staatsanwaltes.

Torberg: Friedrich Torberg (1908-1979) rezensierte »Andorra« unter dem Titel »Ein fruchtbares Mißverständnis« in »Das Forum«, Wien 1961. Seinen grundsätzlichen Einwand gegen »Andorra« hat er sehr scharf umrissen: »Jude, Jude-Sein, Judentum mögen als Begriffe oder Tatbestände der Eindeutigkeit entraten. Man kann vielleicht nicht ganz genau sagen, was sie *sind.* Aber man kann ganz genau sagen, was sie *nicht* sind: sie sind keine Modelle, sie sind keine austauschbaren Objekte beliebiger [...] Vorurteile, wie ja auch der Antisemitismus kein beliebiges [...] Vorurteil ist.« (Zitiert nach: Frischs Andorra, hrsg. von Walter Schmitz und Ernst Wendt, Suhrkamp Verlag, Frankfurt am Main 1984, S. 295.

Zeittafel

1911 Geburt am 15. Mai in Zürich. Sohn des Architekten Franz Bruno Frisch und der Karolina Bettina Frisch, geb. Wildermuth. Geschwister: Emma Elisabeth (geb. 1899) aus erster Ehe des Vaters, Franz (geb. 1903).

1924 Gymnasium. Finanzielle Schwierigkeiten der Eltern.

1930 Beginn eines Germanistik-Studiums an der Universität Zürich.

1932 Tod des Vaters. Abbruch des regelmäßigen Studiums. Freier Mitarbeiter bei der *Neuen Zürcher Zeitung* und weiteren Tageszeitungen.

1933 Februar bis Oktober: Reisen durch Ost- und Südosteuropa, die durch Sportberichterstattung und vor allem Reisefeuilletons finanziert werden.

1934 Erste Buchveröffentlichung: *Jürg Reinhart. Eine sommerliche Schicksalsfahrt.* Der Roman erscheint in der Deutschen Verlags-Anstalt Stuttgart. Beginn der Freundschaft mit Käte Rubensohn, die als Jüdin in Berlin nicht mehr studieren konnte.

1935 Erste Reise nach Deutschland. Erste unmittelbare Konfrontation mit dem Nationalsozialismus und insbesondere dem Antisemitismus.

1936 Beginn eines Architekturstudiums an der ETH Zürich, ermöglicht durch ein Darlehen, das ihm sein Jugendfreund Werner Coninx gewährt.

1937 Abermals in der regimegenehmen Deutschen Verlags-Anstalt erscheint die Erzählung *Antwort aus der Stille.*

1938 Ende der Freundschaft mit Käte Rubensohn. Zuwendung der Conrad Ferdinand Meyer-Stiftung.

1939 Mit Kriegsbeginn aktiver Dienst als Kanonier. Bis 1945 leistet MF 650 Diensttage.

1940 *Blätter aus dem Brotsack.* Dieses Tagebuch eines Soldaten erscheint in Martin Hürlimanns Atlantis-Verlag, Zürich. Im August Diplom als Architekt.

1941 Beginn der Freundschaft mit der ehemaligen Studienkollegin Gertrud (Trudy) Constance von Meyenburg, Tochter aus großbürgerlichem Haus. Anstellungen in Architekturbüros, unter anderem bei seinem ehemaligen Professor William Dunkel. MF baut, zusammen mit Trudy von Meyenburg, ein erstes Einfamilienhaus für seinen Bruder in Arlesheim/Basel.

1942 Erster Preis im Architekturwettbewerb für den Bau des städtischen Freibads Letzigraben in Zürich (insgesamt 82 Bewerber). Gründung eines eigenen Büros. Heirat mit Trudy von Meyenburg.

1943 Geburt der Tochter Ursula.

1944 Im Atlantis-Verlag erscheint der Roman *J'adore ce qui me brûle oder Die Schwierigen.* Geburt des Sohnes Hans Peter. Auf Anregung von Kurt Hirschfeld, Dramaturg am Zürcher Schauspielhaus, wendet sich MF dem Stückeschreiben zu. Die Romanze *Santa Cruz* entsteht.

1945 *Nun singen sie wieder* wird als erstes Frisch-Stück am Schauspielhaus Zürich uraufgeführt (29. März). Im Atlantis-Verlag erscheint zudem *Bin oder Die Reise nach Peking.* Dramenpreis der Welti-Stiftung.

1946 Reisen nach Deutschland und Italien. Zürcher Uraufführung von *Santa Cruz* (7. März) und *Die Chinesische Mauer* (10. Oktober).

1947 Baubeginn des Schwimmbads Letzigraben. Abermals Reisen nach Deutschland und Italien sowie nach Prag. Das *Tagebuch mit Marion* erscheint (Atlantis). Bekanntschaft mit Friedrich Dürrenmatt, Bertolt Brecht und Peter Suhrkamp.

1948 MF hält sich oft in Deutschland auf. Außerdem Reisen nach Wien, Prag, Paris und im August nach Wroclaw (Congrès mondial des intellectuels pour la paix) sowie Warschau. Bekanntschaft mit der deutschen Schauspielerin Helga Roloff.

1949 Uraufführung von *Als der Krieg zu Ende war* am Schauspielhaus Zürich (8. Januar).

Geburt der Tochter Charlotte. Eröffnung des Freibads Letzigraben.

1950 Das *Tagebuch 1946–1949* erscheint im neugegründeten Suhrkamp Verlag. Beginn der Freundschaft mit Madeleine Besson.

1951 Uraufführung der Moritat *Graf Öderland* am Zürcher Schauspielhaus (10. Februar). Einjähriger Aufenthalt als Stipendiat der Rockefeller-Stiftung in den USA (New York, Chicago, San Francisco, Los Angeles). Reise nach Mexiko. Arbeit an Vorstufen von *Stiller* und *Don Juan.*

1953 Der Bayerische Rundfunk sendet die Hörspiele *Herr Biedermann und die Brandstifter* (26. März) und *Rip van Winkle* (16. Juni). 5. Mai: Uraufführung von *Don Juan oder Die Liebe zur Geometrie* gleichzeitig in Berlin (Schiller-Theater) und Zürich. Vortrag *Cum grano salis* vor Zürcher Architekten. MF meldet sich als Kritiker des Städtebaus zu Wort.

1954 *Stiller* erscheint. MF trennt sich von seiner Familie.

1955 Verkauf des Architekturbüros. Die zusammen mit Lucius Burckhardt und Markus Kutter erarbeitete Schrift *achtung: die Schweiz* erscheint. Wilhelm-Raabe-Preis der Stadt Braunschweig, Schiller-Preis der Schweizerischen Schillerstiftung, Schleussner-Schueller-Preis des Hessischen Rundfunks für das Hörspiel *Der Laie und die Architektur.* Erste Begegnung mit Günter Grass.

1956 Teilnahme an der International Design Conference in Aspen (Colorado). Weiterreise nach Mexiko und Kuba.

1957 Mai: Griechenlandreise mit Madeleine Seigner-Besson. Im Herbst erscheint *Homo faber.* Reise nach Bagdad.

1958 29. März: Uraufführung von *Biedermann und die Brandstifter* am Schauspielhaus Zürich, zusammen mit dem Schwank *Die große Wut des Philipp Hotz.* Bekanntschaft mit Ingeborg Bachmann. Georg-Büchner-Preis der Deutschen Akademie für Sprache und Dichtung, für den sich MF mit der Rede *Emigranten* bedankt. Literaturpreis der Stadt Zürich. Prix Charles Veillon.

1959 Scheidung der Ehe mit Trudy Frisch-von Meyenburg.

1960 Wohnsitz in Rom, wo MF, zunächst zusammen mit Ingeborg Bachmann, bis 1965 lebt.

1961 2. November: Uraufführung von *Andorra* am Schauspielhaus Zürich.

1962 Großer Kunstpreis der Stadt Düsseldorf; Preis der jungen Generation; Ehrendoktor der Universität Marburg. Bekanntschaft mit Uwe Johnson. MF lernt die Studentin Marianne Oellers (geb. 1939) kennen, mit der er in den folgenden Jahren zusammenlebt (Heirat 1968, Scheidung 1979).

1964 Der Roman *Mein Name sei Gantenbein* erscheint. Kauf und Umbau eines Hauses in Berzona (Tessin).

1965 Literaturpreis der Stadt Jerusalem; Schiller-Gedächtnispreis des Landes Baden-Württemberg; Stipendium der Ford Foundation; Aufenthalt in Berlin. Mitarbeit am Filmprojekt *Zürich-Transit* (nach einer Episode aus dem *Gantenbein*-Roman).

1966 Erste Reise in die UdSSR, zurück über Warschau. Tod der Mutter.

1967 *Biografie. Ein Spiel* (Uraufführung in Zürich: 1. Februar 1968).

1968 Zweite Reise in die Sowjetunion, Bekanntschaft mit Christa Wolf.

1969 *Dramaturgisches*, ein Briefwechsel mit Walter Höllerer. Reise nach Japan.

1971 *Wilhelm Tell für die Schule.* Aufenthalt in den USA. Vorlesungen an der Columbia-University, New York.

1972 *Tagebuch 1966-1971.* Wohnung in Berlin. Aufenthalt in New York.

1974 *Dienstbüchlein.* Großer Schillerpreis der Schweizerischen Schillerstiftung. USA-Aufenthalt. Bekanntschaft mit Alice Locke-Carey (geb. 1943).

1975 *Montauk. Eine Erzählung.* Auf Einladung des deutschen Bundeskanzlers Helmut Schmidt mit dessen Delegation in China.

1976 *Gesammelte Werke in zeitlicher Folge.* Friedenspreis des Deutschen Buchhandels.

1977 Rede auf dem Parteitag der deutschen Sozialdemokraten in Hamburg.

1978 *Triptychon. Drei szenische Bilder.*

1979 *Der Mensch erscheint im Holozän*, Erzählung.

1980 Ehrendoktor des Bard College (Staat New York). Lebt in New York und Berzona.

1982 *Blaubart. Eine Erzählung.* Ehrendoktor der City University of New York.

1983 *Forderungen des Tages.* Porträts, Skizzen, Reden 1943–1982.

1984 Wohnung in Zürich. Ernennung zum »Commandeur dans l'ordre des arts et des lettres« in Frankreich. Ehrendoktor der Universität Birmingham.

1986 Neustadt-Literaturpreis der University of Oklahoma (Preisgeld für den Bau einer Schule in Nicaragua zur Verfügung gestellt).

1987 Ehrendoktor der TU Berlin; Reise nach Moskau.

1989 Im Hinblick auf die Volksabstimmung über die Abschaffung der Schweizer Armee verfaßt Frisch den dialogischen Text *Schweiz ohne Armee? Ein Palaver.* Die Bühnenversion *Jonas und sein Veteran* wird in Zürich und Lausanne uraufgeführt. MF erhält den Heinrich-Heine-Preis der Stadt Düsseldorf.

1990 *Schweiz als Heimat? Versuche über 50 Jahre.*

1991 Am 4. April stirbt Max Frisch in seiner Wohnung in Zürich.

Quellennachweis der Fotoabbildungen

Max Frisch-Archiv an der ETH Zürich:
7, 8, 12, 14, 15, 20, 52, 57, 66, 104, 116, 131, 136, 145, 158, 211.
Archiv Suhrkamp Verlag, Frankfurt am Main:
49, 92, 200.
Karl Barth-Archiv, Basel: 77.
Schweizerisches Literaturarchiv, Bern: 190.
Stadtarchiv Zürich: 64.
Trudy Frisch-von Meyenburg, Herrliberg:
14, 23, 66.
Theo Frey/Pro Litteris, Zürich: 33.
Gottfried Honegger, Paris und Zürich: 182.
Universitätsbibliothek Basel: 46.
Jack Metzger, Zürich: 186.
Comet Photo, Zürich: 153, 198, 208.
Photopress/Keystone, Zürich: 81, 150.
Ringier-Dokumentationszentrum, Zürich: 82.

Personenregister